6つのケースで読み解く

日米間の産業軋轢と通商交渉の歴史

商品・産業摩擦から構造協議、そして広域経済圏域内の
共通ルール設定競争へ

鷲尾友春

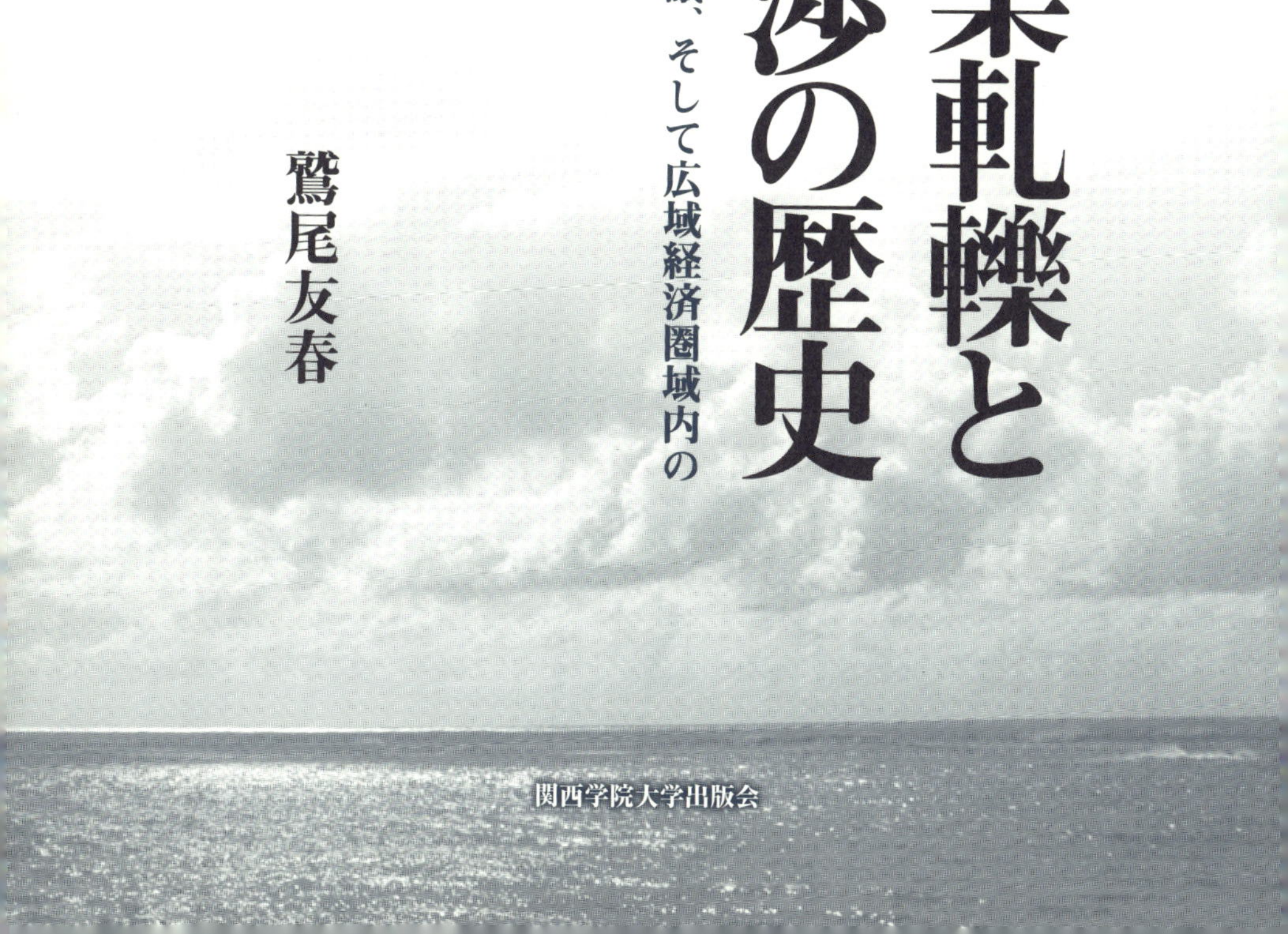

関西学院大学出版会

6つのケースで読み解く

日米間の産業軋轢と通商交渉の歴史

商品・産業摩擦から構造協議、そして広域経済圏域内の共通ルール設定競争へ

はしがき

本書は、日本が第二次世界大戦の敗戦から立ち上がり始めた一九五〇年代〜六〇年代、世界第二位の経済大国に上りつめた七〇年代から八〇年代、さらには一九九〇年代の〝失われた二〇年〟を経て二〇一四年の〝アベノミックス〟に至る、いわば、経済勃興と低迷・再生努力の約六〇年間に発生した、日米間の産業軋轢とそれが引き起こした両国間の通商交渉を取り上げたものである。

初めは個別商品から発生した貿易摩擦も、日本の経済復興と歩調を合わせて産業レベルのものに拡がり、その行き着く先、Japan as No. 1の時代ともなると日米両国の産業・経済構造の違いが通商交渉の俎上に上るに至る。

こうした状況下、自国の価値観を前面に出してくる米国は、日本社会の異質性こそが問題だとして、社会の在り様、あるいは、人々の勤労意識にすら、批判の矛先を向けるようになる。つまり、日本経済の輸出過剰体質は、国内で消費するのに必要とされる以上の財貨を生産する点にこそあり、そうした生産の偏重は、社会における仕事人間の在り様、つまりは、人々の勤労観にも原因の一端がある、という論理であった。

今にして思えば、米国流の価値観を押しつける、こうした姿勢こそ、一九九〇年代後半以降の金融グローバリゼーションにおけるアメリカナイゼーションの先駆とも見なされるべき現象だったのだが、そんな米国の論理に、安全保障の究極を米国の保障に依拠する日本の〝政治〟が譲歩する。

こうした目で現代の経済史を振り返ると、一九八〇年代の日米経済摩擦が日本社会の変容に与えた影響の大きさに驚愕せざるをえないだろう。産業政策でNotorious MITIの異名を馳せた通産省（当時）すら、余暇の必要を強調するようになり、そうした社会風潮の変化を反映して、企業はノー残業デーを導入、国会は休日の日数を増やし、サービス残業を禁ずる法律を制定、或いは、教育の基本理念に〝ゆとり〟を据えたりする。

こうした一連の措置が、その後の日本社会の制度や価値観にどれほど大きな影響を残すことになったか、社会学者なら論文の一本も書けそうなものだろう。いずれ機会をみて、筆者はこのテーマ（一九八〇年代日米通商摩擦の日本社会に与えた影響）で、歴史ものを一本書いてみたいと熱望しているが、ここでは筆は、そんな領域にまでは及ばせてはいない。

いずれにせよ、繊維→鉄鋼→自動車→半導体→構造問題協議へと進化した日米通商交渉の領域は、二〇〇〇年代に入り、全く新しい局面を迎える。それは、〝広域経済圏創出の流れの中での域内共通ルール設定競争〟ともいえるもの。

冷戦の崩壊と共に、旧共産圏や発展途上の国々の間には、ある種の〝神話〟が生まれる。それは、〝先進市場との直接の結びつきがなければ経済の発展はない〟との〝公理〟であった。それ故、冷戦崩壊後、旧東欧社会主義国はこぞってEU加盟競争に走る。もちろん、そうした方向への傾斜の背後には、ソ連転じてロシアとなった強大な隣国への、歴史に裏付けられた、中欧諸国の安全保障上の懸念があったためでもあるだろう。

この欧州での流れは、北米大陸での同様な流れと軌を一にするものだった。米国とカナダの米加自由貿易協定、あるいは、その延長線上での進化ともいうべき北米自由貿易協定（NAFTA）がそれである。

こうした広域自由貿易協定締結熱は、一九八〇年代の一時期、日米自由貿易協定構想となって日本側の一部でも論じられたが、当時はそれほど大きなうねりにはならなかった。日本経済はいまだ興隆の真っ盛りと信じられていたし、米国内にも日本品の国内市場流入への脅威感が強かったからであろう。

ところが、二〇〇〇年代に入ると、実質的に日本がイニシアティブを発揮し、その後は中国が牽引、さらには、それに日本が対抗する形で、ASEANを軸とする広域自由貿易協定網が急激に広まり始める。加えて、二〇〇八年にはリーマンショックに触発された世界金融・経済危機が勃発、そうした中から、世界経済の〝希望の星〟たるアジアが台頭してくるのである。

こうなると、米国としては、そんなアジアから経済面で締め出される可能性を案じるようになり、むしろ積極的に興隆のアジアを自国経済市場の中に取り込もうとするに至る。〝戦略思想に長けた〟米国の面目躍如たる局面であろう。かくして、環太平洋地域をカバーするＴＰＰ（Trans Pacific Partnership）構想が急浮上し、日本がその交渉に参加することを表明したことで、中国や韓国、台湾の広域圏参加意欲も増幅され、世界はメガＦＴＡ時代とも称される局面に入り始めている。裏を返せば、日米の通商交渉――しかも実に広範囲での――の再出現であった。視点を変えて、少し大袈裟にいえば、このＴＰＰ交渉には、国としてのナショナリズムと国境を越えた市場原理との葛藤が垣間見えるというものだろう。

ここからは筆者個人の仕事人生の回顧だが、日米通商摩擦最盛期の米国ニューヨークに、ジェトロ（日本貿易振興機構）の調査担当として、しかも、一九八〇年代前半と九〇年代の前半の二度、駐在する機会を得た。

当然のことながら、ニューヨークから米国議会における対日強硬法案の審議動向を、逐次、東京に報告した。自分の当時のメモによると、一九八二年には約一〇〇本、八三年には約一三〇本、そして八四年には約一〇〇本の調査報告をジェトロ本部に送っている。月曜から金曜までのWorking dayベースでいうと、一週五日間で平均二～三本レポートを書いていた計算になる。今のこの歳でならとてもできない。若かったからこその仕事であったろう。

また、一九九〇年代前半の、二度目のニューヨークでは、日米自動車構造協議に関連して、思う存分、対米情報発信を行った。充実した駐在経験だった。

一九八五年六月、交渉期限が切れる直前には、米国のテレビやラジオに何度も招かれ、即興のコメントをした。主張したことはたった三点だった。それらは、①数値目標は管理貿易だ、②日本は今なお、交渉による妥協を願っている、そして、③交渉はぎりぎりに決着する、だった。

あまり英語が得意でない人間が、「どんな質問が飛んでくるか」に関し、何らの事前説明も受けず、いきなりテレビのスタジオに招き入れられ、あるいは、ラジオのトークショーからの電話インタビューを受ける。正直、かなり緊張する仕事だった。しかし、出来は、自分でいうのも憚られるが、いずれも上手くこなせたと思う。今、振り返れば、興奮した、面白い数週間だった。

米国にはその後、二〇〇〇年代前半、シカゴにも駐在した。

結果論になるが、人生の働き盛りに、八〇年代前半、九〇年代前半、そして二〇〇〇年代前半、三度に亘り米国に駐在して、米国の社会・経済・政治・価値観の変容を観察できたことは、実に幸運なことだった。そんな機会を与えて下さった歴代のジェトロ理事長や人事当局に対しては、今も感謝の気持ちで一杯である。

いずれにせよ、実際の通商交渉の場には臨むことはなかったが、前述のような仕事環境故、機に応じての情報収集や対米情報発信、そのための日本側・米国側関係者との接触は、実に頻繁だった。少しの誇張を許してもらえれば、当時の筆者は、ニューヨークやワシントン、それに東京で、日米通商摩擦の〝雰囲気〟には確かに触れていたのである。

だから、今、本書を執筆していると、登場人物の何人かと折々に会食した時とか、状況を見聞した場面などが、走馬灯のように頭の中を巡ってくる。これもまた、自分だけの宝物ともいえる経験だろう。

繰り返せば、筆者は交渉の場には直接関与していないし、役所や業界内部の実情に通じているわけでもない。だから、さも見てきたような情景描写はとてもできない。本書執筆に際し、そんな場面では、交渉に関与した人達の回顧録や、当時の新聞記事、あるいは、週刊誌の記事等、利用できるものを引用の形で取り入れてみた。

その種の引用が、実態を正しく反映しているか、正直、それはわからない。でも、日米の実際の通商交渉の外野席にいた身には、そんな記述手法しか思い浮かばなかったのである。それ故、知らないうちに執筆内容にバイアスがかかっている可能性も払拭できない。万が一、そういう間違いがあれば、筆者の〝知識や経験の浅さ故〟と御容赦いただきたい。

本書は、関西学院大学国際学部大学院での「日米通商交渉史」の講義用教科書として作成したもの。本書出版実現までに御助力いただいた、関西学院大学出版会の田中直哉氏と松下道子氏には、多くの労力と御苦労をかける羽目となり、この場を借りて感謝の意を表しておきたい。

目次

第4章　日米半導体協定とその影響

米国の通商政策の変更、管理貿易、日本半導体産業の衰退の始まり

第1章　日米繊維交渉と沖縄返還問題

政治と政策との狭間

1　交渉の本質

一般に、交渉とはギブ・アンド・テイクで成り立つといわれる。

そうした最も単純な事例は、アジアの観光地の土産物売り場等でおなじみの、身ぶり手ぶりの価格交渉だろう。一方の側が、そんなに高くては買えないと不満を口にし、態度で示す。他方の側は、そんな安くては売れない、と口でやり返し、拒絶の姿勢を大げさに演じる。でも、結局は、双方痛み分けという形を取って、大概の場合は折り合って土産物は売れる。

こうしたやり取りを、少し硬い形で表現すると、話し合いの結果、一方が得られると想定するメリットと、他方が得られると考えるメリットが、それぞれの主観的価値体系の中でほぼ均等になった、ということだろう。

つまり、双方が満足する度合いは相対的に同程度、との認識が両当事者間で共有されれば、当該の交渉は公平な結果が得られた、と見なされるようになる。そして、そこには、一方に買う意思が、他方にも売る意思が、それぞれ明白に存在する、との前提がある。

しかし、現実の交渉では、前提となる双方の意思が売買を成立させる方向で一致していない、かもしれない。あるいは、交渉が同一事象に属する案件を巡ってのみ生じる、とも必ずしもいい得ない。

たとえば、後者に関し、前述の取引例を極端化すれば、土産物屋の親父さんが、観光客を気に入って、「これを買ってくれれば、とっておきの観光見どころを案内してやる」、との新たな条件を追加するかもしれない。そうなった場合には、交渉は土産物の値切りを巡るものと、観光客を目新しいところに案内するという、いわば一種のガイドサービスとが抱き合わさったものに変質する。

以下は、そうした異質な分野間での差し違え交渉の一例である。

一九八〇年代半ば、アメリカは盛んに相互主義を謳ったが、その中には異業種間での〝たすき掛け〟という形式のものがあった。アメリカは、自国が強い電気通信分野での市場開放を日本に迫り、それが実現できなければ、日本が強い自動車を対象に輸入制限を課す、おおむねそんな内容の議論だった、と思えばよい。

全く異なる分野が、交渉を仕掛ける側の裁量で、〝たすき掛け〟に交渉対象にされてしまう。昔の日本の諺に、「江戸の敵を長崎でとる」というのがあったが、要は、本来の分野での目的を実現するため、他分野への対応を梃子に使う、と記したほうがわかりやすいのかもしれない。

しかし、こうしたやり方は、梃子として使われるほうの関係者にとっては、すこぶる不合理な話。「筋違いだ」、と怒りの声を上げたくなるのもわかろうというものだろう。

国際交渉の歴史を紐解いてみれば、元々、どういうわけか、日本という国は、こうした異質分野間での交渉は〝筋が違う〟としてあまりやってこなかったし、また、単一事項を巡る交渉に限っても、自らの目標達成に向け、自らのほうから積極的に交渉を仕掛けていく姿勢そのものに乏しかった、といえるのではなかろうか。

その好例は戦前の海軍軍縮交渉（ワシントン会議、ジュネーブ会議、第一次ロンドン会議、第二次ロンドン会議）だろう。

この一連のケースの場合、英米側が、時には互いに争うが、最終的には協力し合って、結果、日本側が相対的に不利な条件で妥協を強いられる。そんな結末となったようだ。逆にいえば、日本の側から積極的に英米を割る、そうしたアプローチはほとんど見られなかったといってよい。

日本側交渉団に本国政府が示した交渉指針は、英米の対立に巻き込まれず、できるだけ中立を保て、といったものが多く、それでは交渉上、必ずしも優位な立場を築き得ない。相手を割ってこそ、あるいは、複数の交渉相手との合従連衡を心掛けてこそ、漁夫の利を占められるというものだろう。それが、日本の場合は、そうしたアプローチをあまり取ってはいなかった、と見られるのだ。

おそらくは、これは、日本側がこの一連の会議で、第一次大戦中の日本の諸行為（中国やシベリアへの出兵など）が取り上げられ、国際的非難に晒されるのではないか、と危惧していたとか、あるいは、国内財政上の懸念から、軍艦の規模や数量そのもので必ずしも英米との同質・同量の確保を望んでいなかった、といった事情が存在したためであろう。[1]

それ故、日本代表団は、当時のより大きな外交関心であった、〝英米からの非難が一身に集中することを極力避ける〟、そんな基本戦略をもって会議に臨み、その隠された目標を達成するため、実際の艦船の数や量で、最初の段階から譲歩していったのだと思われる。つまり、相手を怒らせるかもしれない、交渉上の攻撃性を初めから放棄したアプローチだったのであろう。[2]

こうした状況から、独断を承知で一定の結論を出すとしたら、そもそも日本の最大の交渉目的は、日本への批判を封じる点に置かれ、肝心の艦船の規模を巡っては、それ故、最初から譲歩してしまっていた、とでもいうことになろうか……。

また、こうした態度は、〝和を尊ぶ〟姿勢を重視する日本古来の価値観のなせる技なのかもしれない。

さらには、農村文化固有のグループイズムの伝統故に、過度なまでに国際的孤立を恐れたためであるのかもしれない。もっとも、その後の歴史の推移を見れば、こうした見方が必ずしも当たっていない、との反論は容易に想定できるところではあるが……。

2 米国式交渉観

話題が拡散してきたので、前述の米国の相互主義的交渉スタイルに話しを戻そう。

歴史を見ると、日本と違って米国は、こうした異質な、あるいは、異次元の案件を組み合わせての交渉スタイルに馴染んでいるようである。

たとえば、建国時の憲法制定会議でのエピソードを紹介してみよう(3)。

フィラデルフィアでの同会議が終盤を迎えた頃、奴隷貿易禁止問題が大きな争点として浮上してきた。提起したのはバージニアであった。

州内にすでに過剰な奴隷労働力を保有し、それを（商売として）周辺の南部諸州に移出することを考えたバージニアが、そのためには近隣諸州が他のソースから奴隷を入手できないようにしなければならないとの考えから、米国へのこれ以上の奴隷輸入を禁じる、との提案を憲法草案起草の場に唐突に持ち出したのである。

黒人奴隷の存在を経済基盤に据えたバージニアが、米国へのこれ以上の奴隷輸入禁止を提唱した背景には、このような、複雑にして、かつ、身勝手な発想が秘められていた。

もちろん、この提案には、周辺の南部諸州がこぞって反対するが、そんなことはバージニアとしては先刻承知のこと。

つまり、もう一歩深読みすれば、そこには、ここで黒人奴隷問題を提起し南部諸州の強烈な反応を北部諸州に認識させておけば、後々、憲法の制定に向けた批准手続き上、北部諸州は奴隷禁止問題を提起しえなくなるだろう、とのバージニアとしての、極めて戦略的思惑があった、と解されている。

要するに、このバージニアの提案には、第一に、今後の奴隷輸入禁止がすんなりと通ればそれはそれでよし、仮に思惑が外れても、第二に、北部諸州が南部の奴隷制廃止を求めてくる、そうした可能性を事前に封じる効果が期待されていた。どちらに転んでも、バージニアにとっては益するところが大きい。鎧を脱いでみれば、その下にまだ鎧を着込んでいた。バージニア流の二段構えの布石というわけだ。

そして同じ時期、奴隷貿易禁止とは関係のない異質な問題が、今度は北部諸州から提起される。それは、海外との通商に自国船を優先使用すべきことを憲法に書き込むべしとの、要求であった。

この問題にも、少し補足説明がいるだろう。

独立戦争中、英本国は新大陸植民地の船が本国に寄港することを厳禁した。そして、英国のこの禁止措置は、米国が独立してからも維持された。

そうすると困るのは、造船業や海運業が盛んになり始めていた当時の北部諸州である。これら諸州は、英国のこの禁止措置を何とか解除させたいと考えるようになる。問題はいかにすればよいかである。

答えは簡単。

米国もまずは同様の措置を取り、いわば刺し違える形に持っていき、しかるべき後に、米国も禁止措置を撤廃するから、英国も撤廃せよと迫る。北部諸州は、米国が将来、英国とそうした交渉ができるよう、あらかじめ、米国自身が通商に自国船籍優先使用を義務付けるよう、憲法議論を通じて南部諸州に根回ししようとしたのであった。

こうして、本質的に全く異質な二つの問題が、同じタイミングで浮上したのだが、そこに、何が何でも憲法制定、したがって憲法案への各州での批准、を勝ち取ろうと憲法草案起草者たちの必死の計算が介在する。

つまり、二つの案を、独立時の一三の州代表が個別案ごとに多数決で決めれば白黒がはっきりするだろうが、それでは奴隷貿易禁止提案には絶対応じられない南部諸州（バージニアを除く）が、そうした内容を包含する憲法草案の批准そのものに拒否の姿勢を示すようになるかもしれない。

また、自国船優先使用という北部諸州の要請を受け入れれば、旧大陸への農産物輸出面でコストアップの要因となるとして、これまた南部諸州が批准反対に回るかもしれない。

いずれに転んでも、肝心の憲法草案の批准の成就に大きな影響が出てくる。

だから、思惑の異なる各州の関心を引きつけ続け、どんなことになろうとも自州に不利な事態が出現することは避けられる、そんな余地を将来の連邦議会の法案採択手続きの中に残すことで、各州が個別争点で一気に憲法草案批准反対に走らないよう、ある種のガス抜きと糊付けが同時に施されたのである。

具体的には、

① 奴隷貿易禁止問題は将来の連邦議会が審議する。つまり、先送りすることで、南部諸州をなだめる。同時に、こうした対立軸が明白化したので、憲法草案の中には〝奴隷〟という文字を書き込まないことで暗黙の合意が成立（この意味では、バージニアの思惑が通った）。

② 北部諸州はその見返りに、自国船優先使用義務付け問題に関しては、将来の議会での議決に際し、南部諸州が主張していた三分の二以上の〝特別多数決方式〟（この方式だと、南部五州が団結すれば、法案を葬ることができる）ではなく、単純過半数方式を採用することで南部諸州が譲歩する。つまり、後者では南部諸州が譲り、北部諸州に将来の立法への希望を残させる。

以上見てくれば、二つの異質な問題を交差させ絡ませることで、北部・南部両陣営内の優先順位付けをはっきりさせる、さらに、その優先順位が異なる点を利用して妥協の余地を見出す。そんな経緯を経て、憲法草案者達がイニシアティブを取った交渉は、見事に〝たすき掛け〟の成果を達したのであった(4)。そして、こうした例が示すのは、米国政治の場で、〝たすき掛け〟スタイルの交渉が日常化している、そんな現実なのである。

3　日米繊維交渉の背景

第二次大戦後、日本経済が復興から発展へと歩調を早め始めた頃、戦後初の米国との貿易摩擦が発生する。その際、対象品目は繊維であり、当時の繊維の主流は綿製品であった。そして、この繊維を巡る貿易摩擦が、米国のニクソン大統領によって、全く異質だった沖縄返還問題と絡められてしまう。いわば日本は、経済復興の矢先、米国流の〝たすき掛け〟交渉、しかも極めて高度な〝たすき掛け〟の思惑の中に否応なく引きずり込まれたのであった。以下に、そうなった詳細を、まずは繊維から見てみよう。

戦争で灰燼に帰した日本経済を立て直すこと。そのためには、戦前に日本が強みを誇っていた綿製品生産（日本が英国を抜いて世界最大の綿製品輸出国となったのは一九三五年）を復興の主柱に据えること。

こうした考え方は、なお占領下にあった日本政府や米国占領軍首脳のコンセンサス的見方であった。そして、この方針に沿って、米国政府と同国綿業界は日本の繊維産業復興に向け、技術及び資金援助を行ってくれた。

しかし、米国にとって、そうした援助の結果生じた事態は、米国市場での日本からの安物のブラウス（当時、ワンダラー・ブラウスと称された）の氾濫であった。

それ故、米国の繊維業界は一九五五年以降、折からの不況とも相まって、政府に産業救済を要求するようになり、その主要な手段の一つとして、対日輸入割当導入が提唱され始め、それが後日の政府間の日米繊維協定に結実するに至る。

当時、米国のワシントンでロビイストをしていたマイク・マサオカは、「一九五六年の全米綿繊維製造業者協会のデータによると、米国の生産高は九六億二〇〇〇万平方メートル。対して、世界各国からの輸入量は僅か一億五六〇〇万平方メートルに過ぎない」と自叙伝に記述、確かに米国の綿製品輸入に占める日本からの輸入は大きい（七五％）が、そもそも米国の国内生産に比しての輸入量は極めて小さく、それ故、日本からの輸入品が米国の綿産業全般を脅かす状況とはとても言えない、と指摘していた。[5]

また、マサオカは「米国市場における日本のシェアが僅かなのに、何故米国の繊維業界は日本からの輸入制限に拘るのか」との質問を日本製品反対運動の急先鋒だった全米繊維製造業者研究所の副所長にぶつけ、「現在の売上高よりも将来の可能性を懸念しているのだ」との言質を引き出している。[6]

マサオカはさらに、米国綿製造業者からの圧力に最初に日本の民間業界が妥協した一九五六年五月の、別珍、ギンガム、安手のブラウスの輸入割当合意についても、「私には納得が出来ない」、と不賛同の意を表明していた。曰く、「米国で別珍を生産しているのは一社に過ぎず、米国製ギンガムについては、効率性の悪い古い紡織機で大量生産されていたが、日本からの輸入は供給全体のほんの数パーセントに過ぎない。安手のブラウスについては、米国の消費者の関心はいずれ品質の良い製品に移って行く、需要が旺盛なのはそれまでの過渡期の間だけに過ぎない」と述べ、「この時期の米国の国際収支が黒字だったことからすれば、米国の要求は不当であり……、何よりも、こうした妥協は、米国側に日本は押せば引く弱い相手だとの印象を与えてしまった」とコメントしている。

さらにマサオカは、「たとえ日本がそのシェアの一部を放棄したとしても、その穴を埋めるのは南北戦争時代の設備しかない米国の紡織工場ではなく、米国の買い付けは香港、韓国、台湾、マレーシア、そしてアフリカにまで手が伸びるだろう」と見通していた。

では、どうすれば良かったのか。

マサオカの当時の見立ては次のようなものであった。

仮に日本が、米国の要求を飲まねばならない風圧の下にあっても、妥協するに際しては、輸入規制を求める側（米国）は自国の工場設備改善のための、しっかりと管理された工程を相手側（日本）に提出すべきであるというもの。彼は、自らの自叙伝の中で次のように記述している。

「たとえば、日本側が繊維問題で保護主義を受け入れるのなら、その見返りに、米国に対し市場シェアでの譲歩を求め、同時に、米国は日本に対し、一部市場の開放を迫るべきだ云々(7)」。

いわば、こうした、相手への設備近代化の義務付け、さらに、それぞれに相手市場の開放を相互に絡ませ合う。つまり、そういった条件を合意内容に盛り込ませることで、保護主義的措置導入の中にもなお、自由貿易の促進材料を散りばめることができる。そして、これこそが、良き意味での相互主義的〝たすき掛け交渉〟の妙だ、というわけなのだろう。

もう一点指摘すべきは、米国の繊維産業が、既存の国内法令による救済を受けられなかった事実である。この事実はまた、国内救済ができないので、むしろ相手国の責任で輸出自主規制をさせる、そんな手段を米国に編み出させることにもなってしまう。

米国の一部産業に衰退の兆候が見えていたとしても、時代はなお、自由貿易促進の風潮下にあり、アイゼンハワー共和党政権は世界経済を自由化の方向に牽引しようとしていた。

つまり、大きくは自由化の方向を目指す。それ故、その方向への舵取りに邪魔になる小さな棘は、相手国の輸出自主規制で片付ける。そうした潮流にあるからこそ、だから前述のマサオカ的対応案（輸入規制を受け入れる側は、相手側

に一定期間内での産業再生努力を負わせる）も現実的で有り得たと思われるのである。(8)

しかし、交渉とは元々立場を異にする者同士が、その立場をできるだけ一致させようとするものだと認識している米国側は、そのためには最初に双方の立場の対立点を殊更必要以上に前面に出してくる。(9)そんな態度に直面した日本側は、理由がわからず困惑するばかり。それ故、事を穏便に収めるため、まずは譲歩から入ろうとする。

この辺のところを、交渉論の権威である佐久間賢は、『交渉力入門』の中で、「日本人は先ず、相互に共通している部分を積み上げて、相手との理解を深めながら合意に達しようとするが、米国人は、交渉は対立から始まるのが普通だと考えているので、先ず自分達の提案が如何に正当であるかを、攻撃的に主張する」と記述している。

戦後日本にとって、初めての対米通商摩擦ともなった繊維問題を巡り、日本側と米国側の、こうした交渉というものへの考え方の違いが、結果としての日本側の輸出自主規制での決着につながった基底にあった、と言わざるを得ない。

4　日本側の反省、さらなる圧力に抗しての団結

保護主義は甘い蜜である。一度導入されると、いつまでも同じような措置に頼ろうとする。そして、そうした味は、知らぬ間に他業種にも伝播する。

米国の綿製品製造業者の政治的圧力を受けたアイゼンハワー政権は、日本に対し、民間業界による自主規制ではなく、政府間の協定としての、つまり日本政府の責任による輸出の制限を要求するようになる。

米国としては、自国産業の競争力の強みを反映する形で、自由貿易を世界的に推進することが国益に合するわけで、この主方針を維持しながら、一部商品製造企業の利益擁護には、自分達の通商原則を曲げず、むしろ相手国にその付けを回した措置で対応した、というのが事の顛末であろう。

いずれにせよ、日本政府は一九五五年一二月、米国の要求する輸出自主規制実施に同意し、さらに五七年一月、同意した規制をさらに五年間延長する政府間協定が結ばれるに至る。これが一九五七年の綿製品輸出自主規制協定である。この規制は、〝自主〟とは称されるものの、総量で規制をかけ、さらに個別商品範疇ごとの規制もダブらせるという、極めて厳格なものであった。

たとえば、綿布の許可輸入量は一億一三〇〇万平方ヤード。そのうち、別珍の個別枠は二五〇万平方ヤード。つまり、こうした二重の枠が課せられると、使い残した枠を他の品目に振り向けるということができなくなり、規制は極めて厳しいものになる[10]。

そんな五七年協定を日本の政府や業界がのんだのは、実はその後に予定されていた国際綿製品長期取り決め交渉において、すでに二国間協定締結を済ませた日本は、その協力故に、米国から特別の厚遇（対米輸出割当量の増加）を授けられることを、暗黙裡に期待していたためであった。また、米国以上に厳しい輸入制限を行っていた欧州市場の規制を、多国間の国際取り決めをまとめ上げることで、大幅に緩和させることができる、と考えたからでもあった[11]。

しかし、そんな甘い期待は国際交渉の場では通用しなかった。日米間の二国間協定と国際的な協定は所詮別物、日本が米国から輸出枠増加を勝ち取るためには、あくまでも米国との間で新たに交渉し直さなければならなかった。そして、米国には、せっかく結んだ二国間の協定の内容を、国際協定締結に日本が協力的だったという一事だけで、変える気持などさらさらなかったのである。

そうなると、日本国内のムードは、米国との協定や、国際協定への反感ばかりが強まるようになる。

折しもそういった状況下、世界の繊維産業事情が大きく変わり始める。

世界最大の繊維市場米国で、消費革命とでもいうべき新たな潮流が表面化するようになっていた。

具体的には、第二次世界大戦の勝者米国では、戦時中のペントアップ需要が豊富にあり、戦後、それらが一気に有効需要化する。要するに、消費が経済をけん引する傾向が次第に強まり、高級衣類が市場での人気を独占するようになってくる。そして、需要が増大する分野では技術革新が進み、供給面でも従来の綿製品から化合繊商品に重点がシフトしていくことになる。

問題は、こうした需要構造、ひいては供給構造の変化が、既存の綿製品輸入制限のフレームと合わなくなってきた点であった。つまり、綿製品のウエイトが急落し、代わって化合繊のウエイトが急増する。

さらに付け加えれば、綿製品協定が存在するために、海外から米国に供給される繊維品は、規制対象品を避け、規制のない化合繊商品に急速にシフトされていった。綿製品協定がある故に、かえって化合繊の供給が増えるという、皮肉な結果であった。

そうなると、米国の繊維業界は、当然に、繊維協定は化合繊を抱合するものに拡大されねばならない、と主張するようになる。結果、米国政府にとっては、対日といった二国間のフレームと、多国間の長期国際繊維協定に化合繊を盛り込む措置、つまりは、この二分野での新たな協定締結が通商交渉アジェンダに急浮上してこざるを得ない。

しかし、こうした新情勢下での米国の改めての要求に、日本の繊維業界は猛反発する。既存の綿製品協定締結の際に米国に裏切られたとの感覚が色濃く残っていたのと、世界的にはGATTケネディ・ラウンドの関税削減交渉が山場を迎えており、そんな時に、また繊維で輸入制限か、というのは余りにも筋が悪い、と受け止められたからであった。

さらに、米国の繊維市場は化合繊商品の需要急拡大で、その恩恵を受け、米国繊維企業の業績も極めて好調であり、一九六三年時点での米国繊維市場に占める輸入品の比率は三・六％にすぎなかった。つまり、輸入品が米国産業に打撃を与えている証拠は皆無ではないか、というのが日本の繊維産業の総意であり、また、日本からの対米繊維輸出規制は、あくまでも経済問題であって、政治的に取り扱われるべきではない、というのが基本姿勢だった。

5　〝繊維〟の本質は政治問題

しかし、米国における繊維問題は、結局は国内政治問題であった。

一九六〇年の大統領選挙期間中、民主党のケネディー候補は、自らが北部マサチューセッツ出身で、支持基盤の弱い南部での集票のため、ノースカロライナやサウスカロライナ、あるいはジョージアといった、繊維生産州向けの選挙公約の中で、大統領就任の暁には、繊維の輸入制限のための措置を取ることを誓約した。これが、後の国際綿製品協定の締結（一九六二年二月）となって実現される。

ケネディー大統領が暗殺され、後を継いだ民主党ジョンソン大統領は自らが南部テキサス選出であり、北部選出だったケネディーと違って、南部票田を逆にあまり気にする必要はなかった。それ故、ジョンソン政権は、米国が作り出した世界的な自由貿易推進ムードに水差すような、繊維を巡る保護貿易的動きにはあまり動かされることはなかった。

状況が変わるのは、一九六八年の大統領選挙からである。

共和党ニクソン候補にとって、まずは共和党大会で大統領候補の座を確保すること、次いで、その後の本番選挙で、共和党大統領候補として民主党候補に選挙戦で勝つこと、この二つに勝ち抜くための戦略が必要であった。そして、繊維産業がそうした戦略にとって極めて重要な役割を果たすようになる。

最初の場は、一九六八年八月の共和党大会であった。この大会で、西部を基盤とするニクソン候補が必要としたのは南部諸州の代議員票であった。

当時、南部の主要産業は繊維であり、その繊維産業は、輸入品締め出しに最大のエネルギーを費やそうとしていた。共和党候補の座を確保するため、策略家ニクソンが代議員票の多い南部諸州を取り込もうとするのは当然であり、そうした状況下、サウスカロライナ州に繊維産業を代弁する有力者ストロム・サーモンド上院議員がいた。

結論からいえば、どちらかというとニクソンとは気質が通じ合ったと思われるサーモンド議員は、南部諸州の代議員票を取りまとめてニクソン擁立に邁進し、その見返りに、ニクソン候補は繊維産業保護のための輸入規制実現を公約したのであった。

このようにして、晴れて共和党大統領候補の座を得たニクソンは、一一月の本番選挙当選を目指し、南部諸州での得票で民主党ハンフリー候補を圧倒することを目指す、俗に言う南部戦略に全力で突入していくわけだが、その際、繊維産業関係者票を固めることを基軸に据え、そのため、当選の暁には繊維輸入制限策を導入する、との姿勢を一層鮮明に打ち出していく。要は、後の日米繊維交渉は、このニクソンの選挙戦術の中から発芽することになったわけだ(12)。

では、なぜ、ニクソン政権が繊維輸入規制を、米国の一方的立法としてではなく、輸出国（日本）側の輸出自主規制の形で取ろうとしたのか……。そして、そこにこそ、〝対外政策〟と〝国内政治〟の溝をどう埋め合わせるかといった、おそらくはどこの国でも経験する〝統治の二重性〟の問題が顔を出している。さらにまた、当時の議会と行政府との関係などが複雑に絡んでくる。

それ故、ここでは、若干なりと、それらの事情にも触れておく必要があるだろう。

まず、当時の米国内に、繊維輸入規制への反対勢力はなかったのだろうか。答えは、強力な自由貿易主張者達が存在した、というのが正解。

一九六〇年代後半になると、米国は第二次大戦直後の、世界経済における圧倒的立場を次第に失っていく。しかし、そうはいっても、米国産業の競争力は依然として強力で、通商の自由を追求していったほうが、全体としてはなお、米国の国益に合したのである。

だから、ニクソン政権も〝対外政策〟としては、基本的には自由貿易の拡大を掲げたのだが、それはあくまで総論の話。個別各論――この場合は繊維産業――では、前述のような〝選挙事情〟故に、必ずしも日本からの輸入のみが米国の繊維産業全体のトラブルの主因とは思われないにもかかわらず、米国内で対日輸入制限の声が急速に高まってくる。

こうした状況下、ニクソン新大統領は一九六九年二月、記者会見の場で次のように述べるに至る。

曰く、「私は米国の利益は保護主義にではなく、自由貿易によってもたらされると信じている……（それ故、）私は米国の手によるものであれ、あるいは、他国の手によるものであれ、輸入割当や類似措置の導入には賛成し難い……私は、より自由な貿易を実現しようとする我々の目標に逆行するような輸入制限立法という手段によってではなく、輸出国側の自主的制限というやり方で、問題に対応することが可能かどうか、その道を模索してみたい……」(13)。

ニクソン大統領の思惑は明白であった。

仮に立法による輸入制限措置の路線を取れば、繊維でそれを実現させると、次は鉄鋼、さらには別の品目へと、連邦議会はドミノ式に輸入制限立法に走り出しかねない。そうなると、ニクソン政権の自由貿易の拡大という政策課題は吹っ飛んでしまう。

だからこそ、交渉によって相手国に自主的な形での輸出自主規制をのませることができれば、議会に介入させず、〝自由貿易追求という政策課題〟を求め続けながら、〝南部有権者への選挙公約という政治課題〟を実現させることも可能になる。

6　モーリス・スタンズ商務長官

米国は、経済問題を政治的に解決しようとする性癖をもった国である。

ニクソン政権も、誕生直後の一時期、日本の関係者に非公式・ローキーで接触し、新大統領の置かれた立場を十二分に理解してもらい、そうした理解を得た上で、公式の交渉プロセスに入ることを考えていた。

しかし、こうしたローキー路線は、新政権が本格稼働するようになると、急速に力を失っていく。米国の繊維輸入制限の動きは、そもそもの発端からして、前述のように、選挙戦術上の問題意識から始まっている。そして、それが選挙公約への回答であるならば、有権者層に〝見せる形〟でアクションを取らなければならない。水面下で交渉の糸口を掴もうと思っても、肝心の相手側日本はそうしたアプローチを受け入れる姿勢を見せないではないか。ニクソン側近の一部は、そのように考えていたのだろう。

米国のホワイトハウスの陣容や主要閣僚人事は、政治任命である。ニクソン当選に貢献した人達への論功行賞的色彩も色濃い。そうなると、繊維交渉に誰が当たるようになるか、担当責任者の人選が大きな意味を持つようになる。

通常ならば、通商交渉は通商代表部の仕事であろう。ところが、日米繊維交渉については、カール・ギルバート通商代表ではなく、モーリス・スタンズ商務長官が担うことになる。どうしてそんなことになったのか……。

スタンズ商務長官はニクソン大統領の友人であった。当然、ニクソン候補の選挙運動にも、資金面などで多大な貢献を行い、その功あって、新大統領の下で商務長官ポストを射止めるに至る。おそらく、就任直後、スタンズ商務長官はニクソン政権の通商政策を自ら担う心意気だったのだろう。

しかし、通商交渉には通商代表という正規のポストがある。通商交渉は、このポストに就いた人間が担うことになる。したがって、スタンズは、自らの思惑とは別に、結局は商務行政の範囲内の仕事に閉じ込められかけるわけだが、そこはニクソン大統領との個人的関係の深さを利用し、少なくとも繊維問題に関しては、「対外交渉は商務長官が担う」ことで、大統領の承認を得ることに成功する。(14)

かくして得た交渉権限故に、スタンズはニクソンの繊維業界向け誓約の実現にことさら努力するようになる。同時に、繊維産業向けのアピールとして、相手国と水面下で静かに交渉のための各種条件を整えるようなまどろっこしいことをせず、いきなり表舞台での鳴り物入りのショウを実演しようとした。

その手始めに、まずは欧州訪問が企画される。

少し回り道だが、なぜ欧州だったか、その点の説明が必要だろう。事は、スタンズ商務長官に繊維交渉が任せられた経緯に起因する。

ニクソン新大統領は一九六九年二月に訪欧したが、その旅先で、大統領自身が対応しなかった通商問題の詳細な問題については、直後に商務長官を派遣するので、さらなる話し合いが継続される、との談話を発表する。そして、この談話がスタンズ長官に繊維問題を担当する任を与えることになる。

もちろん、スタンズ長官自身は、この大統領談話を受け単に繊維のみならず、通商全般を話し合うつもりでいたかもしれないが、公式の役割上、それは通商代表が扱うべき事項であり、それ故、政治任命の商務長官としては、やはりその関心を〝繊維〟に置かざるを得なかったのであろう。

いずれにせよ、こうした行きがかりで、商務長官としては、日本を含む極東よりはまず欧州に行く羽目になる。

訪欧の名目は、国際綿協定と同種の、化合繊を対象とする繊維取り決めを結ぶ、そのためのＧＡＴＴ（関税貿易一般協定）主催の国際会議をジュネーブで開催すること、への主要国の賛同取りつけ、とされた。

しかし、スタンズ長官は欧州諸国のカウンターパートに、そうした会議がなぜ必要か説明するに際し、問題の根源は極東諸国からの低コスト製品の輸入急増にあって、この点、米国と欧州とは同じ問題を抱え込むことになる、それ故、共同して対処策を考える必要がある、と力説したと伝えられる⒂。

スタンズのこの訪欧は、二つの点で、当初意図とは逆の反応を生み出してしまう。

一つは欧州側の冷淡な反応である。

たとえば英国は、「問題の根源が極東にあるというのなら、米国は極東にいって問題解決すればよい」という姿勢を示し、日本と同じように経済復興の端緒についていた西ドイツの代表の一人は、「米国の提案は発展途上にある国々に対して、先進国側が不当な共同行動を取ろうとするもの」とコメントしたという[16]。

意図せざる二つ目の反応は、日本側の姿勢の硬化である。米国の政治的意図を嗅ぎ取り、欧米で連合戦線を組もうとした、と日本側、とりわけ繊維業界や通産省が見たのであった。結果は、日本の姿勢の硬化であった。ここに〝繊維〟を巡る日米対立の構図が明白に出現してくる。

7　沖縄返還問題

第二次世界大戦の敗北によって、日本は連合国の軍事占有下に置かれるようになった。そうした状態から、日本が再び独立を回復する契機となったのは一九五一年九月に米国のサンフランシスコで開催された対日講和会議であった。この席に臨むにあたって、戦勝国米国の内部には、沖縄領有論すら主張する向きがあったという[17]。

そんな雰囲気を察知して、当時の吉田首相は、沖縄、小笠原、樺太、千島、歯舞、色丹などについて、それが日本固有の領土である旨を示す膨大な資料を連合国側に提出、それらの島々が日本本土から切り離されるのを阻止しようとした。

しかし、国際環境が東西冷戦の激化で険悪化する中、極東で共産主義勢力と対峙する米国にとって、沖縄はかけがえのない軍事基地と見なされるに至っていた。それ故、当時の日米の力関係を勘案すると、本土の再独立時に沖縄も併せて日本復帰するというシナリオは、極めて現実味の薄いものであった。

それでも、この講和会議の席上、米国のダレス代表は米英連合軍の占有下にあった沖縄と小笠原に言及、「米国を施政権者とする国連の信託統治制度の下に、これら諸島を置くことを可能にするが、併せて、日本が残存主権を維持することを認める」旨の発言を残している(18)。そしてこの発言が、後日の沖縄の日本返還への手づるとなっていく。

さらにまた、米国は結局、沖縄と小笠原を国連の信託統治制度の下に置こうともしなかった。米軍基地の密集していた沖縄を国連の信託統治下に置くことは、ソ連の介在を許す余地を広げ、米国の安全保障上、大いに問題……。そんな考慮が働いたのだろう。

その意味で、シニカルに見れば、冷戦構造の深化が沖縄の将来の日本復帰に益する方向に働いた、とはいえまいか。また、こう考えれば、吉田首相の前述のようなこれら諸島領土への拘りは、沖縄と小笠原に関しては、後日に可能性を残すという意味で、一応の成果をあげた、といってよいだろう。

いずれにせよ、前記のような経緯で、一九五二年四月の対日平和条約の発効に際しては、沖縄は依然、米国の施政権下に留め置かれ、吉田首相は、日本の潜在主権という概念を前提に、米国が沖縄に対し独占排他的な政治権力を行使する体制を継続するのを容認するほかなかったのである。

一九五七年二月に発足した岸政権は、吉田路線を踏襲する形で沖縄問題に積極的に取り組もうとした。しかし、機はいまだ熟してはいなかった。

岸首相が就任した直後の日米首脳会談（一九五七年六月）では、首相は沖縄及び小笠原の施政権返還を強く米国に迫ったが、アイゼンハワー大統領は、潜在主権は日本にあるが、極東情勢が緊張している限り、施政権の返還は非現実的である旨の見解を提示するにとどまったのであった。

もちろん、この沖縄返還問題についての米国の態度も、冷戦が硬化する時期と軟化する時期とで、微妙に変化してくる。

たとえば、アイゼンハワー大統領の声明から五年後の一九六二年三月、キューバ危機後の米ソ冷戦緩和の局面では、当時のケネディー大統領は「私は沖縄が日本本土の一部だと認めるもので、自由世界の安全保障上の利益が沖縄を日本の完全な主権の下に復帰せしめることを許す日が来るのを待ち望む」旨の声明を公表している(19)。

しかし、現実的判断として、そうした安全保障上の条件が満たされる日が、近い将来実現すると見る向きは、米国・日本双方の国内には少なかった、というのが実相であろう。

事実、岸政権の後を継ぎ、一九六〇年代に日本経済を高度成長に導いた池田政権は、経済面や社会面での沖縄の地位向上を打ち出したが、施政権の返還要求にまでは踏み込んでいない。つまり、沖縄の統治形態問題の解決には、なお、機が熟せず非現実的、と日本側も見なしたのであろう。

かくして、日本の有力政治家で〝沖縄返還〟を具体的政策課題として最初に公言したのは、一九六四年七月、池田首相の三選に対抗して自ら自民党総裁選に立候補した佐藤栄作であった(20)。

そして、これは、いわば、池田政権の沖縄問題への取り組み姿勢が、前述のような返還要求を回避するものであったことへのアンチテーゼだろう、と認識された。逆にいえば、この課題提示は、現職への挑戦者故の気軽さの賜物、とも見なされる性格のものだった。つまり、現政権批判のための、非現実的要求だと、少なくとも当時の主流派からは見られていた。

佐藤栄作は吉田門下の政治家だと称される。吉田首相を師と仰ぐ影響下にあり、同首相がやり残した〝沖縄返還〟を正式に日米間の交渉の俎上に載せようとした。少なくとも、そうでも解釈しなければ、当時、非現実的と目されていた沖縄返還問題に、現実の束縛に囚われがちな有力政治家が取り組むはずがないだろう。そこには、佐藤なりの志があったはずなのだ。

佐藤の池田への挑戦は、敗北に終わる。しかし、政治家と運は切っても切り離せない。三選を果たした池田首相は、四カ月後に病気で退陣、佐藤に出番が回ってくる。かくして一九六四年一一月、佐藤内閣が発足する。

統治の責任者たる首相には、〝大志〟と共に〝現実的感性〟が求められる。

佐藤首相就任直後のアジア情勢を概観すれば、米国はベトナムに介入し始め、中国は核実験に成功するなど、それまでとは異なった情勢が現出しつつあった。また、ケネディー大統領が暗殺され、米国の政権担当者もジョンソン大統領に代わっていた。

それ故、佐藤首相は就任直後の所信表明も、自主外交をキーワードとすることになる。その意味するところは、新しいアジア情勢下、日本も日本なりに立ち位置を再度確認し直す、とでもなろうか……。そして、佐藤の頭の中には、そうした再検証の対象に、当然、沖縄問題も入っていたに違いない。

ただ、現実的政治家としての佐藤は、その所信表明の中では沖縄には言及してはいない。

8　佐藤首相のコミットメント

佐藤首相は、首相就任直後の一九六五年一月、ジョンソン大統領と会談するためワシントンを訪問する。政権発足したばかりのタイミングに米国詣でというのは、まるで参勤交代のようではないか、との批判を振り切っての訪米であった。こうした、ある種の劣等意識が生まれるほど、当時の日米間の力の差が大きかったということだろう。対等の立場であるならば、そもそもこんな比喩が使われるはずがないのだから……。

もちろん、佐藤首相も、中国初の核実験成功直後[21]という情勢下、執念だけで沖縄返還が実現する、そんな簡単な話ではないことぐらい、熟知していたはずだ。

しかし、それでもなお、訪米を決行した佐藤の腹の内には、むしろ五年後の一九七〇年に予定されていた日米安保条約改定を前に、中国が核を持った状況下、米国がはたしてどの程度まで日本防衛の義務に縛られているか、その下調べと共に、新首相としての沖縄・小笠原の返還への切望感を米国首脳に直接伝達する、そんな思惑があった、と解するほうが実態に近いのではあるまいか。

次いで、訪米から約半年後の一九六五年八月、佐藤首相は沖縄を訪問する。

那覇空港での、「沖縄の祖国復帰が実現しない限り、我が国にとって戦後が終わっていないことを（私を含め日本国民は）よく承知しております」との首相声明は、佐藤政権が沖縄返還を明確な目標に設定したことを証する画期的なものであった。

しかし、そうした宣言の背後に、返還実現に向けた具体的な裏付けがあったとは思われない。若泉敬は、その著書『他策ナカリシヲ信ゼムト欲ス』の中で、当時の外務省の感触として、下田武三外務次官の証言を次のように記している。

「沖縄返還の見通しなど皆目わからない状況にあったから、東京でこの報（首相の那覇空港での声明）を聞いた時、少なからず驚愕した……佐藤首相は待ちの政治家といわれ、政党や政府の下のものが散々議論の末、用意した事案を、機の熟するまで待ち、どちらかといえば下のものをいらいらさせる程待たせた揚げ句に裁断を下す場合が多かった……しかし、その反面、下のものが考えてもいない時期に、重要事項を突然言い出されて、下のものをあっと言わせることもあった……那覇空港での総理ステートメントは正にそれであって、外務省当局にとっては、全くの晴天の霹靂であった。のみならず、当時の国際情勢には、この声明の裏付けとなりうるものはなにもなかったのである……[22]」。

こうした傍証から判断する限り、この那覇空港での声明の実態も、要は、目標を掲げて、政府機能をその達成のために動員する、そんな決意表明にすぎないものだった、のかもしれない。

とはいうものの、〝首相〟たる立場にいる政治家の言葉は生き物。

重要なことは、指導者が一定の方向への姿勢をぶれさせずに維持していれば、その方向に向けての幾ばくかの事態の進展はあるものとの、半ば本能に近い感覚を、おそらくは佐藤首相が持っていたと思われることだろう。そうでも解釈しなければ、なぜ、具体的成算もないままに、自らを追い込むような立場を鮮明にしていくのか、理解のしようがない。

那覇声明は、国内では、佐藤が思い描いていたような波紋を生み出していく。

実現可能性が見えないまま、沖縄返還構想が各層で議論され始め、それと共に、いかなる形での本土復帰がありうるか、つまり、米軍基地の形式や実態はそのままで、施政権のみの早期返還を求めるのか、あるいは、基地の形態・実態を日本側の意向に沿った形にまで変質させての返還を指向し、そうした実態が実現できる日まで返還を待つのか、などといった想定問答議論が表面に浮上してくるのである。

そして、こうした議論活発化現象の裏面には、米国のベトナム介入の泥沼化や中国の核武装が現実のものとなりつつあった当時の国際環境が存在していた。

しかし、国際環境のそうした実態は、米国には違った立場を取らせることになる。

「沖縄の役割は、自由諸国の利益のために益々重要度を増している」、という認識が一層全面に打ち出されてくるのである。[23]

そして、こうした認識は必然的に、米国指導者の心象風景の中で、この地域の同盟国日本の重要性を相対的に高めることにつながり、そうなってくると皮肉にも、米国として、日本国内での対米観にも今まで以上の関心を振り向けなければならなくなる。

つまり、日本国内では、沖縄返還への希望感と米国のベトナム戦争遂行への嫌悪感が、反面、米国内では、そうした日本への期待感と不安感が、綯い交ぜになる状況の出現であった。もっと具体的に記せば、米国内に、アジアにおける同盟国日本との関係が重要なものになればなる程、この地域での米軍の行動制約にならない限り、沖縄返還も検討せざるを得ない、そんな雰囲気が生まれてきたのであった。その意味では、佐藤首相の政治家としての本能が正解を得た、と評することができるのかもしれない。

かくして、一九六七年七月、沖縄返還を巡る折衝が、秘密裏に東京で開始されるに至る。その背景には、同年一一月に予定されていた、第二回佐藤・ジョンソン首脳会談という政治スケジュールの設定があった。一定の重要会談を前に、膠着していた話し合いが動き始めるという、典型的な政治劇の始まりである。

9　一九六七年一一月の第二回日米首脳会談

沖縄と小笠原の返還を巡る秘密裏の交渉は、三木外務大臣とアレキシス・ジョンソン駐日米国大使の間で一九六七年七月一五日に開始されている。

小笠原諸島の方は、比較的簡単に米国側から返還のコミットを得られた。沖縄と比べ、軍事戦略上の価値がそれほど大きくなかった点が、同諸島の返還を可能にしたのであった。と同時に、沖縄と小笠原の二か所の返還要求に、全くのゼロ回答では、同盟国日本の側に不必要な対米ネガティブ感情を残すことを、米国側が恐れたためでもあるだろう。問題は沖縄の方であった。

米国はベトナム戦争に引きずり込まれ、極東での共産諸国との緊張関係も依然続いていた。そんな状況下、沖縄基地の自由使用を制約することにつながる施政権の日本への返還には、米国内でも軍部が強く反対していた。

また、「沖縄は第二次大戦の際、自国の若者が血を以って占有した島である」との認識が強い米国議会も、何か見返りがあれば話は別だが、何の対価もない返還に消極的であった。さらに、ジョンソン大統領も、国内でのベトナム反戦ムードの高まりの中、沖縄返還という、新たな〝政治的火種〟を積極的に拾う立場にはなかった。

そうなると、焦るのは佐藤首相のほうであっただろう。自ら、積極的に沖縄返還を主張し、国内のムードを盛り上げてきた立場からすると、「米国の事情を、はい、わかりました」とは、とても言えたものではない。それ故、ここは何としても、ある種の〝政治的取引に持ち込まなければならない〟。では、どのような見返りがあれば、ジョンソン大統領をそうした〝政治的取引〟に引き込めるのか……。その可能性を探るには、ジョンソン大統領の置かれている状況を正確に把握し、大統領周辺の意図を正確に把握しておかなければならない。

おそらくは、こうした問題意識と必要性から、佐藤首相は極めて特異なアプローチを試みるに至る。それは、内閣総理大臣の正式の特使を秘密裏に使って非公式な接触ルートを開発し、ジョンソン大統領側近と連絡を取らせ、大統領の意図を嗅ぎ取り、あわよくば、沖縄返還への端緒がどういう条件なら作り出せるかを探ろうとする、極めて変則的なやり方であった。

佐藤首相も、当初からこのルートに全てを依存しようと思ったとは考えられない。外務省を通じる公式ルートだけでは、物事が進まない苛立ちから、できることは何でもやってみよう、と思っただけなのかもしれない。でも、やってみると、このルート（若泉敬特使）は、それなりに正確な情報をもたらし、大統領側近（ロストウ大統領特別補佐官）ともちゃんと気脈が通じて合っている。

結局、佐藤首相は、きたるべきジョンソン大統領との二度目の会談に臨み、このルートを最大活用することになる。佐藤首相にとって、最もこだわったのは、会談の結果の中に、「沖縄について、ここ両三年（a few years）の内に、施政権返還の時期を決定する旨の何らかの目途づけ」をジョンソン大統領から取り付けることであった(24)。

佐藤首相は、なぜ、両三年の内に、という具体的期間を、自ら持ちだそうとしたのか。特使若林敬は、後日、次のように記している。

「佐藤首相は事実、一九六七年一一月の第二回日米首脳会談の席上、『両三年の内に、返還の時期について目途をつける』とのメモを、大統領に直接手交している……（何故、両三年という数字が、佐藤首相の頭の中にあったのか……）佐藤首相は、一九六五年一月の第一回首脳会談でも、ジョンソン大統領に対し、沖縄返還に関して主張すべきことを十二分に主張していた……恐らく、その際、ジョンソン大統領が言葉の端に『二、三年もしたら……』と思わず口走った言葉を、心に深くとめていたと思われる。記録にも、まして共同声明にも入らなかったジョンソン大統領の、当時の心境を、佐藤総理は忘れずにいて、今回の訪問で正面からぶつけてみよう、という気になったのだろう[25]」。

佐藤首相とジョンソン大統領が、共に政権を担った直後の第一回首脳会談で互いに気心を通じ合わせ、その気安さから大統領に、当初シナリオになかった『二、三年もしたら……』と思わず口にさせた、そうした信頼醸成を佐藤首相が達成していたこと自体が、第二回目の首脳会談に活かされた、そんな経緯にこそ、我々の興味がそそられる。

ロストウ補佐官が熟慮の末、若泉特使に伝えた米国側の対日要望シナリオの概要は、一言で述べれば、ベトナム戦争で国内政治的に苦境にあるジョンソン大統領への精神面・物質面での、佐藤首相からの確たる支援表明への期待であった。

具体的には、①会談後に予定されていた、佐藤首相のワシントンのナショナルプレスクラブでの演説の中に、それら支援の具体的措置を盛り込み、米国民の前で日本のコミットを鮮明にすること。②米国の国際収支の改善と日米間での貿易不均衡問題の解決に向け、日本が貿易分野や資本分野での自由化措置を加速させること。③アジア地域への経済援助を促進すること。特に、米国議会が増額を渋るアジア向け援助の分野で、日本がある種の肩代わりを果たすことにつながる、援助増額を誓約すること等など。

こうした事前のやり取りを、余人を交えず二人だけで実施された首脳会談の席上、佐藤・ジョンソンの両主役が、どの程度まで忠実に演じてみせたかは、正直、誰もわからない。ただ、若泉は、首相訪米に随行した、当時の楠田首席総理秘書官の記述を引用する形で、会談での首相発言を次のように紹介している[26]。

「ベトナム戦争が続き、中国が核武装している最中に、戦略的な安全保障を阻害しない形で、沖縄が適当な時期に本土復帰できないものかと思っている。ターゲット・デートが欲しい。この二、三年の間に、何時返せるかという目途をつけられないだろうか……」。

この発言に対し、楠田秘書官は、ジョンソン大統領が、「我々は、日本が経済その他で、世界の責任の一端を引き受けるというのなら歓迎する」と応じたこと。さらに佐藤首相が、「日米安全保障条約は長期に渡り堅持すべきものと思う」と基本政策を述べた後、一枚のメモを取り出しジョンソン大統領に手渡したこと。そのメモには、「英文で、within a few yearsに双方が共に満足しうる返還の時期について合意することを目指して……」と書かれていたこと等を記述している。

こうしたやり取りがあったにもかかわらず、結論から述べると、佐藤首相の熱意に共感を示しながらも、米国側は次期大統領の手足を縛ることになる期限の設定には、米国憲法上の慣例から応じられない、と頑として首を縦に振らなかった。

しかし、佐藤首相の熱意に対し、ジョンソン政権側はマクナマラ国防長官の口を借りて、「沖縄はいずれ返還されることになっている」との公式の言質を与えてくれた。返還を、将来に向けた米国の公式コメントだと、公言してくれたのである。[27]

10　民主党ジョンソンから共和党ニクソンへの大統領の交代

第二回日米首脳会談の共同声明には、沖縄返還時期の問題は次のような形で収まっている。

「……総理大臣は（沖縄の施政権について）、両国政府がここ両三年に双方の満足し得る返還の時期につき合意すべきであることを強調した。大統領は、これら諸島の本土復帰に対する日本国民の要望は、十分理解しているところであると述べた。同時に、総理大臣と大統領は、これら諸島にある米国の軍事施設が極東における日本その他の自由諸国の安全を保障するため重要な役割を果たしていることを認めた。討議の結果、総理大臣と大統領は、両国政府が沖縄の施政権を日本に返還するとの方針の下に、かつ、以上の討議を考慮しつつ、沖縄の地位についての共同かつ継続的な検討を行うことに合意した……」。

この、両三年という期間が、〝合意内容として〟は取り入れられなかった結末について、若林特使は後日、ロストウ補佐官の説明として次のように解説している。

「(両三年という期間についての)困難は、憲法から来る慣行の問題に関わっている。両三年内に時期を決定することに大統領までがコミットすると、それは、次の大統領を拘束することになる。来年の大統領選挙が実際にどうなるかわからないのだから、改選前の大統領は次期政権を大きく拘束するような約束をしてはならないという不文律があって、それに反することは出来ないのだ……。しかし、両三年内に、つまり遅くとも一九七〇年春までに返還期日について合意するという点について、大統領自身、そしてラスク(国務長官)、マクナマラ(国防長官)、バンディ(国務次官補)、それに私(大統領補佐官)の五人は完全に了解している。ジョンソン大統領が再選されれば、一九六九年一杯に返還の日取りを取り決めることが出来るだろう[28]」。

おそらくは、こうした感触の上に、佐藤首相は一九六七年一一月二〇日、羽田空港に帰りつき、次のような声明を発したのであった。

「……沖縄については、施政権を返還するとの基本的諒解の下に、日米間で協議を開始するとの合意を見ることが出来ました。私はこの協議を通じて、両三年内に、米国との間に、返還の時期について合意に達し得るものと、確信しております[29]」。

しかし、政治の世界では一寸先は闇。当のジョンソン大統領が、ベトナム戦争の泥沼化によって、一九六八年の大統領選挙には不出馬を宣言してしまう。同六八年三月のことであった。

前年一一月にジョンソン大統領との間で、両三年内に沖縄の施政権返還時期で合意する旨、暗黙の合意を取り付けていたと理解していた佐藤首相にとって、四カ月後のジョンソン不出馬は大きな痛手であった。

前政権の対外公約を、新政権が受け継いでくれるものなのか……。ましてや、新政権がそれまでの民主党から共和党に移ってしまえば、はたして、外交の超党派性が、沖縄の施政権返還期間にまで及ぶものなのか……。

答えは、大統領選終盤、優位に立っていた共和党ニクソン候補自らが出してくれた。

曰く、「私は当選の暁には、一九六七年一一月の日米首脳会談で作られた基礎の上に立って前進する積りである……沖縄の返還に関する私の立場は、究極的には日本に返すことが出来る、というものでなければならない……」[30]。

一九六八年一一月五日、共和党のニクソン候補が、民主党のハンフリー候補を僅差で破り、ジョンソン大統領を継いで第三七代米国大統領になることが決まる。

一方、日本でも一九六八年一一月、佐藤首相は「沖縄返還の実現を公約に」自民党総裁選で三選を果たす。

この段階に来ると、沖縄返還の障害は、次の三点に絞られていた。すなわち、核兵器の貯蔵の可否、通常兵力の作戦行動のための基地の自由使用の可否、そして、返還時期をいつ決めるか、の問題である[31]。そして、前の二つは、交渉に臨む日本側の腹決めの問題。最後の三つ目は、交渉に臨む米国の腹決めの問題であった。

そして一九六九年三月、佐藤政権はついに、交渉に臨む姿勢を〝沖縄の核抜き、本土並み返還〟という線に決めた（保利官房長官発言）[32]。日本側の課題となっていた二つの問題への姿勢決めであった。これにニクソン大統領がどう対応してくるか……。

加えて、米国側に残されたのは、ニクソン新大統領が、前任ジョンソン大統領が暗黙裡に佐藤首相に与えていたとされる、〝両三年内に〟という感触をはたして引き継いでくれるかどうか、という問題であった。

ニクソン大統領は政治家と政治屋の二つの顔を持っている。この二つの顔は、何もニクソンに限らず、政治家たる者、誰でも備え持つ基本性格だろう。しかし、ニクソンの場合、その二つの顔がいずれも、極端なのである。

政治家としての顔は、一流の戦略家、一流の構想家である側面に見出せる。ベトナム戦争を終結させ、中国との国交回復を果たし、米ソ冷戦緩和を齎した、そんな手腕を誰も否定できない。

政治屋の顔は、貧しい環境に育ち、独力で這い上がってきた経歴の中に見出せる。他人を信用せず、執念深く、裏切りを決して許さない。また、他人の利害関係に興味が深く、それが自分に役立つかどうか、吟味を欠かさない。

事後に明らかになった資料によると、一方では、米ソ冷戦下、同盟国日本の重要性に着眼し、大統領に就任した直後にいち早くキッシンジャー補佐官に包括的対日政策を立案させ、その中で、核を貯蔵する権利に固執しない形での沖縄返還を早々と決断している。

しかし、他方では、大統領選当選が事前予想よりも僅差だった点に本能的な危険を察知、貴重な南部票をより確固たる支持基盤に変えるため、繊維問題の解決に異常な執念を燃やしている。

そして、前者を一旦決定してしまうと、後は、何とかして後者を実現させようと、前者に関する決定をも、後者の実現に向け最大活用しようと試みる。こうした態度には、政治家と政治屋の二つの顔が共存している様が見事に浮かび上がってくるはずだ。

11　沖縄問題と繊維問題

前述したように、ニクソンは大統領就任直後、キッシンジャー補佐官に関係省庁を集め沖縄返還問題を含めた包括的対日政策を検討させている。

キッシンジャーは、その回顧録の中で、そこでの検討の結果を「日本は米国にとってアジア政策の要であり、この位置づけを重視して対日関係を強化すべき」とまとめ上げ、その概要を一九六九年四月の国家安全保障会議の席上、ニクソン大統領に報告、承認を得た、と記している(33)。

キッシンジャーによれば、同五月、この決定は関係各省に通達されたが、その趣旨は「沖縄基地を韓国、台湾、ベトナムの防衛に使用することについての満足すべき了解が得られるならば、ニクソンは、沖縄を日本の主権下に返還するとともに、核問題に対する日本国民の感情を考慮する。言い換えれば、ニクソンは、沖縄に核兵器を貯蔵する権利に固執しない意向を示したのである」とのことだった(34)。

しかし、この話には、二つの〝おまけ〟がつく。

一つは、この対日政策の包括検討のテーマの中に〝繊維〟が入っていなかったこと。その理由は、〝繊維〟がニクソン大統領の選挙公約案件として、前述しておいたように、モーリス・スタンズ商務長官の専権事項とされていたからであろう。

二つは、この対日包括政策に関する米国側の決定（ニクソン自身が署名した国家安全保障会議メモ）の内容、つまりは「一九六九年以内に満足出来る理解が得られ、そして一九七二年までに詳細な交渉が終了した場合、大統領は一九七二年までに沖縄の日本復帰に同意する用意がある。もし、全般に渡り満足な解決が見られるならば、大統領は喜んで米国の核兵器の撤去に応じるであろう」が、ニューヨーク・タイムズ紙に漏れたこと(35)。

日本との交渉に入る前に、対処方針が漏れて慌てた米国側は、「（満足な解決がまだ得られていないが故に）大統領は未だ決定を行っていない」と声明を出す。そして、日本側は、この声明をそのまま信じたのであった。

それが故に、日本はその後の交渉過程で、米国側が返還の時期や核の問題について明確な方向性を明かさないことに、次第に不安の気持ちを増幅させていくことになる。

おそらくは、そうした不安を増幅させておいて、最後の最後に、沖縄とは全く関係のない繊維問題をリンクさせて持ち出す。当初からそう考えていたかどうかはわからないが、ニクソン大統領の心の中で、いつの頃からか、こうした沖縄で譲るかわりに、佐藤首相からは〝繊維〟で借りを返してもらう、との考え方が芽生えていくのである。

この米国側の最高意思決定権者の、対外政策と国内政治を結び付けた発想を、沖縄返還問題に関わった米国側・日本側の外交関係者は、交渉途中のある時期までは、あまり明確に意識していなかったように思われる。

もちろん、沖縄返還が優れて政治的判断に基づくもので、日本は沖縄を取り戻すために何を差し出すのか……。あるいは、米国は沖縄を返すに際し、いかなる条件を付すのか……。さらには、米国は代償として日本に何を求めるのか……。そうした、ある種交換が試行されることぐらいは、関係者全員がそれなりに想定していたことだろう。

しかし、その際の交換条件は、ジョンソン前政権が提示したような、たとえば日本の貿易黒字の削減とか、資本自由化の前倒しだとか、日本のアジア向け援助の増額などといった、それなりの経済〝政策〟課題での日本の譲歩であるべきで、まさか〝米国の国内政治そのもの〟である〝繊維〟一色に脚光が当てられようとは……。

元々、日本側には沖縄返還と他の問題がリンクされそうな雲行きを好まず、米国側が明確にリンク付けしてくるまで、あえて、火中のクリを拾わないほうが得策、との〝待ち〟の姿勢が強かった。

そんな中、繊維問題での攻勢は米国側の一部から仕掛けられてきた。

まずは、欧州に行って繊維問題で世界的規模での輸入規制の必要性を説いて回り、彼らの賛同を得て極東諸国に圧力をかけようとの思惑を持っていたモーリス・スタンズ商務長官が、欧州諸国から望むような反応を引き出せず、それだけに強硬姿勢を増幅させて、一九六九年五月、いよいよ、日本にやってきたのであった。

スタンズ訪日の結果は、前述しておいたが、商務長官にとっては惨憺たるものだった。

長官と面談した日本側閣僚のいずれもが、米国側の日本側への繊維輸出自主規制要望を、経済的根拠が全くなく、それ故ガットの場でこの問題を話し合う必要もなく、まして日米間で繊維問題を話し合うことに賛成などしなかったからである。(36)

なぜ、日本側の姿勢がそれほどまでに硬かったのか。いくつかの理由が考えられよう。

まずは、文字通り、経済的根拠が薄弱だったことだろう。繊維需要は、化合繊に移り、綿製品に比べると高級化しているが、それでも米国市場そのものは拡大を続け、米国繊維産業と日本を含む極東諸国の繊維産業との間の競争の実態はいまだゼロサム状況になっていなかった。

第二は、すでに述べておいたように、既導入の日米綿製品協定を巡るやり取りで、日本側には米国側に騙され感覚が色濃く残ってしまっていたことである。同じ轍は踏んではならぬ、との自戒の念がそれだけ強かった、というわけだ。

第三は、戦後の日本の特異な対米感情であろう。化合繊を巡る米国からの輸出規制要望は、圧倒的な米国の経済力を日ごろ痛感させられ、その分、劣等意識に苛まれていた日本に、久方ぶりに対米優越意識を満足させてくれるものだった。逆にいえば、それだけ日本は、根底に米国への劣等意識を持っていたのではなかろうか。

そして第四は、沖縄返還問題と絡められるのではないか、との漠たる不安感であった。そうした可能性を感じるが故に、繊維輸出規制の考え方には、断固反対の姿勢を打ち出しておく必要がある。繊維業界首脳は、おそらく、そんな考えに取りつかれていたのであろう。

こうした日本側の強硬姿勢は、米国内に二つの反応を生む。一つは、米国内穏健派の妥協を探る動きである。二つは、それとは正反対の、一層の強硬姿勢で臨むべしとの動きである。前者は、行政府内部の官僚たちが、後者は大統領周辺の政治アドバイサーたちが、それぞれに別個に、つまりは相互の動きを調整することなく、打ち出し始める。

12　指導者達を取り囲む政治環境

ニクソン大統領は、対日政策に関しては、キッシンジャー補佐官に関係省庁の考えを取りまとめさせ、その中で沖縄返還も条件さえ満たされれば実行する旨、〝政策〟判断として、かなり早い時期に決断していた。

そんな大統領にとって、このなかば必然事を、では、どうすれば自分にとっての関心事である南部諸州の支持基盤の強化（〝政治的関心〟）に結び付け得るか、そう考えることこそが思考の自然な流れであっただろう。

ニクソンとしては、〝対外政策〟案件には、行政府の総合判断という手続きを経ての方向性の提示を求め、〝国内政治・政局〟案件には、選挙の際の支持者の手を借りて、独自の対日交渉に従事させる。つまり、二つを、あくまでも別ルートで交渉させ、いずれの案件についても最終決定は、最後の段階に自分で決める。そんなスタイルを取ったのであった。

後から振り返ると、こうした手順からして、ニクソン大統領にとっての関心はすでにこの時点で、〝沖縄〟ではなく、〝繊維〟に移っていたということになろうか……。

他方、佐藤首相にとって、自らが自民党総裁、ひいては日本の首相になるため、実現可能性を誰もが危ぶむ中で、公約として前面に打ち出した案件こそ〝沖縄〟であって、この未解決の課題こそ、関心の最たるものであっただろう。

だからこそ、ニクソン大統領にとって、佐藤首相の最大関心である〝沖縄〟で譲るのだから佐藤は〝繊維〟で譲ってくれ、という思考になるわけだが、問題は、そうした〝たすき掛け〟交渉が、日米両国の関係者の誰も管理塔的役割を与えられないまま、ニクソン大統領の頭の中だけでシナリオが描かれ、ニクソン大統領自らが主役を演じる形で実行に移された、と見られることだろう。

もちろん、日本側にも似たような状況が生まれていた。

日本側でも、沖縄返還は佐藤首相周辺や外務省が、繊維問題は繊維業界や通産省が、それぞれに自己のペースで対処策を練っており、この二つを関連付けて対処策を練るなどとは、筋違いも甚だしいもので、最も避けるべきシナリオだと見なされていた。

加えて、日米両国ともに、かしましい外野席を抱えていた。それぞれの国の繊維業界が両首脳の立場を硬く縛っていた。つまり、米国ではニクソン大統領に選挙時の公約実行を迫り、日本では佐藤首相に対米繊維輸出規制絶対反対を突き付けていた。つまり、佐藤、ニクソン両主役を取り巻く外野席は、いずれも極めて強硬で、その分、両指導者は手足を縛られていたのだった。

そうした中、繊維問題で攻勢の立場にあったニクソン大統領は、〝沖縄〟と釣り合う主観価値面での〝たすき掛け〟対象案件を自らが選択できる、それだけ有利な立場にあり、翻って佐藤首相は、自身の最大関心事である沖縄返還の可能性について、ニクソン大統領が最後まで手の内を見せず、その分、心理的に不利な立場にあったといえようか……。

一九六九年五月、何の成果もなくスタンズ商務長官が訪日からワシントンに帰った頃から、〝沖縄〟と〝繊維〟を絡ませるニクソンの〝たすき掛け〟戦略が作動し始める。少なくとも、後世の観察者の目には、そのように映るようになる。

スタンズ商務長官はまず、五月二〇日のワシントンでの記者会見の場で、化合繊輸出を規制する多国間協定が望ましい、との総論的主張を再度ぶちあげた。

しかし、それが不可能な場合、主要輸出諸国との二国間協定や、そうした措置が取られない場合の米国議会による一方的輸入割当法の制定など、次善策も有り得ることを明らかにする。そして、そうした脅しを背景に、仮に九〇日以内に何らかの進展が見られなければ、状況を根本から見直さなければならなくなる旨、対日牽制球を送ったのであった。[37]

スタンズ商務長官のこうした強硬姿勢の背後には、ニクソン大統領の意向も当然に働いていたであろう。あるいは、商務長官が強硬姿勢を打ち出すのを放任することで、ニクソン大統領は自身に有利な状況が醸成されるのを助長した、といったほうが的確かもしれない。

要するに、この頃から、米国政府内には、〝繊維〟は大統領自身の意思が絡む問題だ、との認識が急速に浸透していく。二カ月が過ぎ、一九六九年七月、日米両国の主要閣僚からなる日米貿易経済合同委員会が開催される頃になると、米国側閣僚は異口同音に、〝繊維〟こそが、最大の経済問題だ、と訴えるようになってくる。

このタイミングで、ニクソン政権下でも佐藤首相の個人特使として機能していた若泉敬に対し、キッシンジャー補佐官は、「大事なのは〝繊維〟だ……〝繊維〟は大統領の威信がかかった問題だ……〝繊維〟を何とかしてくれ(38)」と伝えたとのこと。

もっとも、キッシンジャーの著書では、その伝言時期は七月だったとされるが、若泉の著書では九月になっている。邪推を逞しくすれば、キッシンジャー自身、七月になるとホワイトハウス内に繊維問題重視の雰囲気が拡がってきたが、それをなお、沖縄と絡めるのに躊躇感があり、若泉に伝えたのは九月になってから、というのが実相に近いのではあるまいか……。

政治学者を以って任じるキッシンジャーや若泉にとって、沖縄返還交渉こそが大元の問題であって、それに〝繊維〟が絡められることには嫌悪感や違和感を禁じえなかっただろう。しかし、そんな彼らとて、政治を動かす特殊利害を無視しては、事が動かないことぐらいは先刻承知であったはず。

もちろん、米国側のこうした思惑は、若泉・キッシンジャーの特殊ルート以外にも、諸々の他ルートを通じて佐藤首相のもとには当然に届いていただろう。

こうしたなか、若泉の著書によると、前記のワシントンのロビイスト、マイク・マサオカは、「佐藤首相や愛知外相は楽観的過ぎる……。貿易、とりわけ繊維と沖縄との取引は不可避である」と断言、どうせ、そうせざるを得ないのなら、佐藤訪米時に取引を行い……化合繊の輸出規制を包括的にではなく、選択的なものとする条件で、しかも、他の関係国、具体的には欧州諸国にも、日本は米国より圧力をかけさせ、結果、多国間での取引となるよう、逆に米国に条件を課すような形で、いわば、刺し違える交渉をすべきだ、とアドバイスしたという[39]。

しかし、実際に交渉が動き出してみれば、両国首脳にはそれぞれに表面上の立場がある。それ故、両案件を実質的には絡めるのだが、表面上では別扱い、という便宜的手法がとられることになる。つまり、この交渉戦術上の〝別扱いシナリオ〟は、マサオカの助言とは逆の方向のものとなった。

13　〝縄〟と〝糸〟、取り扱い分離のシナリオ

大きな政治イベントが予定された時、当該関係者が絡む主要な課題はそれぞれに独自のモメンタムをつけ、そのイベントの場やタイミングを活用する形で、何らかの妥協・解決が図られようとする。

つまり、決着時期が決められ、そこに向かって各様の力学が働き、それぞれの分野での交渉が進展する。それが政治における期限設定の意義であり、そうした時間圧力の下で、問題解決をもたらす動きが活発化する。

一九六九年一一月の佐藤・ニクソン会談は、まさに、こうした諸課題決着の良きタイミングと目されるに至ったのである。

今回の首脳会談は、佐藤首相にとっては、懸案の沖縄返還問題を決着する場。ニクソン大統領にとっては、同盟国日本との関係を強め、そのため沖縄問題を解決し、また、自身の選挙公約を果たす場。

それ故、〝沖縄〟と〝繊維〟、この次元の異なる二つの問題は、いずれも解決策をこの首脳会談に求め、関係者のいろ

いろな思惑を含みながらも、妥協への諸力が首脳会談のタイミングを目指して活発に働き始める。おまけに、日本側には首脳会談直後の一二月末には、衆議院選挙というスケジュールまで付け加わっていた。翻訳すれば、日本側は、国内で選挙があるが故に、二つの問題はなおさらのこと、表面的には絡められない、となる。

いずれにせよ、そうした、お互いの置かれた状況は、双方ともに熟知し合っていた。

それ故、たとえば一〇月二九日、米国側の繊維関係者は「日本の対米繊維輸出自主規制問題について、沖縄返還を巡る佐藤・ニクソン会談の始まる一一月一九日以前に解決を見るものと期待している」と希望的観測を述べていた。これに対し、日本側も大平通産大臣が「我が国としても、佐藤首相が訪米するまでに、繊維問題を解決する道筋を決める必要があると思う」と方向性を明示していた(40)。

こうした状況下、若泉・キッシンジャーの秘密ルートでは、ご丁寧にも、二つの問題の解決シナリオを両者合作で準備していたという。繊維に関する部分だけを、若泉の著書から引用しておこう。若泉が佐藤首相に説明した件である(41)。

「(首脳会談第二日目に議題とする予定の) 繊維問題について、佐藤首相よりニクソン大統領に対して、対米繊維輸出自主規制の問題は、二国間交渉方式よりもガットの場において、全ての主要関係当事国による多角間交渉を行い、これら諸国が受諾できる国際的協定を成立させることによって解決を図ることが、多少時間がかかっても正当で、現実的かつ効果的な方策であると確信する旨述べる。さらに、この基本政策を達成する目的をもって、特に日米両国間で、予備的な話し合いを極秘裏に開始する(一二月早々を目途に)用意があることを提案する」。

「これに対し、ニクソン大統領は、この佐藤首相の見解を多とし、それに基づくこの提案を歓迎し、日米両国政府は速やかにそれぞれに信頼できる権限を持った代表を任命し、極秘裏に日米両国間で繊維問題(の包括的輸出規制)について話し合いに入ることを提案する……佐藤首相はこれに同意する」。

「佐藤首相とニクソン大統領は、この繊維問題が沖縄交渉と何ら関連したものでない別個の問題であることを再確認し、両国政府はそのように取り扱うことを確認する。また、そのことを共同声明に含めないことも確認する」。

こうした若泉の説明に対し、佐藤首相は、この繊維シナリオに乗るのには明らかに乗り気ではなかった、と解されている。でも、沖縄返還を至上課題とする佐藤首相には、否応の選択肢はなかったはずだ。

若泉も回顧している。

「今になって思うと、首相も困惑したに違いない。核抜き返還に関する大統領の理解を取り付けるための使者が、一応その目的を果たしたのだが、その見返りとして、厄介な荷者を携えて帰ってきたからだ。これが、沖縄返還全体と絡められていること自体が、首相にとって不愉快であったろう……確かに、最終段階になってこういう異質な要求を、しかもこれほど露骨に（米国が）直接絡めて来るなどというのは、異常といえば異常なことである。しかし、この時、私の方は、この異常さを余り意識していなかった。それは、なんとしても沖縄だけはこっちの条件で返還させよう、という目的意識が全ての思考を支配していたためであった……さらに、その背景には、国際権力政治と外交に対する私の考え方があった。どんな綺麗事をいっても、所詮、武力によらず平和裏の外交交渉によってナショナル・インタレストに基づき定義された国家目標を達成しようとすれば、それは不可避に相手側との〝取引〟による妥協ということにならざるを得ない……いわんや、沖縄返還交渉という、いわば〝失地回復〟のための外交であるとなれば……」(42)。

歴史が示すように、一九六九年一一月一九日の日米首脳会談初日で、一九七二年の沖縄返還は基本的に決着した。

しかし、繊維のほうは、おおよそ、次のようなやり取りであったという。

一一月二〇日の日米首脳会談二日目、繊維が話題となったこの時の両首脳のやり取りを、楠田首相秘書官は、後日、次のように記述している。

「先ずニクソン大統領の方から、繊維問題の解決は自分の大統領選挙の際の公約である。適当な時期にガットの場で包括的な合意に到達したい。共同声明では繊維問題に触れず、貿易と資本の自由化など一般的な経済問題に触れたい

――との趣旨の発言があった……対して、佐藤首相は、ＧＡＴＴの場で繊維の話をしても、見通しがはっきりしない以上、実り多き結果は期待できない。まずジュネーブで二国間の予備的な話し合いで見通しを立てた上で、業界を指導する考えである……」。

さらに翌二一日、三日目の首脳会談が両首脳の間で〝サシ〟で行われた。同じ楠田秘書官は、この日の会議での佐藤発言を次のように記述する。

「繊維問題でのジュネーブでの交渉は出来るだけ一二月中にケリをつけたい。米側としては、包括的解決という考え方に拘らないでもらいたい。帰国後、日本側代表団の構成を強化する考えである……」。

この佐藤発言を米国側は、繊維問題を大統領の希望通りに解決することを約束した、と受け止めたことは、想像に難くなかろう。

14　秘密交渉の限界

直後に総選挙を控えた佐藤首相は、沖縄返還を成果として選挙に臨みたかった。

それ故、ニクソン大統領が沖縄と繊維の実質的な〝たすき掛け取引〟を仕掛けてきて、実質的にそれをのまざるを得なかったなどとは、口が裂けても言えない。おそらく、選挙直前の佐藤首相はそう考えたのだろう。

元々、ニクソン大統領との間で秘密のシナリオ通りに事を運んだのは佐藤首相であった。自民党内の反佐藤の動きがいつ顕在化するか、そんな懸念に神経を張り詰めていた佐藤首相にとって、二つの問題が実質的に〝たすき掛け〟取引されたのではないか、との〝巷の噂〟は何が何でも否定しておかねばならないものであった。

しかし、火のないところに煙は立たない、との格言もある。一旦生じた噂を、それが半ば真実を言い当てているだけに、否定すれば否定するほど、世間の疑いは増すばかり。

さらに、悪いことに、佐藤首相はニクソンとの会談を〝サシ〟で行ったのであり、実際の会談で何が話されたのか、二人のみが知る。

また、沖縄返還に固執して、そのために核の微妙な問題を一人で処理しようとした佐藤首相は、ニクソン大統領が対案として求めてきた繊維問題に関する処理方針を、担当大臣である大平通産大臣にすら伝えていなかった模様。

まして、繊維問題担当の実務部隊である通産省幹部は、両首脳のやり取りを、何となく推測はつくものの、面と向かって首相から指示でもされない限り、下手に気を回して繊維で妥協的姿勢を取り、結果、繊維業界や自民党反主流派、あるいは野党から批判される立場に陥っても、おそらくは誰も助けてはくれまいと認識する。

そうであれば、通産省としてはむしろ、上に担ぐ大平大臣を通じ、〝噂〟に惑わされることなく、理のない繊維輸出自主規制には応じられない、との態度を貫こうとする。要するに、通産官僚の立場からいうと、あくまでも職務に忠実に、できるだけ論理的に、米国からの要求にノーを言い続けるほうが良策ということになる。何となく推測はつくものの、肝心の最高責任者から具体的指示がない限り、部下たる者は、勝手に気を回して独自の妥協的対応を取れるわけがないのであった。

そうした周囲の雰囲気の中、佐藤首相は、繊維問題解決の意向を、何度となく関係者に漏らしていた。

しかし、問題はその言い方で、「繊維問題の解決が重要である」との一般的指摘に終始し、「だから、米国側と斯くの条件で合意せよ」とまでは言わない。より厳密にいえば、言えない立場に陥ってしまっていた。

こうした、追い込められた立場も結局は、表面上、すでに概説しておいたように、スタート台で〝縄〟と〝糸〟との〝たすき掛け取引〟を真っ向から否定してしまっていたからであろう。また、「沖縄返還は俺の功績、繊維問題解決での妥協はお前の判断」という態度では、誰も火の粉を被る気持にはなれないものなのだ。

後付けの知恵となるが、そもそものスタート時点で、「何としても沖縄を取り戻す」、そのためには「必要とあれば、いかなる分野の問題であれ妥協する」旨の基本的立場を有権者に明示しておけばよかったような気もしてならない。沖縄返還を全国民の悲願として位置づけるのなら、そのための対価がいかなるものか、むしろ有権者に選択させる手もあったのではないだろうか……。

いずれにせよ、沖縄返還でニクソン大統領に支払いを前払いさせた以上、佐藤首相はその借りを速やかに返す必要に迫られる。しかし、首相の周りには、そうした首相の意を呈し、繊維業界や担当官庁を抑えにかかってくれる者がいない。それは、首相自身が経緯を一切明かさずにきたのだからやむを得ない事態であっただろう。さらに、下手にそうした妥協に向けての動きを表面化させると、自民党内の反佐藤の動きを顕在化させてしまう恐れもあった。

かくして、米国側は事前シナリオを前提に、それに基づく手を繰り出してきているのに、最高指導者から何も知らされない日本側の実務部隊は、事前シナリオ通りの打ち返しを全く行わない。米国側の対日不満と不信は堆積し始める。

繊維問題が、次第に事前のシナリオから逸脱していくなか、ワシントン発の日本の新聞は次のように書いた。

「日米首脳会談では、話し合いで早急に円満な解決を図ることで合意している……それなのに何故、日本側は対案が出せないのか、米国側は理解に苦しんでいる……核を含む沖縄と比べると繊維は重要性においては格段の差がある……沖縄返還に成功した日本が、繊維で失敗することがあってはならない……米国の立場も考えるべきである(43)」。

しかし、その後も交渉は難航し続けた。

繊維問題での膠着状態を打開するため、いくつものルートで妥協工作がなされた形跡はあるが、そのいずれもが成功しなかった。

登場人物も段々と増えてくる。

両国の繊維業界の姿勢はますます硬くなる。

米国側からは、先般の首脳会談に臨むにあたり、事前にシナリオがあった旨の内幕話が次第に漏れ出てくるようになる。

ところが、肝心の佐藤首相は〝繊維に関しての密約〟の存在を否定し続ける。

こうした事態が続く中、ニクソン大統領は、佐藤首相に裏切られたとの感情を持ったに違いない。そうなると、ニクソンの性格からして〝しっぺ返し〟は強烈なものとなる。大統領の意が漏れ伝わると、米国政府の姿勢も硬化する。

以後の長々とした両国政府間のやり取りは、ここでは省略する。唯、沖縄返還実現後も、成り行き上、繊維交渉の裏ルート的役割を演じ続けざるを得なかった若泉の慚愧の回想だけを引用しておけば十分だろう。

「……佐藤首相は一九七〇年一〇月、ニクソン大統領と（二度目の）首脳会談を行った……この会談を契機として、公式に開始された牛場駐米大使とフラニガン大統領補佐官との間の九回に渡る日米繊維交渉は、結局不毛に終わった……曲折した交渉は長引き難航した。その不幸なハイライトとして、たとえば、一九七〇年六月、宮沢通産大臣とスタンズ商務長官の会談は決裂し、また、牛場・フラニガン交渉失敗の後を受けて七一年三月、日本繊維産業連盟が打ち出した一方的「自主的規制宣言」はニクソン大統領の峻拒するところとなった……」。

「……こうした中、一九七一夏、佐藤首相の〝背信行為〟への復讐心に燃えるかのようなニクソン大統領による波状的〝ショック〟（ドルの金為替本位制からの離脱、ニクソン訪中）が日本を直撃した。そして、米政府というよりも、ニクソン大統領は、一九七一年一〇月一五日までに繊維について政府間協定を結ばなければ、「対敵取引法」を発動するというとんでもない最後通牒を突きつけて来た……」。

「……そうした中、危機的局面を迎えて、漸く日本政府は、業界挙げての猛反対を押し切って、見切り発車を決めた……」。

「……交渉の全権を与えられた新通産大臣田中角栄氏ならではの大胆な決断によって、米側が終始要求し続けて来た内容をほぼ全面的に呑んだ形での政府間協定を結ぶ方針が固められた。そして、デッド・ラインである一〇月一五日、通産省において、田中通産大臣とデイビッド・ケネディー大統領特命大使との間で、日本政府の貿易管理令発動による〝強制的な自主規制〟を規定した協定の仮調印にこぎつけた。まさに間一髪のところでの〝繊維戦争〟の一件落着であった……」(44)。

沖縄返還問題の決着から、なお二年間、その後遺症ともいえる繊維問題を巡る拗れが日米関係を害し続けたのであった。

注

(1) 木村汎著『国際交渉学』勁草書房、一九九八年、三六三頁。
(2) 木村汎著、前掲、三六三頁。
(3) 鷲尾友春著『20のテーマで読み解くアメリカの歴史』ミネルヴァ書房、二〇一三年、一二四―一三一頁。
(4) 鷲尾友春著、前掲、一三〇頁。
(5) マイク・正岡・ビル・細川著、塩谷紘訳『モーゼと呼ばれた男、マイク・正岡』TBSブリタニカ、一九八八年、三八〇頁。
(6) マイク・正岡・ビル・細川著、前掲、三八一頁。
(7) マイク・正岡・ビル・細川著、前掲、三八二―三八六頁。
(8) マイク・正岡氏は、生前、ジェトロの調査担当駐在員としてニューヨークに駐在していた小職(一九八〇年代前半)に、月一程度、ワシントンでの定期的ブリーフィングの場で、こうした歴史話をよくされておられた。その当時は、小職はいまだ若く、正岡氏が、米国政府の第二次大戦中の処遇に関し、日系人のために粘り強く戦った筋金入りのロビイストとはつゆ知らず、正岡御爺さんの話をただ聞き入るばかりであった。小職にとっては懐かしい思い出である。
(9) 佐久間賢著『交渉力入門』(日経文庫)、日本経済新聞社、一九八九年、一四五頁。
(10) I・Mデスラー・福井治弘・佐藤秀夫著『日米繊維紛争』日本経済新聞社、一九八〇年、一一頁。
(11) I・Mデスラー・福井治弘・佐藤秀夫著、前掲、一三―一四頁。

(12) I・Mデスラー・福井治弘・佐藤秀夫著、前掲、四七頁。
(13) 原出所はNY Times, Feb 7th 1969付、I・Mデスラー・福井治弘・佐藤秀夫著、前掲、五〇頁。
(14) I・Mデスラー・福井治弘・佐藤秀夫著、前掲、五四頁。
(15) I・Mデスラー・福井治弘・佐藤秀夫著、前掲、五六頁。
(16) I・Mデスラー・福井治弘・佐藤秀夫著、前掲、五九頁。
(17) 若泉敬著『他策ナカリシヲ信ゼムト欲ス』文芸春秋、二〇〇九年、三九頁。
(18) 若泉敬著、前掲、四六頁。
(19) 若泉敬著、前掲、四四頁。
(20) 若泉敬著、前掲、四四頁。
(21) 中国は、一九六四年一〇月、日本が東京オリンピックを開催している最中に、初の核実験を行っている。それが、西側陣営で経済離陸しつつあった日本への牽制球であったことは〝自明〟のことと解されている。逆にいえば、沖縄返還を指向するには、国際環境はそれほど厳しい、と見なされていた。
(22) 若泉敬著、前掲、四八頁。
(23) 若泉敬著、前掲、四九頁。
(24) 若泉敬著、前掲、七九頁。
(25) 若泉敬著、前掲、八〇頁。
(26) 若泉敬著、前掲、一〇三頁。
(27) 若泉敬著、前掲、一〇六頁。
(28) 若泉敬著、前掲、一一七頁。
(29) 若泉敬著、前掲、一二一頁。
(30) 『朝日新聞』一九六九年一〇月二二日。
(31) 若泉敬著、前掲、一三八頁。
(32) 若泉敬著、前掲、二一六頁。
(33) 若泉敬著、前掲、二四二頁。
(34) 若泉敬著、前掲、二四三頁。

（35）ヘンリー・キッシンジャー著、桃井眞監修、斎藤彌三郎等訳『キッシンジャー秘録　第二巻　激動のインドシナ』小学館、一九八〇年、二七―三〇頁。
（36）I・Mデスラー・福井治弘・佐藤秀夫著、前掲、六九頁。
（37）I・Mデスラー・福井治弘・佐藤秀夫著、前掲、七六頁。
（38）若泉敬著、前掲、三四八―三五〇頁。
（39）若泉敬著、前掲、三五二頁。
（40）若泉敬著、前掲、三九二―三九四頁。
（41）若泉敬著、前掲、四五二頁。
（42）若泉敬著、前掲、四五五頁。
（43）『朝日新聞』一九七〇年二月二六日。
（44）若泉敬著、前掲、六〇九頁。

第2章　日本の対米鉄鋼輸出自主規制問題

世界的な過剰供給能力の削減を、主要国間でどう分担するか

1　日本鉄鋼産業の復活・再建

いうまでもないことだが、設備投資は、一方では生産能力、つまりは供給能力の増加を、他方では、需要の増大を生み出す（投資の二重効果）。

この両者が実現される時間枠には長短の違いがある。産業ごとに異なっているとはいえ、前者の実現には、後者よりも、所要時間が長くかかりがちである。仮に、そうであるならば、需要増加効果のほうが先に現れ、生産能力拡大効果は後から現れよう。

問題は、当初の需要増加効果の累積をも上回る規模の生産能力拡大が後日、当該投資の効果として実現する場合に発生する。要は、過剰供給状態の顕在化である。

そして、こうした事態の継続は、最終的には、需要レベルに合わせるように供給レベルを削減しなければならなくなる。一九六〇年代後半に、日本の鉄鋼産業が直面し、欧州の主要国と協議する形で、主要マーケット米国向けの、協調的輸出自主規制に踏み切ったのは、まさにこうした局面（国内市場での供給過剰→輸出ドライブ→輸出市場での貿易摩

擦）の出来事であった。

では、どうして、そのような状況に見舞われてしまったのか、具体的に見てみよう。問題の発生メカニズムを解明するには、第二次世界大戦に敗北した日本が、経済復興を果たすため、鉄鋼業の再建に着手した時点にまで遡らなければなるまい。

さらに、こうした回顧を徹底させていけば、鉄鋼産業で生じた、欧州と協調しての日本の対米輸出自主規制が、ほぼ同じ時期に発生した日米繊維協定といかに違うものであったかが、否応なくわかってくるはずだ。

さらに回顧を遡れば、戦前の日本にとっての鉄鋼産業は、欧米諸国に対抗するための軍事力を担保する、文字通りの基幹産業として育成されてきた。鉄鋼こそ力の源泉だと見なされていたのだ。その発展の端緒は、一九〇一年の官営八幡製鉄所の設立に求められる。(1)

スタート時点での生産能力は微々たるものであった。八幡製鉄所を基軸とする、当時の日本の鉄鋼産業の生産能力は、粗鋼ベース（以下同じ）で年間五万トン弱にすぎなかった。

しかし、その規模も、第一次大戦後には急発展を見せ、一九一七年には七七万トンに達するに至る。軍需用途が総需要の大半を占めていた。それ故、当然のことながら、第二次大戦真っ盛りの頃には、生産規模は七六五万トン（一九四三年）にまで拡大されている。(2)

日本の敗戦は、こうした鉄鋼産業発展の基盤を全破壊してしまう。能力拡大の基軸に軍需を据えるやり方が、これ以降、通用しなくなったからである。

また、当初は、米国占領軍も〝日本が米国の脅威として再生されないようにすること〟を究極の統治目的としており、軍需による鉄鋼産業の復興を指向するといったビジネスモデルは、この面からも有り得なかった。

それにもかかわらず、日本の鉄鋼業は再生する。その理由は、結論から記せば、占領軍が思い描いていたような状況の実現を妨げるような国際環境が発生したからである。それは、世界的規模での米ソ冷戦の開始であった。

この、イデオロギーに基づく戦争類似の構造の出現は、米国の目に映る日本の姿を一変させた。アジア、とりわけ北東アジアにおいて、米国がソ連や中国と対峙していくうえで、友好国日本の重要性が否応なく高まってきたのである。一九四八年一〇月に発出された米国の国家安全保障会議指示第一三号（対日政策）は次のように宣言している。(3)「米国の友好国として、日本を経済的・社会的に強化する」と……。

そして、この国家安全保障会議の指示によって、米国の対日占領政策の基調も一変する。

〝日本が米国にとって将来の脅威となることを阻止する〟という、当初の目的は破棄され、むしろ日本が米国の友好国として、安定した国になるような方向に、政策の舵が切られるようになる。戦後日本の復興に大いに貢献したとされるドッジ・ラインは、こうした政策転換の結果だったわけだ。

もう一点付記しておけば、一九五〇年六月に発生した朝鮮戦争が、こうした米国の対日政策の路線転換に、現実の必要性という観点からの、お墨付きを与えてくれた。

かくして、一九五一年九月、サンフランシスコで対日平和会議が開催された時点では、米国は、日本の鉄鋼産業の生産目標を一九五四年までに銑鉄五五〇万トン、鋼材五五〇万トンにまで引き上げる旨の、ゴーサインを出すに至っていたのである。

注目すべきは、これら生産量が、米軍の前方展開のために必要とされていた点だろう。つまり、戦前の軍用途向けの納入と同じような基礎需要が、戦後には、米軍の緊急調達という形で、日本の鉄鋼業の基礎市場を構成してくれたのであった。

これは、日本の鉄鋼を米国も必要とする、ということを意味した。だから、米国の資金や技術も日本鉄鋼産業復興のために動員し得るようになる。また、日本の鉄鋼産業に必要な、鉄鉱石の米国基軸への切り替えも進められるようになる。さらに、こうしたフレームの中で、安価な石炭の入手と高炉の新増設やそれらへの重油使用促進などの措置が、日本政府の基軸政策として、相次いで打ち出され始める。

こうして、再生の概念やフレームが構築され、この基礎の上に、日本の産業政策が着々と実施されていく。その際の産業政策は、〝傾斜生産方式〟と称され、具体的には、乏しい国家資源を鉄鋼を含む特定の基幹産業分野に集中投下する方式であった。要は、財政・金融・租税・国家信用、技術開発など、国家機能の全てを、特定産業分野の復興のために、集中的に機能させたのである。

そして、これを、後から振り返ると、あの頃の日本は、政府機能を縦割り行政の弊害に陥らせず、総合調整し、かつ、積極的に集約させ得ていたのであって、現在の日本の行政が縦割りの弊害から脱せない現実に照らし合わせると、その好対照ぶりに唖然とせざるを得ない。

〝無いものづくし〟の中で、必要性を誰もが納得していたが故に、こうした機能集中も可能になったのであろうか……。敗戦で全ての既存制度が破壊されたため、既得権益の壁が存在しなかったといえようか……。また、あの頃の〝傾斜生産方式〟政策には、指導者の多くが支持を与えていた。その意味では、社会の中に、明らかにコンセンサスもできていたといえるのではなかろうか……。

2　鉄鋼産業育成と関連インフラの整備

日本の鉄鋼産業強化に向けての政策的動きは、一九五一年に開始された第一次合理化計画（一九五五年まで）を起点とする。

その際、外的要素としての朝鮮戦争特需が、この時期の日本鉄鋼業にとって、いわば神風的役割を果たしてくれた。

しかし、逆にいえば、一九五〇年代前半のこの時期、軍需の必要性を直裁的に満たせるよう、投資の大半は圧延部門に向けられ、製鉄・製鋼分野への投資を行うには、なお、資金量が不足していた。しかも、その希少な資金の少なからざる部分は国家信用によってもたらされていた。

具体的に見ていくと、一九五一～五五年の期間に調達された総設備投資資金は一三四〇億円強に上るが、そのうち、六〇億円は外貨で調達された資金を政府貸付の形で供与されたもの。したがって、この六〇億円を除くと、一二八〇億円が実際の調達総額となるわけだが、その二八％が借入金であり、この借入金の拠出者は国内金融機関（政府系並びに民間）であったとされる。[4]そして、こうした借入構図の背景には、日本政府の強い意思があったこと、指摘するまでもあるまい。

いずれにせよ、鉄鋼合理化計画の第一次計画期には、資金のほとんどが国内（自己資金、株式、社債、借入金）で賄われていたのである。

日本の鉄鋼業に外国資金が投入されるのは、一九五五年、八幡製鉄所に対し世銀借款が与えられたのが最初だという。このケースを端緒として、一九五六年以降の第二次合理化計画（一九五六～六〇年）には、世銀に加え、米国の輸出入銀行や同国の民間銀行が次々と融資供給源に名を連ねるようになってくる。

こうした外国、とりわけ米国からの資金流入は、戦勝諸国からの最新鋭機材や技術流入をも意味していた。

そして、こうした外国からの生産要素の流入によって、日本の鉄鋼産業は、銑鉄や製鋼の生産能力増強、つまりは、銑鋼一貫生産体制を指向することを望めるまでに、発展の基礎を固めることができるようになった、というわけだ。

ちなみに、この第二次計画期間中の設備資金調達総額は五九〇〇億円弱（内、外資一一・三％）で、第一次期の総額一三四〇億円強（内、外資ほぼゼロ）の四倍にも達している。[5]

話を先に進めよう。銑鋼一貫体制の構築が指向され始めると、単なる鉄鋼業単体への投資だけでは足りなくなる。

まずは、投入資源たる鉄鉱石の確保のための投資が必要となる。また、鉄鋼製品や投入用資源のための輸送インフラの整備、さらには港湾設備の整備なども、鉄鋼産業育成のために必要な事項に加えられてくる。それだけ鉄鋼産業のインフラ整備のための投資の裾野が拡がっていったのである。

そして、これらの分野へのインフラ投資は、当然に鉄鋼産業分野の投資とは別扱いになるわけで、言い換えると、この第二次鉄鋼合理化計画期に、日本は経済総体の基礎インフラ建設のため、膨大な投資を実行したのであった。この膨大なインフラ投資が、景気を刺激し、また、一九六〇年代以降の日本経済全体の離陸に向けた基礎条件整備にどれだけ大きく貢献したことか、これ以上詳述する必要もないだろう。

鉄鋼産業プロパーに話を戻そう。

第二次合理化期間中、製銑分野では大型高炉建設や既設高炉の炉内容積拡大が次々と試みられていく。製鋼分野でも、同じ期間、平炉の大型化とＬＤ転炉の導入が指向され始める。

かくして、第二次合理化計画終了時の一九六〇年の日本の製鉄設備能力は、一九五五年比で倍増（六三四万トン➡一二五一万トン）し、六〇年の製鋼能力も、同じく倍増（炉一基当たりの平均能力ベースで四・八万トン➡一〇・二万トン）するに至る。

その後の第三次合理化計画の時期（一九六一〜七〇年、前半五年と後半五年に分けられる）になると、日本の鉄鋼産業は、経済の高成長を牽引する、文字通りのエンジンの役割を与えられるようになる。

この間の経緯を、少し具体的に見ていこう。

第三次合理化計画期は、製銑部門では高炉の大型化が一気に進められた。

もちろん、大型化はこれ以前の時期から開始されていたが、そのレベルは一〇〇〇〜一五〇〇立方メートルクラスが主流であった。それが、この第三次期以降、一五〇〇〜二〇〇〇立方メートルクラスにまで炉内容積が拡がっていく。(6)

とりわけ、第三次期後期（一九六五～七〇年）には、三〇〇〇立方メートル級の炉建設が明確に視野に入ってくる。

いずれにせよ、第三次期前半終了年の一九六五年には、日本の製銑設備能力は二七〇〇万トン弱にまで、つまり、六〇年比で倍増する（第三次期後半終了年の一九七〇年には、この能力は七六五五万トンにまで急上昇。六〇年比、実に六倍もの増加）。さらに、製鋼能力も、一基当たり平均能力ベースで一三・二万トンへと、これまた六〇年比で三〇％弱増加、この時期、規模の大型化が着実に進んだのであった。

こうした努力の結果、第三次期後半の時期に入ると、鉄鋼各社は生産効率の良さと原素材となる屑鉄の供給制約問題を解決するため、競って平炉からＬＤ転換炉への切り替えに走るようになる。

そして、このＬＤ転換炉導入→製銑能力増大→高炉大型化の進展は、投入される鉄鉱石需要の大規模化を顕在化させ、それにつれて、鉄鉱石や石炭といった海外資源の安定確保という国家的課題を浮上させる。

つまり、こうした産業の、いわゆるビジネスモデルは、鉄鋼原料の海外依存と鉄鋼生産の一貫体制整備の必要性故に、究極的には、臨海立地の巨大一貫製鉄所という日本型鉄鋼生産基地を作り出すのである。鉄鋼産業を軸に、日本経済総体のインフラ整備が進む構図の顕在化、というわけだ。

いずれにせよ、前述したような関連各分野での投資効果が累積されて、日本の鉄鋼産業の粗鋼生産能力は、一九五一年の六五〇万トンから、一九六一年には二八二七万トンへ、さらに一九七〇年には九三三二万トンへと、急上昇することになる。

3　輸出主導型工業化モデル

日本経済の工業化は、鉄鋼産業の輸出競争力強化に負うところ大であった。しかし、その競争力強化は、ある種の矛盾を含んだものだった。

日本の鉄鋼業再生に向けた第一次合理化計画期の最終年となった一九五五年、日本の粗鋼生産は九四〇万トン、そのうち二三〇万トンが朝鮮戦争特需で輸出されていた。それ故、国内需要は七一〇万トンとなる。

こうした特殊事情による輸出は、その原因がなくなると減少せざるを得ない。事実、日本の粗鋼輸出量は一九五六年に一六二万トンに、そして五七年には一二六万トンにまで減ってしまう。

しかし、そうした特殊的輸出は減っても、日本全体の粗鋼生産量は着実に増大していた。輸出量は減っても、五六年の生産量は一一一一万トン、引き算すると、国内需要は九四九万トン。同様に、五七年の粗鋼生産量は一二五七万トン、そこから輸出を引くと、国内消費量は一一三一万トンへと、日本国内の実需は年々歳々着実に増加していた。逆にいうと、この時期の日本の鉄鋼業にとって、海外の輸出市場は国内需要を満たした後の、限界部分の振り向け先、という位置づけに変わっていたといえよう。つまり、日本経済の復興がそれだけ始まっていたわけだ。

ところが、こうした事情は一九六〇年代に入って急速に変質する。国内の鉄鋼需要の伸びを上回る生産能力増大が構造的に実現し始めるようになったからである。本稿冒頭に記した〝投資の二重効果〟のせいであった。

ここでもう一度〝投資の二重効果〟を再述しておこう。

投資は、一方では、投資財需要の増大を意味するが、他方では、投資は結果として生産能力を増大させる。問題は、この惹起する需要増と生み出す生産能力の増加とは、同じ時間枠内で発生するものではなく、また、必ずしも同一・同量の増加とはならない、という点から派生する。一般的にいうと、需要増は生産能力の結実に先行し、供給能力の実現にはかなりの時間を要する。

この事実を胸に、日本の鉄鋼業の復興・勃興を後付けしていくと、一九六〇年代初めの時期以降、国内での鉄鋼需要の伸びを上回る生産能力の拡大が恒常化してきているのがわかるはずだ。

要するに、当初は経済基盤整備のため、次いでは設備新鋭化、さらにはコスト削減のための合理化投資と、理由は時に応じて様々だったが、結果として実現した膨大な設備投資の故に、日本の鉄鋼産業の生産能力は急膨張し、国内需要に比し供給が常時過剰という事態が出現したのである。

しかも、こうした過程で、鉄鋼業界の、ピラミッド型の階層構造も整えられてくる。具体的に記せば、鉄鋼一貫体制整備のプロセスで、大手高炉メーカーが最上層部に位置する支配的地位を確立、このフレームの中で平炉・電炉メーカーが次位の座を与えられ、多くの中小零細企業がこうしたハイエラーキーの底辺を構成するようになる。

つまり、この事実は、頂点に立つ大手高炉メーカーが集まって、何かにつけて業界全体がまとまりやすい構造が確立されたことを意味する。

それ故、不況期などに、これら大手高炉メーカーの話し合いで、国内市場向けには減産を取り決め得たのであった。その際の味噌は、国内では協調的行動を取りながら、海外市場は獲り放題といった状況を放置したことであろう。要は、この時期、海外市場こそが、過剰能力の実質的捌け口へと位置づけが変わったのであった(7)。

さらに、政府の支持の下、海外石炭の大量、かつ安定的な供給を確保し、そうした原材料資源の運び込みや、生産した製品の輸出に有利な臨界製鉄所の大量整備が、日本の鉄鋼業の国際競争力を一層高めていた。加えて、海外市場との絡みでいえば、最新設備故に日本の鉄鋼業の生産性は高く、国際競争力は強かった。

この時期、米ドルは金とリンクされており、国際収支の天井が国内経済の成長抑制機能を果たしていたが、それだけにたとえ近隣窮乏化的輸出であっても、日本の鉄鋼輸出はそうした国際収支の天井を高める役回りを果たし、ストップ・アンド・ゴー政策の発動を回避するのに大いに役立ったのであった。

とはいうものの、以上のような、国内での減産調整と海外での市場獲得競争を併存させる事態は、さすがに日本政府としても黙視し得ず、一九六六年、政府の産業構造審議会重工業部会は過剰設備↓過剰生産↓製品価格低迷の悪循環を断ち切るため、鉄鋼会社の数を集約すべし、との提言を為すに至っている。

ここで、再度強調しておくと、政府の支持の下、海外石炭の大量かつ安定的な供給を確保し、そうした原材料資源の運び込みや、生産した製品の輸出に有利な臨界製鉄所の大量整備が、日本の鉄鋼業の国際競争力を一層高めていたこと、記述の通りである。

かくして、日本鉄鋼産業総体の粗鋼生産は一九六〇年の二二一四万トンから六五年には四一一六万トンへと倍増、それが一九七〇年には九三三二万トンへと、これまた六五年比で二・三倍増へと高まっていく。そして、これら生産量の、当初は一〇数%が、六三年以降は二二%前後が、その後も年によって変動はあるが、二四〜二五%が、それぞれ輸出されるに至るのである。

鉄鋼の世界貿易を見る場合、輸出主体を国単位で見る場合と、ＥＣ（当時の欧州共同体）等を勘案して、政治に裏打ちされた、ある種の経済圏がある場合には、その域内取引を貿易視しない扱いをする場合の二つの立場が考えられるが、ここでは後者の概念に立脚して話を進めておく。

このベースで見ると、一九六八年、世界の鉄鋼貿易（域内取引を除く）の二六・九%が日本からの輸出であった。対して、ＥＣの対域外輸出は四三・七%、米国の輸出が四・二%であった[8]。

指摘しておきたいのは、日本やＥＣからの輸出の主たる仕向け先がいずれも米国であった点である。言い換えると、世界最大の経済大国米国は、日本とＥＣ双方から、国内市場を侵食され続けた、ということになる。

では、なぜ、米国産業が、わずかの期間に、それほどまでに凋落する羽目になったのだろうか。その詳細を見ていくと、鉄鋼業を取り巻く日米の環境の違いが極めて鮮明に浮かび上がってくるのである。

4　第一次世界大戦以前の米国鉄鋼産業

米国鉄鋼業の基礎は、産業革命後の欧州で発明された製鉄技術に依拠している。一九世紀初頭、この技術を取り入れ、米国で鉄鋼の、とりわけ圧延生産が、最初に盛んになったのはペンシルバニア州のピッツバーグ周辺であった。

十分な埋蔵量を誇る鉄鉱石がまだ国内で発見されておらず、勢い外国からの鉄鉱石に依存する。そんな場合、当時の東部工業地帯の中心で、近隣に外国鉄鉱石の輸入に適した良港を持ち、かつ近隣に石炭産地を有するこの地が、米国鉄鋼生産の中心地に発展していくのもわかりやすい道理であろう。

こうした状況下、ピッツバーグ近辺に、一八六五年には米国で最初のベッセマー転炉が、同じく六八年には最初の平炉が、それぞれ建設されている。

それは、米国が分裂の危機に直面した南北戦争（一八六一～六五年）を乗り越え、本格的な大陸横断鉄道を建設しようとしていた時代であった。つまり、そうした鉄道用圧延鋼材需要が急増する時期、ピッツバーグに米国鉄鋼業は飛躍の起点を記したのである。

その後、一八七五年頃から、エリー湖やミシガン湖、ピッツバーグなどから相次いで鉄鉱石鉱床が発見される。それ故、これらの地にも、米国鉄鋼産業の基軸点が次々と生まれていくことになる。五大湖周辺を中心とする原材料産出地に、米国の鉄鋼工場が続々と建設されていったのである。

鉄鋼はまた、典型的な装置型産業である。膨大な設備投資を要し、固定費は馬鹿にならない。

しかも、製品の需要業界の好不況に収益は大きく左右される。これを言い換えると、鉄鋼製品は長持ちする。だから、不況期には鋼材需要者は容易に買い控えることができる。そうなると、需要は急減し、鉄鋼工場の稼働率は急落することになる。ところが、初期に膨大な設備投資をしている鉄鋼業界としては、その種の売上高のブレには耐えられない。

では、どう対応していけばよいのか……。

答えは、「供給価格をできるだけ固定化し、利益変動を極力最小にする、そんなスキームを作り出すしかない」ということになる。米国鉄鋼産業史に名高いピッツバーグ基点価格制度は、こうした背景から生み出されてくる。

ピッツバーグ基点価格とは、鉄鋼業の中心地ピッツバーグでの主要生産者が、製品の蔵出し価格を固定し、当該業界の多くの企業がその価格を尊守する形で、鉄鋼製品の供給価格の値崩れを阻止しようとしたもの、と理解できようか……。つまりは、一種の価格維持カルテルである。

その走りは、一八七六年の線材価格であったとされる。(9) この価格維持方式は、以後、有効性が認められるにつれ、順次、他の品目にも拡大適用されていくのである。

しかし、鉄鋼業界の過剰競争・過剰供給能力が次第に明らかになるにつれ、この価格維持メカニズムを単に個別範疇の製品を支配するためだけのものに留めず、むしろ業界全体を律するものに大規模化しよう、とのアイディアが提起されるようになる。

そして、こうした大規模化のアイディアが、一九〇一年のUSスティール社の創設に結びついていくのである。

同社誕生の背景は次のようなものであった。

一八九〇年代、米国経済は不況に悩み続けていた。だから、鉄鋼製品価格は否応なく低下し続ける。主要企業がいくら価格を維持しようとしても、背に腹代えられぬ弱小メーカーがカルテルから離脱し、安値で商品を販売したからである。

もっとも、一八九〇年代の不況は、一八九九〜一九〇〇年の好況への反転で、鉄鋼業界に一息吐く余裕を与えることになるのだが、好況になればなったで、ライバル企業同士の競争は皮肉なことに一層激化してしまう。要するに、そもそもの基底には、需要に比して生産能力が過剰になりがち、という現実があったのだから……。結果、鉄鋼価格は低迷したままで推移する。

こうした事態は、鉄鋼企業に巨額の融資をしている金融業者たちにとっては大いなる懸念と映る。鉄鋼企業の収益低下は、そこに資金を提供している金融資本にとっても決して他人事ではなかった。

それ故、ここに至り、鉄鋼大手企業やその背後にいる金融資本家たちにとって、不況下でも、あるいは、反対に好況下でも、過当競争を防止し、製品価格の値崩れ、あるいは、不安定な上昇、を事前に阻止するための、何らかの手立てが必要と考えられるようになる。

こうした必要性から、圧倒的な生産シェアを誇る、オール品揃えの鉄鋼生産メーカーを新規に創出、この企業の独占力を使って、鉄鋼の各種製品の生産から流通までを支配、以って、各種製品の値崩れや安定阻害的な値上がりを阻止しよう、とするアイディアが生まれる。USスティール社はこのようにして誕生した。

同社の資本金は一四億ドル。当時としては画期的な大企業であった。

米国の代表的金融資本たるモルガン社がまずカーネギー製鉄を買収、同社を軸にシカゴ周辺の他の鉄鋼会社などを統合、さらには取引先数社をも買収して、USスティール社が発足するのだが、できあがった企業は全米の製鋼能力の六五％を保有する、当時としては世界最大の総合鉄鋼生産者であった。

USスティール社はまた、大量の原材料消費者でもあった。

一九〇〇年代初頭には、同社は、全米の鉄鉱石消費の四五％、石灰の四一％を購入・消費したのであった。USスティール社は、この巨大な原材料調達力を使って、生産コストを抑えにかかる。

いずれにせよ、こうした圧倒的諸力を梃子に、ＵＳスティール社はピッツバーグ基点価格制度を極めて有効に運営した。つまり、同社は、自社工場からの製品引き渡し価格を基準価格とし、それに当該工場から消費地までの設定鉄道運賃を上乗せし、両者の合計を当該地域立地の需要企業向けの価格、つまり、当該地域所在の需要企業向けの、鉄鋼業界全体の公定供給価格化することに成功するのである。

そして、当初、価格に関してのその種の話し合いは、大手鉄鋼企業の首脳たちが折々に集って会食する、そんな昼食会や夕食会の場で行われたとされる。[10] ＵＳスティール社のゲィリー会長がそうした会合をホストするのが常であったという。

5　鉄鋼独占企業への法的挑戦

ピッツバーグ基点価格制度は、第一次世界大戦以前には、おおむね目論見通りの効果を上げ得た、と言ってよかろう。繰り返せば、この価格設定方式は、鉄鋼産業全体の価格維持に資するとともに、ＵＳスティール社に他企業との比較での優位をも保障するものであった。つまり、前述したように、同社は、主力工場蔵出し価格に、工場所在地（ピッツバーグ）から鋼材需要企業の所在地までの設定鉄道運賃を上乗せした価格で製品を販売できたが、自ずとそれが、当該地域所在の需要企業にとっては、公定類似の価格とされたからである。

しかし、こうした状況は、裏を返せば、当該鋼材需要企業の近隣（つまりはピッツバーグから離れた場所）に所在する鉄鋼生産企業、たとえばA社にとって、理不尽な価格設定だ、と映ったはずである。本来なら、A社は、自分の工場で作った鋼材を近隣需要者に売るのなら、設定鉄道運賃は上乗せせずに済むはずだろう。しかし、実際には、ＵＳスティール社製の鋼材をピッツバーグから当該需要企業所在地まで鉄道で輸送した、そんな想定上の公定類似価格での販売を余儀なくされてしまうのだから……。

これでは、需要企業の近隣に所在する鋼材メーカーとしての価格メリットが全く出てこない。つまり、この価格制度に準拠する限り、生産者はどこまで行っても、ＵＳスティール社と比べて競争上の有利さを享受し得ない。

また、反対に、ピッツバーグ周辺の需要企業には、ＵＳスティール社は運賃を加味せずに販売できるのに、ピッツバーグの遠隔地に所在する生産企業Ｂ社は、本来なら、自社工場からピッツバーグまでの運賃を加えた額で販売したいところ、この基点価格に則る限り、当該運賃を需要企業に負担させるのではなく、逆にＢ社自身で負担しなければならなくなる。[11] これが、Ｂ社にとって、ＵＳスティール社の扱われ方と比べて、明らかな差別と映るのは当然であろう。

とはいっても、現実を直視すれば、ＵＳスティール社とその他の鉄鋼企業との力量には差があり過ぎた。ＵＳスティール社に追随しなければならない、Ａ社やＢ社を含めた鉄鋼業界の多くのメーカー達にとっては、そうした不満や被差別感はそれでも価格が安定し続ける限り、大筋で鉾に収まる性格のものであった。潜在的に過剰な生産能力の下では、その価格維持メカニズムがいかに不公平なものであろうと、価格が相対的に安定的に維持されていることのほうが、なお、メリットがデメリットを上回る、と判断されたからである。

それ故、問題は、生産者側の不満よりも、むしろ、需要業者側の不満・被差別感のほうであった。この価格維持メカニズムは、（鉄鋼メーカーが生産する）鋼材を使用して自社製品を造っている個別需要企業にとって、死活的な問題を提起する。すなわち、仮に自社がピッツバーグから遠隔に所在していれば、ピッツバーグ近隣所在の鋼材需要のライバル企業製品とのコスト構造上、大きなハンディを背負わされることになるからである。

要するに、ピッツバーグ基準価格制度の持つ、こうした、ある種の構造問題は、二つの視点からＵＳスティール社に独禁法違反での提訴リスクをもたらすことになる。

一つは、USスティール社を中心とする、価格に関しての話し合いそのものが、独占禁止法に触れる恐れである。二つは、前述したような、鋼材需要企業の所在地の相違が需要企業間に差別を生じさせる点である。

米国の独占禁止法は、一八九〇年のシャーマン法[12]の制定から始まる。

一九世紀後半、米国では産業集積が急速に進む。自由競争が行きつく先、独占的大企業が誕生、それが自由競争を阻害する。そんな事態が生じたのであった。

米国社会の底辺には、その独立の沿革から、大きな存在（旧くはイギリス本国、近くは連邦政府）への警戒感、あるいは、嫌悪感が根強い。そうした空気は、連邦議会での立法に直裁に反映される。一八九〇年にシャーマン法の名前で知られる、米国初の独占禁止法は、このような時代状況を背景に誕生している。

この法律の肝は、「取引を制限する、全ての契約、結合、共謀」を禁止している点（第一条）、及び、「独占化、独占力、独占のための共謀」を禁じている点（第二条）である。

もっとも、これらの文言が示すように、シャーマン法の規定の仕方は極めて広範、かつ大まかで、それを文字通りに解すると、通常の商取引のかなりが独占禁止法違反となってしまいかねない。そうなると、経済行為を過度に阻害してしまう。

それ故、実際にこの法律が援用される場合には、裁判所や連邦取引委員会は、法律の文言をベースに解釈するのではなく、むしろ、当該行為が競争を制限することにつながるかどうかを詳細に吟味して、阻害的影響が大きいと判断される場合にのみ適用する、そんな姿勢を次第に鮮明にしていくのである。

しかし、そうなると今度は、せっかくの独占禁止法が骨抜きになりかねないので、そこを補強するため、一九一四年、クレイトン法[13]が新規制定される。

このクレイトン法では、独禁法違反行為に対し、私人が民事訴訟を起こすことを可能にするとともに、その際、原告が実損の三倍額の賠償を求める道も開いたのであった。さらにこの法律では、競争を実質的に制限するような企業合併が禁止され、また、一定規模以上の合併にあたっては、事前に当局の許可を得なければならない、との規定も挿入された。

いずれにせよ、鉄鋼業界の価格リーダー役を担うようになったＵＳスティール社は、こういった独禁法が自分自身に適用されてしまうリスクを常に念頭に置いておかねばならなくなる。

事実、同社は一九一一年と一九一四年にシャーマン法違反で提訴され、そのため、前述したような、ゲィリー会長主催の鉄鋼他社首脳達との昼食会や夕食会（その場で価格問題などが話し合われていた）も開けなくなってしまう。

同社はまた、一九一九年には、西部所在の需要企業によって、ピッツバーグ基点価格は差別価格であるとして、クレイトン法違反で訴えられている。

この訴訟の結果、連邦取引委員会は一九二四年七月、ピッツバーグ基準価格制は他地域の鋼材需要者に損失を与えると判じ、同制度を放棄し、併せて、鉄道運賃を明記するか、あるいは、工場渡し価格か、鋼材企業が需要者に提示する際の価格の構成内容を明確化するよう、命じたのであった[14]。

ＵＳスティール社は、連邦取引委員会のこの判断を受け入れ、一九二四年九月には、これまでのピッツバーグ一本槍の基点価格を排し、ピッツバーグに加え、シカゴやクリーブランド、バッファローなど、同社製品が造られる工場所在地を、それぞれに基準値表示する、複数基点価格制度方式に移行したのであった。

もっとも、この方式移行を、当の連邦取引員会は、機能面では旧制度と変わっていないと批判[15]したが、それ以上の是正措置は、関係企業からの提訴がなかったため、取らずに終わっている。逆にいえば、この頃になると、鉄鋼生産量が需要に比して明らかに過大になり、ＵＳスティール社の製品価格維持能力もそれだけ衰退してしまい、複数基点価格制度も他の鉄鋼メーカーから必ずしも尊守されなくなっていた。

要するに、実害がなくなったというわけだ。

6　第一次世界大戦と鉄鋼不足

ここで、話を複数基点価格制度の無力化・無効化に進める前に、第一次世界大戦直前に顕在化しつつあった世界的な鉄鋼生産能力過剰が、戦争勃発でいかに緩和され、むしろ米国鉄鋼各社に膨大な利益をもたらしたか、その辺の事情を概観しておこう。

一八九〇年代以降、イギリスやドイツを抜いて世界最大の鉄鋼生産大国の座を確保した米国も、一九一〇年代に入ると、国内需要総量よりもはるかに多くの生産能力を保持する状況に陥ってしまう。

鉄鋼需要は、鉄道や建設、さらには新興の自動車産業の台頭で急速に伸びていたのだが、供給能力がそれにも比して急増したのである。本稿が何度も取り上げてきた、投資の二重効果のせいであった。USスティール社の誕生やピッツバーグ基点価格制度の本格的援用などは、こうした業界事情を直裁に反映したものであった。

この慢性的な供給過剰、そんな状況を一変させたのは第一次世界大戦の発生であった。

一九一四年に欧州で一大戦火が勃発するや、欧州での軍需を軸として鋼材への需要はジワリと高まり始め、一九一五年の後半に至ると、世界的な鉄鋼不足が誰の目にも明らかとなってくる。

こうした状況下では、戦火に見舞われていた欧州大陸での鉄鋼生産増加は望むべくもなく、勢い、増産は米国企業の手中に委ねられることになる。要するに、この状況に上手く乗じ、米国鉄鋼各社は競って生産能力増加にひた走ったのである。

加えて、米国が正式に第一次世界大戦に参加した一九一七年以降は、米国鉄鋼業への需要は、海外からのみならず、米国内からも急速に高まってくる。米国内で、あらゆる種類の軍需が急増、そうした軍需品の多くに鉄鋼製品が使われていたためであった。

かくして、一九一六〜一七年、需要急増に対応する形で、米国内で大量の鉄鋼生産設備が新規稼働し始める。ただし、その際に留意しておくべきは、この時、新設された設備の大半が旧来技術に依拠[16]するものだった点だろう。目先の需要増に即応できる供給量を、兎にも角にも確保しなければならなかった、という非常時故の特殊事情がそこには存在していた。

そして、こうした旧技術依拠の設備を大量に装備してしまったことが、長い目で見ると、その後に米国鉄鋼業が欧州や日本の鉄鋼業と熾烈な競争を演じなければならなくなった時、米国メーカーに不利に働くようになってしまうのである。

さらに、もう一点留意しておくべきは、この第一次大戦期間中の米国鉄鋼業界の能力増強が、USスティール社以外のメーカーの手で為されていた事実であろう。

大戦が始まった一九一四年、米国の鋼塊生産能力は約四〇〇〇万グロストン（以下同じ）、そのうちの約一九〇〇万トンをUSスティール社が占めていた（四七・五％）。ところが、大戦の終了した一九一八年には、米国全体の鋼塊生産能力は一三〇％増の五二五五万トンに達したが、そのうちに占めるUSスティール社のシェアは四〇・三％（二一二一万トン）と、一九一四年比で急落している。

おそらく、その理由は、USスティール社がそれまでの米国業界の過剰生産に悩んできた経験故に、たとえ戦時下とはいえ、これ以上の能力積み増しには積極的になれなかったためであろう。それに対し、後続の競合生産者達は、ここをチャンスとばかり、競って能力増を志向したのであった。

第一次大戦直後は、米国の鉄鋼業界は一時の調整期を除き好況を謳歌する。

戦争中にペントアップされてきた民間需要が一気に表に出てきたこと、欧州復興のために多くのインフラ復旧工事が急がれたこと等が、そうした好況の主因と考えられる。

しかし、こうしたブームは長続きしなかった。

欧州での復興需要も資金不足で長続きせず、また欧州諸国はいずれも外貨を枯渇させ、さらには肝心の米国経済が、連邦政府の金本位制復帰政策の影響で不況入りしてしまったからである。結果、急速に肥大化した生産能力が残された半面、需要のほうは急速に萎んでしまう。

膨大な需給ギャップを前に、大戦終結の年一九一八年には八四・六％を記録していた米国鉄鋼産業総体の操業率も、一九二〇年には七五・七％へ、そして翌二一年には三四・五％へと急落する。そのため、数多くの鉄鋼企業が倒産の憂き目に遭い、また、企業の合同や業界の再編が進むのである。

この、第一次大戦後の米国鉄鋼業界の好況から不況への激変は、鉄鋼各社の経営に大きな影響を与える。

繰り返せば、大戦直後の好況は、ペントアップ需要の発現という要素に加え、一貫生産体制の不備故の、生産過程のボトルネックがもたらした半完成品の値上がりなどにも起因するものだった(17)。半完成品の価格高騰は、当然に鋼材生産者の収益改善にも貢献することとなった。しかし、こうした高収益の構造と内部留保も、前述のように、ブームが剥げ落ち、逆に鉄鋼価格が低下し始めると、アッという間に消失してしまう。

好況時と不況時、行動様式を激変させたのは鉄鋼業界の中で、当時ナンバー二、ナンバー三として、首位USスティール社を追随し始めていたベツレヘム・スティール社（二位）とミッドベイル・オーディナンス社（三位）であった。

これら両社は、好況時にはできるだけ鉄鋼製品の値を釣り上げ、価格を安定的に維持しようとしたUSスティール社と対立し、不況期には逆に、値下げ競争を仕掛けることで、USスティール社の価格安定化努力の足を引っ張ったのであった(18)。

もっとも、不況下の価格引き下げ競争は、結局は、市場参加の全ての鉄鋼メーカーの体力を疲弊させてしまう。こうした状況下の一九二一年、不況の底にもあたるこの年、ＵＳスティール社はピッツバーグ基点価格を大幅に引き下げる。基準価格の水準を、競争で実質的に下がっていたレベルにまで下方修正し、その意味では実勢に合わせ、以後はこの引き下げ後の価格を新たな基準価格として定着させるよう、業界各社に暗黙裡に求めたのであった。

その一方、不況を乗り切るため、かつＵＳスティール社に対抗するため、業界の二番手、三番手、あるいは四番手の他メーカーは、集約・合同を試み始める。要は、業界再編の動きが出始めるのである。

この動きに、ＵＳスティール社のほうも、業界の安定と複数基点価格性を有効に作動させ得るようになるとの期待、あるいは、競合相手が創出されることで、連邦政府からの独占禁止法提訴の可能性が和らぐとの思惑などから、業界の再編を歓迎した、というのが本音であっただろう。

いずれにせよ、そうした企業合同の動きの中で、その後の鉄鋼業界に実質的な影響を及ぼした、そうした意味で主役を担ったのが、ヤングスタウン・スティール社とベツレヘム・スティール社であった。前者は他の弱小二社を一九二三年初めに買収することで肥大化した。後者も同じ一九二三年の春、ライバルだったミッドヴェール・スティール社を買収することで規模拡大を図っている。

とりわけ、規模拡大したベツレヘム社は、その増大した生産能力故に、鉄鋼製品の価格を安定的に維持することに強い関心を寄せ始め、以後、何かにつけてＵＳスティール社の価格安定化努力に忠実に協力するようになっていく[19]。

7　両大戦間の米国鉄鋼業を巡るアクター達の動き

第一次大戦直後は、米国鉄鋼業にとっては欧州市場進出を図る絶好の機会であった。

もちろん、鉄鋼業界の首脳たちも、今がチャンス、の気構えは十分に持っていた。

ところが、鉄鋼業界首脳がそうした見通しをいくら力説しても、そのための投資にカネを出してくれるべき金融業界は、米国鉄鋼業界の欧州進出に反対であった。米国の鉄鋼企業よりも、戦後復興を急ぐ欧州諸国の鉄鋼業界のほうが、米国の金融に対する需要が大きいと読んだためである。

もっと具体的にいうと、米国の金融業者達は欧州鉄鋼業界にローンを貸し付けたかった。つまり、第一次世界大戦後の米国の経済権益は何か、それを一言で表そうとしても、鉄鋼業界と金融業界とでは、利益の在り処が異なっていたのである。[20] 結果、米国鉄鋼業界の欧州進出の機会は永久に失われてしまう。

こうした経緯を眺めると、米国の鉄鋼産業が金融業界によって、海外飛躍の芽を摘み取られてしまった様子がよくわかってくる。長期的な視点で投資を進めなければならない産業資本と、どちらかと言えば短期的な視点に囚われがちな金融資本の利益が、必ずしも一致しなかったわけだ。繰り返せば、金融資本が産業資本の手足を縛ったのである。

加えて、連邦政府の鉄鋼業界への姿勢が敵対的なものだったことも特筆に値する。

大恐慌下の一九三二年の大統領選挙で、共和党現職のフーバー大統領を破った民主党のフランクリン・ルーズベルト大統領は、諸産業の基軸的役割を果たす鉄鋼大手企業を独占企業と見なし、次第に敵対的姿勢を鮮明にしていく。

まず一九三四年、互恵通商協定法を成立させ、これまでの保護貿易主義から自由貿易の方向に通商政策の舵を切り替える。この法律により、大統領は、相互に通商上の譲歩で合意した国々に対し、現行の関税率を一方的に五〇％の幅で上下に動かせるようになった。さらに、この法律で大統領は、最恵国待遇条項を導入・援用できるようになった。

要は、こうした装置の導入により、米国の鉄鋼業にとっては、第一次世界大戦の打撃から立ち直り、競争力を回復し始めていた欧州の鉄鋼産品が、国内市場に侵入しやすい環境ができあがってしまった、というわけだ。

この点で、もう一つ付記しておくべきは、米国の場合、第一次大戦前にすでに、独占大資本への警戒感からウエッブ・ポメリン法（webb-pomerene act）が制定されていた事実であろう。

この法律は、国内市場で競争抑制的効果を持つと判断される業界には、輸出カルテルの結成を禁止していた。[21] 米国鉄鋼産業は、まさにこの法律が想定する、国内市場で独占的と見なされた業界であった。

それ故、当時、欧州業界が推進していた国際市場協定構想に、米国業界が参加することなどできない相談だ、と解されていた。

しかし、この欧州側の動きを放っておくと、米国市場には安価な欧州鉄鋼産品が溢れる危険度が増すし、逆に、米国鉄鋼産品の復興欧州市場への参入も阻害されかねない。[22] 要は、自らも国際協定に入り、そのフレームの中で自己の利益を確保する動きを示すか（そうすれば、米国内で法律違反とされかねない）、何の対応も取らず、国内市場への安い欧州産鉄鋼の侵入を許すか、米国業界トップのUSスティール社は悩むのである。

米国業界は、そんなUSスティール社の悩みを他所に、ライバル社同士の競争に明け暮れていた。つまり、とても業界が一枚岩にまとまって対処しようとの雰囲気ではなかったのである。いずれにせよ、米国鉄鋼業界を取り巻くこうした風土は、日本の業界のそれとは全く異なっていた点、留意しておく必要があるだろう。

加えて、ルーズベルト政権は、一九三五年、全国労働関係法（national labor relations act: NLRA）を成立させ、労使紛争に際し、歴史上初めて、連邦政府が労働側の後ろ盾に立つ構図ができあがる。[23] そして、この法律はまた、それまでは沈静化していた鉄鋼労働側の産業別労働組合結成への願望に火をつけることになった。

米国の鉄鋼労働者は、幾度となく繰り返された労使紛争の結果、一九二〇年代の始めまでに、工場での労働時間を一二時間から八時間に短縮させることに成功していた。

しかし、そうした成功には対価も伴った。組合側は、労働時間短縮の見返りとして、産業別労働組合の結成を断念させられ、[24] 結果、鉄鋼業においては、労組は会社ごとに結成される仕組みが大勢となっていたからである。

ところが、一九三五年のこの新しい法律の制定で、鉄鋼労組側は再び、産業別労組結成熱を高めるのである。事実、一九三六年六月、全米鉱業労働組合のジョン・ルイスの指導により、鉄鋼労働者組織委員会が鉄鋼工場ごとの労働者を統一的に組織化するため結成されている。

そうした状況下、一九三六年頃になると、鉄鋼業を襲った大恐慌の猛威も幾分かは緩和されてくる。国内市場では重機械生産用の鋼材需要が回復の兆しを見せ、欧州鉄鋼市場からは防衛産業用の鋼材注文もUSスティール社などに寄せられ始める。ドイツではナチが軍備増強を図り、周辺諸国がそれにつられて防衛産業に注力し始めたからであった。

ここに至り、USスティール社のジレンマは一層大きくなる。

足元では、労働側が産業別組合作りに走り始め、他方では、海外需要が急に盛り上がり始める。兎にも角にも、前者の動きに対応しながら、後者の波には乗らねばならない。しかし、米国業界は一枚岩ではない。

そんな時、欧州鉄鋼業界からUSスティール社やベスレヘム・スティール社に国際カルテルへの参加の誘いがくる。

欧州業界としては、米国の二大巨頭会社をカルテルに取り込むことで、全米国の鉄鋼業界をカルテル内に取り込める、つまり、世界的に価格の安定が保たれる、と踏んだのである。彼らは、米国業界の協力が得られるなら、欧州業界としては見返りに、米国市場への製品の安値輸出は控えてもよい、と考えていた。

この誘いに、一九三七年三月、USスティール社のマイロン・テーラー会長は、ベスレヘム・スティール社首脳を説得し、両社相俟って、ウエッブ・ポメリン法に抵触かもしれないことを承知で、乗ってみようとする。それは、ある種の賭けであった。米国の大手鉄鋼メーカー経営者にとっては、それほどまでに、欧州鉄鋼業界の潜在的な米国市場侵攻の可能性が脅威だったのである。

欧州業界との生産調整や、場合によっては、需要急増の欧州市場への侵攻のチャンス。マイロン・テーラー会長は、タイミングは今だ、と感じたのであろう。そして、この賭けに勝つためにも、労働組合の産業別結集の動きを容認し、労使の利害の立場を一致させ、以って、欧州からの受注に積極的に応じようとしたわけだ[25]。ところが、他の多くの鉄鋼企業は状況をテーラー会長のようには見ていなかった。彼らは、小規模生産者であり、多くが内陸部に立地していたし、その生産設備も、一般的に言って、後発のメリットを体現する形で、USスティール社のそれよりも最新型であったとされる。そうした企業群にとって、両海岸地方でならいざ知らず、米国大陸内陸部にまで欧州鉄鋼品が競争力を持って侵入してくるとは思えなかった。海岸地域から商品を搬入しようとしても、輸送費がかかる内陸部では、内陸部立地の国産メーカーは十分に太刀打ちできるはず……。そう考える中小鉄鋼メーカーが多かったのである。それ故、自らの周辺地域市場での生産上では、なお、比較優位を持つと信じる、米国の中小鉄鋼企業群にとって、自らがコントロールできない産業別労働組合など、決して作らせてはならないものと映っていた。

8　再びの生産能力論争

かくして、USスティール社と他の大手企業や中小の鉄鋼メーカーとは行動を異にするに至ってしまう。そして、この米国鉄鋼企業間の利害不一致に基づく路線闘争は、結局、USスティール社側の敗北で終わる。視点を変えれば、欧州鉄鋼業者達はUSスティール社の米国業界全体を取り仕切る力を過大に評価していた、と悟るようになる。

こうした状況下、USスティール社やベスレヘム・スティール社は、欧州側の報復を避けるため、米国業界の欧州向け輸出急増を回避する目的で自らが担える欧州向け輸出枠を、米国の他の弱小メーカーに譲る形での、米国から欧州への秩序ある輸出を何とか維持しようとの努力をすら、余儀なくされたのであった[26]。

しかし、こうした行動は、皮肉なことに、当の米国政府に、USスティール社に国内業界を統制する力があるのでは、との懐疑心を起こさせてしまう。

加えて、一九三七年後半、景気が再び低迷し始めると、鉄鋼価格の高止まりが不況の元凶となりかねないとの論が、ルーズベルト政権内部から発信され始める。要は、鉄鋼大手企業は、独占企業の代表として、民主党政権のポピュリズム政治の生贄にされ始めたわけだ。結果、USスティール社は、製品値下げを余儀なくされ、ついには赤字に転落する羽目に至る。

多くの人は一度失敗すると、再挑戦の気力を失いがちだ。企業の場合も、このメンタリティーは同じである。こうした一連の出来事の後、USスティール社は、業界指導力を攻撃的に発揮する気力も能力も失っていくのである。(27)

さらに、第二次世界大戦が近づくにつれ、新しい状況が生まれてくる。

欧州では、鉄鋼カルテルが戦争勃発で瓦解し、米国内では、ルーズベルト政権が防衛用途と称し、鉄鋼業界に大幅な鉄鋼生産増加、そのための設備投資増強を、迫り始めたからである。

しかし、米国の大手鉄鋼企業経営者たちは、第一次大戦時の経験（設備投資→戦後の過剰能力→業界の長期不況）がトラウマとなり、政府の説得に応じようとしない。(28)

こうした、いわば、経営側と政府側との対立は、ルーズベルト政権の打ち出した鉄鋼工場増設融資保証、あるいは、そうした工場では政府が民間企業に操業を委託し、戦争が終了すれば、当該工場は割安で業界側に売却する旨の誓約などによって、業界側の協力を導き出し、この政治主導の鉄鋼生産能力増強の試みは、政府側が目的を達する形で一応の決着がつくのだが、両者の不信感は、その後も長く残り、むしろ一層深まっていくことになる。

その不信感増幅の過程を、ここで少し具体的に見ておこう。(29)

第二次大戦後、民主党のルーズベルト政権は新たに〝完全雇用〟を政策目標に設定（一九四六年完全雇用法の制定）

するようになる。そうなると、〝鉄は国家なり〟の時代、完全雇用を達成するほどの成長経路を確保しようとすれば、鉄鋼製品の供給不足が生じるのでは、との危惧の声が政権内部で強まってくる。

つまり、この段階でも再び、鉄鋼の将来需要予想で業界と政府とで見解が異なってきたのであった。議論が分かれたのは、大恐慌下、眼前の鉄鋼消費の低迷が、一九二〇年代の成長経路からの一時的逸脱か、あるいは、長期的・構造的鉄鋼需要減退の始まりなのか、という点であった。前者は民主党政権内部のニューディール政策遂行者たちが、後者は鉄鋼業界首脳たちが、もっぱら主張していた。

ルーズベルトの後を継いだ、同じ民主党のトルーマン大統領は、鉄鋼業界にとって一層厳しい姿勢を取ることになる。トルーマンは第一次大戦後、政界入りする前、地元カンサスシティーで小さな装飾店を営んでいたが、その企業を不況で倒産させてしまった経験を持つ。そんな自らの体験にも裏打ちされて、終生、彼は中小企業を擁護し、大企業不信の心情を隠さなかった。

簡単に言えば、米国の大手鉄鋼企業（第二次大戦終了時点で、米国の鉄鋼業界は世界の鉄鋼生産の五分の三を担うまでになっていた）は、そんなトルーマンにとって、格好の政治的標的となったのである。

もっとも、この間の事情をもう少し詳しく記述しておく必要があるだろう。

第一次大戦直後と同様、米国鉄鋼業界は、第二次大戦戦後の混迷期の後、世界経済の復興需要ブームを謳歌するようになる。前記二つの相反する見方を尺度として判断すると、目先は明らかに、政府側が示していたように、鉄鋼の供給能力が不足しているように見え始めたのだ。

しかし、そのような状態になってもなお、大手鉄鋼メーカーの経営者たちは生産設備の増設に慎重であった。投資の二重効果の弊害を、これまでの経験で、よく知っていたからである。彼らにとっては、目先の価格が高いのはあくまでも一時的現象であり、加えて、労働組合の賃上げ攻勢の結果でもあった。

そんな業界の姿勢を、ニューディールやフェアーディールを推進していた民主党政権は、独占力を享受したいがためのものだろうと、不信の目で見続ける。

こうした見解対立激化の中、高騰する鉄鋼製品価格を前に、中小の鉄鋼商品需要家たちが悲鳴を上げ始める。「機を見るに敏」とは政治家の資質。トルーマン大統領や民主党議会は、この絶好の機会を捉え、中小企業擁護と経済成長維持を旗印に、鉄鋼独占企業群（大手の鉄鋼メーカーは、彼ら行政府の役人たちの目にはそう映った）への攻撃をさらに強めていくのである。

経営側と政府・民主党議会側の間で意見一致が見られなかったのは、「設備投資を仮に増加させるとしても、業界にそのファイナンス能力があるかどうか」、の点であった[30]。

経営側にとっては、鉄鋼生産能力の増強には各製品生産プロセス全体のバランスある増強が必要で、加えて、高騰する輸送価格を抑える必要もあり、また、電気炉法や平炉製鋼法の必須原材料たる鉄クズ不足も現実の問題となってきているし、さらには、新生産技術の開発や、新たに建設される製鉄工場の立地もまた問題と映っていた。経営者側の目から見ると、いたる所に設備投資増強を妨げる問題が山積していたのである。

要は、こうした諸問題を解決し、設備投資を実行に移すためには、目先享受している利益だけではとても足りない。大手鉄鋼メーカー経営者たちにとっては、そのための必要資金をどうファイナンスし、併せて、将来の需要をどう見込むか。その手当てや目途に確信が持てず、したがって、鉄鋼業界は、あくまでも能力増設に慎重であったのだ。

これに対し、トルーマン政権や民主党議会は、米国の鉄鋼業界は政府や公的な支援がなくても、現在の収益率からすれば、十分に企業の自己責任での投資は可能だ、と主張した。

以上のように、対立の構図は、それだけでも十二分に複雑だったのに、加えて、労働側の戦後の賃上げ攻勢が、経営側と政府側の対決状況を一層激化させてしまう。

民主党のトルーマン政権は、その時点までにすでに結成されていた全米鉄鋼労働組合（USWA）と経営側との対立に際しては、常に労働側の肩を持った。

しかし、経営側にとっては、鉄鋼価格の高止まりなどと批判されるが、その原因の少なくとも一端は、こうした労働側の賃上げ要求を政府が支持したからであり、それでもなお、設備投資を完遂しようとすると、今度は、そのための財源を確保するために必要な鉄鋼製品値上げを、これまた政府が干渉してきて妨げる。こうした状況を骨身に染みているUSスティール社など、米国大手企業の経営者たちには、本心を明かせば、政府こそ諸悪の根源、と見えていた。

9　民主党トルーマン政権から共和党アイゼンハワー政権へ

一九五〇年には朝鮮戦争が勃発した。

世界の鉄鋼需要は、この出来事で再び高まってくる。それ故、トルーマン政権の担当者たちは、再度、鉄鋼の供給能力に不安を感じ始める。鉄鋼の増産なくしては、戦争の遂行は不可能だ、と……。

新事態への対応策として、トルーマン政権は思い切った鉄鋼増産刺激策を取る。減価償却を大幅に短縮する税制（従来の償却期間二〇年を五年に）を導入し、さらに、連邦政府の復興金融公庫を活用して、鉄鋼工場増設に低利で資金を融資する制度を導入する。

今までと異なったのは、こうした措置に、これまでは常に後ろ向き姿勢を示していたUSスティール社が、今度は率先して応じ、これが一つのきっかけとなって、他のライバルたちも積極的に工場増設に走り始めた点であった。鉄鋼大手企業間での設備増設競争が始まったのである。

もっとも、皮肉な物言いをすれば、政府関係者の思惑と鉄鋼業界首脳の思惑は、そんな事態になっても異なったままであった。

政府、とりわけ軍関係者は、朝鮮戦争遂行に鉄鋼増産が必要だと確信し、他方、鉄鋼経営者たちは、欧州鉄鋼業者たちの目覚ましい回復ぶりを考えると、戦後への対応として、ここは米国鉄鋼業としても政府の諸策を活用しながら、能力増強に励み、国際競争力を強化しておくほうが得策、と読んでいたのである。

こうした、朝鮮戦争下の鉄鋼ブームに、一九五一年末ともなると、労働組合も便乗してくる。労組側は、大幅な賃上げやユニオンショップ制の新規導入を要求し、ストライキの可能性を示唆し始める。そして、ここに至り、民主党トルーマン大統領はジレンマに陥る。

自身の強力な支持基盤である鉄鋼労組の賃上げ要求を認めれば、経営側は鉄鋼価格の引き上げを実施すると凄む。そうなると、戦争資材の高騰が起こり、朝鮮戦争遂行に支障が出る。国防省は大統領に対し、そうした事態の出現は絶対に阻止すべきだ、と進言する。

これに対し、大統領が鉄鋼製品価格の引き上げを拒めば、経営側は労組の賃上げ要求を呑めないという。そうなると、今度は、労組側がストライキを打つと脅しをかける。仮にそうなれば、鉄鋼生産のストップは朝鮮戦争遂行に大きな障害となる、と国防省がこれまた大統領を突き上げる。

要は、どちらに転んでも、米国は鉄鋼供給面での齟齬のため、朝鮮戦争で不利な立場に立ってしまう。どちらの事態が出現するのか。世間が注視する中、現実は、後者のシナリオを辿ることになる。

経営側は、トルーマン政権が業界の提案した幅の鉄鋼価格の引き上げを認めなかったと見なし（トン当たり五・五ドル～六ドルの値上げを要求。対して、行政府の物価安定局は四・五ドルの引き上げを主張）、それ故、賃上げは認められない、と態度を硬化させる。

そして、この経営側の決定に労働組合側が反発、ストライキ決行の可能性が現実のものとなる。かくして、板挟みとなったトルーマンは、米国内での鉄鋼生産が停止されてしまう事態を回避するため、結局、一九五二年四月八日、米国の鉄鋼業を商務長官の支配下に置くという、歴史的な大統領令を発布するのである(31)。

この大統領令は、最終的には最高裁判所の判決で無効化されるのだが、その直後、労働側が実際にストライキに入ってしまう。

しかし、こうした迂余曲折を経た後、労使の対立姿勢は、国防長官の「この鉄鋼ストライキは、敵の最悪の空襲よりも大きな損害を米国に与えている」旨の批判の前に、腰砕けていくのである。朝鮮戦争の最中、国内でストライキとは何事か、というわけであった。

こうした民主党トルーマン政権の鉄鋼業界を巡るドタバタぶり、さらには、その結果として、国民の間に広まった労使対立解消に向けた民主党の指導力不足のイメージは、一九五二年の大統領選挙の際、共和党アイゼンハワー候補の勝利に有利に作用する。

鉄鋼業界も、当然のことながら、こうして誕生した共和党政権の誕生を大歓迎する。それまでの民主党政権の業界への介入を、内心では苦々しく思っていたからであった。

それ故、一九五三年一月、アイゼンハワー大統領が就任すると、鉄鋼業界首脳は一様に歓迎の意を示す。

ところが、鉄鋼業界首脳の共和党政権への期待は、結果としては裏切られてしまう。

第二次大戦中、連合軍の欧州総司令官を務めたアイゼンハワーは、東西冷戦体制の中で、自由主義陣営の強化を政策の軸に据え、欧州諸国の戦後の荒廃からの復興を優先させ、併せて、米国経済総体の優位維持を恒久化するため、自由貿易にこだわった政策を遂行していったからである。産業全体の優位性確保のため、特定産業（この場合は鉄鋼）の利益は二次的に扱われた格好であった。

米国鉄鋼業界にとっては、このアイゼンハワーの路線は、欧州鉄鋼業界への支援、ひいては、欧州鉄鋼業が米国鉄鋼業のライバルとして再度台頭してくる、そんな状況に、あろうことか米国政府が手を貸している、と映るのだった。

客観的に見ても、このアイゼンハワー路線は、矛盾した内容を抱合していた。

それは、自由主義諸国の体制強化、その裏付けとしての自陣営内諸国の経済力強化、そして、そのための経済支援や自由貿易体制の維持・促進といった方向性と、個別米国国内産業の保護強化とは、性格上、両立し得なかったからである。

当時の状況を振り返れば、米国最大の産業で、一般的には国際競争力を持つと考えられていた鉄鋼業界（一九五〇年代半ばには、米国鉄鋼業界は史上最高益を確保していた）が、そうした米国の国益絡みの対外政策体系の中で、政府に自らへの保護を要求することは、それが民主党政権にとってであれ、プロ・ビジネスの共和党政権にとってであれ、ワシントンでは政治的に受け入れられるはずがなかった。強力かつ独占的と見られる企業故の、米国鉄鋼大手のジレンマであった。

この間、欧州業界にはカルテル体質が蘇っていた。

一九五二年九月、朝鮮戦争による投機的鉄鋼需要が剥げ落ちた時、ベルギー・ルクセンブルグ、フランス、さらにはドイツやオーストリア、オランダの業界が加わる輸出カルテルが結成されていたからである。

もちろん、こうした輸出カルテルが、投機的需要が剥げ落ちつつある中とはいえ、即効的効果を発揮することはなかった。とはいっても、欧州業界が協調的輸出行動を取り始めたことは、米国業界にとっては無視し得ない事実であっただろう。

こうした欧州の風潮とは全く逆に、ワシントンでは、依然として、独占企業の行動には厳しい目が注がれていた。それ故、米国鉄鋼業界が輸出カルテルを組むなどは、論外であった。米国企業は〝強くて当たり前〟の存在で、これを言い換えれば、米国鉄鋼業は、自国政府から横綱相撲を求められていたのである。

かくして、アイゼンハワー政権の八年間（一九五三〜一九六〇年）、米国鉄鋼業が目論んだ、製品値上げによって設備近代化資金を捻出しようとする努力は、それが労働者側の賃上げを呼び込むことになり、さらにはインフレを顕在化させる、との連邦政府の懸念から頓挫させられ続けられてしまう。

それ故、製品価格の値上げを許されないから、経営者側は労組側の賃金引き上げにも応じない。結果は、相変わらずの労働争議の頻繁な発生であり、ストライキの多発であった（一九五九年には、米国鉄鋼業での労使関係史上、最長の一一六日間のストライキも発生。これに対し、アイゼンハワー政権は、前任のトルーマン政権の失敗を反面教師に、その阻止に向け、大統領自身はほとんど積極的な介入を行わなかった。(32) スト収拾に動いたのはニクソン副大統領であった)。

このストの挙げ句、米国鉄鋼業総体の国際競争力は大幅に低下、一九五九年には、米国は鉄鋼製品の純輸入国になってしまうのである。

こうした、一連の沿革を振り返ってみれば、時の大統領が民主党であろうと、あるいは、共和党であろうと、それぞれの理由で（民主党政権下では、独占企業対策としてのために……共和党政権下では、世界経済の場で、今やどの国からも挑戦されない程に競争力を増した自国産業総体の強みを最大限享受する、そうした目的に向けての自由貿易政策推進のために……）、米国鉄鋼業界が連邦政府の支援を得られなかった事実やその背景が、否応なく、鮮明になってくるはずだ。

10　日米鉄鋼輸出自主規制への途

米国鉄鋼業は、第二次大戦直前の民主党ルーズベルト政権以降、続く同じ民主党トルーマン政権の期間を通じ、連邦政府と対峙し続けた。

経営側は、その後、共和党アイゼンハワー政権になって、連邦政府との関係が友好的なものに変わることを期待したが、折からの冷戦激化という客観状況下、アイゼンハワー政権は自由主義陣営内の経済力の復興・強化を最優先させる政策にこだわり、自国鉄鋼業の利益保護を二次的にしか取り扱わなかった。

そんな中、鉄鋼経営側も、敵対的な労組、何かにつけて労組側の肩を持つ連邦政府、という構図の中で、外国からの競争への対応として連邦政府の支援に頼らなかった、あるいは、頼れなかった。これは要するに、当時の米国では、利害関係者間の相互不信や対立、あるいは、政策の指向方向の違いのため、世界市場での競争面で自国産業の強化に向けた包括的な国家戦略を取り得なかったことを意味する。

もっと直裁に表現すれば、米国の政府は、それが民主党政権であろうと共和党政権であろうと、「米国産業はすでに十二分に国際競争力を持ち、これ以上の国家保護は不必要、むしろ、その強大な独占力をいかにチェックし、国民に裨益をもたらすか、が重要」、あるいは、「世界的な共産主義との対立の中で、自由主義陣営を如何に強化するか、といったほうが重要」、と判断していたのであろう。

前述した状況を、当時の米国の対日政策に即して振り返っておこう。

一九五七年四月、アイゼンハワー大統領は、日本の共産中国との貿易関係に関し、記者会見でおおむね次のように述べている。

「米国は、日本が我々の友人であり続けて欲しいと願っている……現実には、我が国の産業界の一部は、日本製品の流入を止めるための関税引き上げや、輸入割当の導入を主張し、その一方、米国は日本に対し、隣接する共産中国との貿易を差し控えるよう説得している……日本を鉄のカーテンのこちら側の友好国に留めるためには、日本を拒絶してはならないのであって、万が一にも拒絶するようなことがあれば、日本を結局は、我々が行って欲しくない方向に押しやってしまうのだ……」[33]。

つまり、このアイゼンハワー大統領の指摘は、日本をアジアにおける自由主義陣営の核の一つとすることこそが米国の利益になる、との計算が米国の基本的方向性であったことを示すものだろう。

中国には鉄鋼石や石炭も大量にあり、また、ソ連もこれら物資を日本に供給できる。したがって、日本には、間違っても、そうしたソースから鉄鋼産業用の原材料を入れさせてはならない。言い換えると、そうした原材料は米国が供給するべきで、そうしてこそ、日本の鉄鋼業を米国に依存させ続けておくことができるのだ、というのがこの大統領の発言の指摘の意味するところであった。

しかし、米国の鉄鋼業界が、そうした米国政府の対外姿勢に翼々と従う時代は、次第に過ぎ去りつつあった。米国の鉄鋼産業が、相対的に衰退し、輸入品に国内市場を侵食される度合いが大きくなり、次第に余裕がなくなってきたからである。

一九六〇年代半ば以降、米国鉄鋼業界は輸入制限運動を積極化させ始める。労働組合も、経営側の姿勢を支持するようになる。鉄鋼労使は、それぞれに政治に働き掛けを強めていくのである。それらの結果、一九六七年の鉄鋼輸入割当法案の米国上院への提出や、一九六八年の包括的輸入割当法案の上程などが実現する。

こうした法案は、最終的には採択されることはなかったが、それでも、鉄鋼産業の相対的衰退が、その直接的反映である輸入激増への保護主義的対応要求となって、政治に働きかけ始めたわけで、いまさら、このメカニズムは説明するまでもないだろう。

いずれにせよ、鉄鋼業界あげての、このような動きは、次第に大きな政治的圧力を形成し始める。かくして、こうした動きは、米国社会の中では当然に、大統領選挙にも波及し、一九六八年一〇月には、共和党ニクソン候補の「鉄鋼などの輸入過剰を規制する法案は、それが暫定的な性格を有するものならば、支持することにやぶさかではない」旨の発言を引き出すに至る。

　日米繊維協定問題も、そして、この鉄鋼輸出自主規制問題も、その政治問題化に、いずれもニクソン大統領が絡んでいるのは、決して偶然ではない。

　そこには、第二次大戦後、絶対的に強かった米国の産業競争力が、次第に弱体化していく過程があり、さらに、そうした構造変化の過程とタイミングがあった米国の大統領選挙がかち合い、加えるに、たまたまその折のその場に、政治的本能に長けたニクソンという稀代の政治家がいたのである。要するに、日米鉄鋼輸出自主規制問題も、こうした基盤から両国間の政治問題に浮上してきたわけだ。

　もちろん、こうした立場の相対的変化の背景には、日米両国の最新技術摂取への取り組み方の違いや、両国鉄鋼労働者の賃金水準差、あるいは、鉄鋼産業への政府支援の温度差、さらには、鉄鋼産業の立地変化（たとえば、米国では産地のピッツバーグからテキサスや太平洋沿岸地方への移動が発生。対して、日本では太平洋ベルト地域の大型臨界製鉄所の建設が進められた）など、鉄鋼産業を取り巻く日米両国の環境条件の違いが大きく作用しており、それら諸要因の集約的効果として、両国鉄鋼製品の価格にも大きな差（高額の米国製品）がもたらされてくる。

　この点で、もう一つ付記しておくべきは、このような事態に直面した日本側が、往々にして、これを経済問題と捉えがちだったのに、米国のほうは、これを政治問題と捉えがちであったことであろう。

　経済問題であれば、そこに合理的理由があれば、むしろ相手国に問題の根源の所在を認め、それへの対処を相手国に求める方向に傾きがちとなる。対して、これを政治問題だと認識すれば、経済的原因とは別に、政治的に何らかの手を打つべきだ、との方向性が出てくることになる。

　戦後の日本の経済復興を、冷戦構造下、自由主義陣営の強化のため、最優先で取り扱った米国が、米国鉄鋼業の経済的不利に目を瞑ったのも、こうした政治優先姿勢の直截な反映であった。言い換えると、当時の日本は、こうした米国の政治優先姿勢に大いに助けられたというべきか……。

鉄鋼業界の衰退を論じたポール・ティファニーは、その著『巨大産業と戦う指導者―アメリカ鉄鋼業の興亡』の中で、「米国鉄鋼業は、（この時点では）変化の機会はもう失われたかもしれない……米国の世紀であった一九四五～六五年と比べると、米国は国家として遥かに優位性の乏しい未来に入ろうとしている」と述べ、さらに、「鉄鋼業のケースは、主演者たちが過去から学び、それについて軌道修正を行わなければ、何が起こるか、の劇的な証拠だろう」と指摘している。[34]

11　シグナルは日本側から？

〝鉄鋼の輸出自主規制〟による貿易摩擦の緩和、という方向性は日本側から出てきた。[35]当時の日本鉄鋼連盟の会長稲山嘉寛の発言が端緒だった、というのである。

もしそうであるなら、事情は、当の本人の説明に依拠しておくのが賢明というべきだろう。少し長くなるが、同氏の『私の鉄鋼昭和史』の当該個所を引用[36]させていただこう。

「戦後、日本の鉄鋼が輸出されたのは、比較的早い時期からだった……それは苦し紛れの輸出であった……国内で鉄は不足していたものの、肝心の原料輸入を増やすためには鉄を輸出し、外貨を稼ぐ必要があった……各メーカーは（一九五〇年代頃から）対米輸出に本腰を入れ始めた……（そうした状況下）一九五九年二月には、米国で対日鋼材ダンピング提訴が発生している……」。

「……一九五九年には、米国の鉄鋼メーカーは一一六日にも及ぶ長期ストに見舞われ、国内生産が落ち込み、輸入に依存せざるを得なくなった……さらに、一九六五年にも、再び鉄鋼ストを見越したユーザー買いが入り、輸入量は九四二万トンと、前年の五八四万トンから一気に跳ね上がった……米国内に輸入制限機運が盛り上がり、議会ではアンチダンピング法の改正強化、市場秩序維持法案、バイアメリカン法制定、輸入鋼材に対する調査要請などの動きが出てきた……そして、一九六七年末には、ドル防衛の一環として、輸入課徴金制度の実施が具体化してきた。この頃から、日米通商摩擦が恒常化するのである……」。

輸入課徴金制度が実施されれば、鉄鋼ばかりか繊維も含まれるので、日本政府は、産業界に働きかけ、一九六八年三月、各業種の代表を網羅した経済ミッションを米国に派遣する。これに、当時日本鉄鋼連盟の会長であった稲山が参加するのである。さらに稲山の本からの引用を続けよう。

「……ワシントンに着くや、ウイルバー・ミルズ下院歳入委員長に会った……同委員長は、現状では米国産業界の不満は抑えきれないし、何か手を打ってくれないと困る、という趣旨のことをいわれた……（これに対し私は）関税障壁を設けるとか、輸入制限措置を取ることは、自由主義のリーダーである米国として行うべきではない……私どもは、米国の世界政策に共鳴しており、米国が困ることはすべきではないと思う。鉄に関して、私どもは輸出自主規制するのが一番いい方法だと思う……」。

「……それに対し、ミルズ委員長は、それは上手いやり方だが、果たして実行出来るか、とたずねてきた。そこで私は、自主規制をやりたくても、米国には厳しい独禁法があって、それを厳格に適用して、業界同士が話し合うことを禁じている。それが一つの大きな障害だ、と語ったところ、ミルズ委員長は、独禁法に触れない方法があると思う。少し研究してみる、といわれた……」。

「……その日の夕方、パーティーの席に日本担当のソロモン国務次官補（後の財務次官、第二次自主規制の時の責任者）がやってきて、別室で会うことになった……」。

こうして稲山日本鉄鋼連盟会長とソロモン国務次官補の会話が続くのだが、その概要は次のようなものであったという。

……〝ミルズ委員長から、稲山さんの提案を聞きました。日本は本当に自主規制をやってくれるのですか〟……

……〝むろん、やるつもりです。どういう形にすれば独禁法違反にならないのでしょうか。たとえば、こういうのはどうでしょう。我々が直接、米国の業界と話し合うのは違反だろうから、国務省が壁になって、その壁を隔てて話をすれば、独禁法違反にはならないんじゃないですか〟……

……〝それはそうかもしれない。独禁法問題はこちらで考えますが、日本だけの自主規制だけでは実効があがらない。欧州は日本の考え方に賛成するでしょうか〟……

……〝ちょうど、この後、私は欧州に行くので、向こうの人達と相談してみます〟……

話が長くなるが、さらに、引用を続けておく。

「……偶々その時、国際鉄鋼協会（ＩＩＳＴ）の理事会が欧州であり、そのままワシントンからローマへ飛んだ……西ドイツのテッセン社のゾール会長と前から個人的に話をしておいたので、この理事会で出席者の同意を得ることができるだろうとの自信があった……」。

「……その理事会で自主規制問題を持ち出したところ、みな賛成してくれた。当時の欧州の代表はフランスのフェリー氏（欧州鉄連会長）であったが、舞台裏を全てゾール氏が取り仕切り、纏めてくれたものであった……肝心の日本では、まだ正式の了解を得ていなかったので、ローマから電話で斎藤君（英四朗、専務）に国内の取り纏めを頼んだ……」。

「……欧州から帰国してみると、斎藤君が上手くことを進めていて、大体自主規制の方向に進んでいた」。

以上が、稲山著の中で記されている状況推移だが、こうした、外部からは窺い知れないような小人数間のやり取りは、本人の説明を信じるより他に術はなかろう。

興味深いのは、同じミッションに加わっていた繊維業界代表の旭化成の宮崎輝社長が、稲山の自宅にまで電話をかけてきて、「なぜ、自主規制などするのか……繊維業界はその気は全くない……鉄鋼がやると、こちらもやられる心配があるから、困るのですが……」と異義を申し立てていた事実だろう。

同じ貿易摩擦とはいっても、当時の繊維と鉄鋼とでは、事情が異なっていた。その違いは、前章での繊維産業の置かれていた状況と、本章での鉄鋼産業を取り巻く状況とを読み比べれば、一目瞭然となるはずだ。

いずれにせよ、一九六八年一二月、日本側よりラスク国務長官あてに一方的宣言が送られる。こうして、日本による鉄鋼輸出自主規制が発効することになる。

規制内容は、期間は三年。特殊鋼を含む総量規制であり、一九六九年を起点とし、年間の輸出伸び率は五％以内、というものだった。

稲山著によれば、この日本や欧州の一方的措置に対し、米国下院の歳入委員会と上院の財政委員会は一九六九年一月、「日欧両業界の今回の行為は歓迎すべきであり、かつ、現実的措置と看做される」との共同声明を出したとのこと。米国国務省や連邦議会議員たちも、それぞれの黒子役を果たしたのであった。そして、黒子といえば、こうしたフレームの中で、日本の政治家や役人たちも、おそらくは同じ役割を果たしたのだろう。

さらに想い至るのは、米国の鉄鋼業界経営者たちの〝まとりの悪さ〟と比べ、欧州や日本の経営者たちの〝まとりの良さ〟の対照ぶりだろう。

第二次大戦で戦火に見舞われ、それ故、復興に向け官民で協力し合わねばならなかった日欧業界。対して、戦勝国として、大戦中の鉄鋼需要急増を一手に引き受け、戦後、過剰供給能力を案じながら、かつ、業界内部の企業の利害調整に苦しみ、併せて、敵対的な労働組合や政府を相手にしなければならなかった米国業界。日本や欧州からの対米鉄鋼輸出自主規制は、こうした構図の中で、日欧側のイニシアティブで始まったのであった。

12　輸出自主規制からトリガー価格制度へ

一九六九～七一年の当初の輸出自主規制は、結局、七二年から、さらに一九七四年末まで、三年間延長される。経緯は次のようなものであった[37]。

当初規制の終了予定年だった一九七一年、米国鉄鋼業界は下院歳入委員会の公聴会で、再生準備になお時間が足りない旨のアピールを行った。このアピールが連邦議会を動かし、そのため、米国政府が日本の鉄鋼業界に自主規制延長を働きかけてきたのである。米国政府からの要請を受けてしまった日本の業界としては、元々自分達から仕掛けた輸出自主規制であったこともあり、米国側の、しかも政府からの延長要請を拒絶できる立場にはいなかったのであろう。

もっとも、その実効のほどを測ってみると、一九七〇年代初めの頃は、日欧からの輸入は規制企画者の想定通りに抑制されていた。文字通り、米国メーカーの側の事情を、日欧のメーカー側が斟酌して、輸出を自主規制したのである。

しかし、延長後の一九七三年頃からは、対米輸出は依然抑制され続けたが、その抑制理由は全く別のものとなった。世界景気が回復基調に乗り、鉄鋼需要も急増したので、日欧は対米輸出のウエイトを落とし、むしろ製品の仕向け先を自国市場に切り替え、結果として、むしろ、米国向け輸出は否応なく抑制された。つまり、自国市場向けを優先させた結果の対米輸出抑制であった。

したがって、米国市場では品不足が顕在化し、鉄鋼製品価格が高騰、米国鉄鋼メーカーは、いわば、濡れ手で粟の利益を得る。

こうした状況下、米国消費者連盟は、米国鉄鋼メーカーや日欧各社、さらに、米国国務省をシャーマン法違反で提訴する事態も発生している。

この一九六九〜七四年の日欧鉄鋼企業の対米輸出自主規制を、米国識者は次のように総括している。

第一は、規制が総量規制であったため、日欧は低価格品を捨て、高価格品の対米輸出を目指すようになった。つまり、米国市場では高付加価値品で勝負しようとしたのである。

第二は、この協定外の途上国からの対米輸出が大きく伸びた。特に、七三年頃からは、米国内の品不足を、協定に縛られない途上国からの鉄鋼製品が埋めたのである。

第三は、とどのつまり、日欧の一方的輸出自主規制は、その実施が本当に守られるかどうか、米国業界は常に疑心暗鬼に苛まれ、規制年限が長くなればなるほど、他に替わる手段を模索する誘因が大きくなっていった。つまり、米国業界は、このある種の休戦の時期に、自国産業の能力更新や近代化投資を行うよりは、むしろ、この環境をいかにすればより長く享受できるか、そちらのほうに関心が行きがちだった、ということだろう。

要するに、この規制が終了した時、米国業界の競争力は何ら改善されていなかった。

そのため、規制終了後は、輸入品からの保護継続効果を狙い、米国業界は労使協調する形で、成立したばかりの一九七四年通商法をフル活用して、エスケープクローズなどの条項に基づく提訴を連発するのである。

そうこうするうち、一九七五年に入ると、世界景気は後退を始め、日欧の鉄鋼業界は過剰供給能力への対応を余儀なくされる。

欧州側は、この機会を捉え、欧州市場を対象とした生産調整や価格統制、輸入規制に着手する。不況を逆手に、欧州鉄鋼産業の再編や市場管理導入を試行し始めたのである。結果、日本の対欧鉄鋼輸出も制約を受けるようになり、その欧州向けの削減をカバーしようと、日本のメーカーは対米輸出に励むようになる。

かくして、日欧両業界はいずれも、相対的に開放度の高い米国市場を再び目指すようになるのだが、そうした動きは当然に、米国業界の輸入阻止の動きに油を注ぐ。これに対し、日欧業界側は、再度の輸出自主規制提案で乗り切ろうとするが、今度は時のカーター政権が、この案には乗ってこなかった。

代わりに民主党カーター政権が採ったのは、トリガー価格制度（ＴＰＭ）の導入であった。

この制度は、当時、最も競争力が高いと見なされた日本の全ての製品の対米輸出価格を推定コストから算出し、この価格（トリガー価格）以下で輸入される鋼材に対し、米国業界の提訴を待たずに、米国政府が一存でアンチダンピング調査を行えるというもの。

カーター政権がこの制度導入に踏み切ったのは、折から議会で審議が進み、米国内で盛り上がりつつあった鉄鋼輸入制限立法の成立の先手を打って、保護主義的動きを抑制するとともに、輸入規制発動の主導権をあくまでも行政府が握り、以って、貿易並びに関税に関する一般協定（ＧＡＴＴ）のルール尊守の立場を維持するためであった。

つまり、ＴＰＭは、既存の米国通商法を前提に、かつ、全ての鉄鋼輸入国を対象とするもので、それまでの輸出自主規制のフレームが内包していた問題点を、それなりに改善しようとするものであった。

このようなＴＰＭの考え方に対し、稲山日本鉄鋼連盟会長は次のように述べていた。[38]

「トリガー価格を決めるには、製品の原価がわからないとできない……しかし、企業秘密である原価を、それも米国に提出することは許されない。自由主義経済で、自分の原価、コストを国内でも教えないものを、米国に教えるわけにはいかない……（それ故）、やはり数量での話をしたいと、何度も相手に伝えた……しかし米国側は、数量規制は独禁法上問題がありとして、あくまでもトリガー価格制度に固執していた……」。

「ソロモン財務次官（当時）は次のように主張した……〝コストを示してくれと言うのは、決して日本の鉄鋼業を苦しめるためではない……米国の鉄鋼業に危機感を植え付け、立て直しのきっかけとするのだ……出してくれるコストは個々の企業のそれでなくてもよい、各社の平均値で良いから出してもらえないか〃……」。

いずれにせよ、こうしたやり取りの末、日本側は米国の要望をのむのである。

とはいうものの、この制度も、規制する立場のカーター政権と、守られるべき立場の米国鉄鋼業界との間で、目的に関しての理解で、大きな齟齬を内包していた。

前者はあくまでも、この制度を財務省による速減価償却、環境省による環境規制緩和、商務省による特別条件の貸付措置と並ぶ、四本柱の一つと位置づけ、主目的は米国鉄鋼産業の再生においていた。

それに対し、後者は、どちらかと言えば、米国鉄鋼需要市場における外国メーカーの占有比率抑制措置と考えていたのであった。

さらに、このTPMは、予期せぬ副次効果も惹起した。

それは、最新鋭技術に基づく日本製鉄鋼製品価格を基準価格にしたので、欧州各メーカーも、この基本品価格を基準に対米輸出を行うようになった点である。つまりは、日本品よりも、本来ならば高い価格でしか輸出できないはずの欧州品が、日本品と同じ価格で米国に入ってくる。これは、本来なら、ダンピング輸出であるが、TPMシステムは、こうした価格付けを逆に容認するメカニズムに変質してしまったのであった。

かくして、TPMは、日本からの対米輸出は抑制できたが、欧州からの対米輸出はむしろ逆に増加してしまう。加えて、折からの円高によって、ドル建てのトリガー価格そのものもまた上昇、米国内の鉄鋼製品価格は一〇数パーセントも上昇するのである。

こうした状況下、米国業界七社は、一九八二年一月、アンチダンピングのケースを三八件、相殺関税のケースを九四件、法律に基づいて提訴するに至る。

それに対するカーター政権の反応は早かった。TPMを、各種通商法提訴に代わる手段だと見なしていた同政権は、業界が通商法の手段に頼るなら、もはや、TPMは必要ないと判じ、即座にトリガー価格制度を廃止してしまう。

13　一度衰退に向かった産業を再生することの難しさ

米国鉄鋼産業は、一九七七～一九八二年まで続いたトリガー制度が撤廃されてからも、世界的な鉄鋼需要低迷期が来るごとに、米国内での市場保護措置を求めて、諸々の措置を議会や行政府に要求し続けた。それら措置を、そもそもの問題発生時からを含めて、改めて列挙してみると、次の通りである。

一九五九年　米国が鉄鋼の純輸入国に（その後回復）
一九六九年～一九七一年　日本、欧州の対米輸出自主規制（業界ベース）
一九七二年～一九七四年　上記措置の延長（業界ベース）
一九七六年～一九八〇年　米国通商法第二〇一条に基づく特殊鋼の輸入制限
一九七八年～一九八〇年　第一次トリガー価格制度
一九八〇年～一九八二年　第二次トリガー価格制度
一九八二年　米国鉄鋼メーカー七社、輸入鋼材九品目を対象に、計一三二のケースをアンチダンピングや相殺関税で提訴
一九八二年～一九八五年　米国と欧州との鉄鋼輸出自主規制
一九八三年～一九八七年　通商法二〇一条に基づく特殊鋼五品目の輸入制限
一九八四年～一九八八年　米国鉄鋼救済措置に基づく第一次鉄鋼輸出自主規制協定（政府ベースのVoluntary

Restraint Agreements:VRA）

一九八七年〜一九八九年　特殊鋼五品目中、三品目の輸入制限の延長

一九八九年〜一九九二年　第二次鉄鋼輸出自主規制協定（ＶＲＡ）

一九九二年　米国鉄鋼メーカー一二社、厚板、薄板など四品目を対象にアンチダンピング・相殺関税提訴

二〇〇〇年　通商法二〇一条に基づく鉄鋼線材などの輸入制限措置

これ以降も提訴続出

原出所：経済産業省

この一覧を見て即時に気づくのは、当初は各国の業界ベースで始まった対米輸出自主規制が、しかも、それは米国業界に再生のための息継ぎの時間を与えるためとされたものが、次第に基本性格を変えて政府間の協定となり、ついにはその内容も、再生の時間稼ぎ的機能が失われ、あくまでも本国市場の一定占有率を保護するための措置になり下がった事実であろう。

また、国が前面に立ってのそうした救済措置（その場合でも、米国鉄鋼産業再生を究極の目的としていた）も、一九九〇年代初め以降は取られなくなり、後はもっぱら、個別企業や業界関係者が、当該輸入案件に関し、アンチダンピングや相殺関税提訴を行い、それらへの米国通商法上の個別判定に基づいて、行政府が当該外国メーカーの不公正な行為を罰する形での、米国メーカーを救済するスタイルが定着してきている。

そして、もちろん、こうした諸措置が実際に米国政府の政策体系の中に取り入れられ、発動されていく際には、折々の政治状況も色濃く反映されてきた。

たとえば、一九八四年の米国鉄鋼救済措置に基づく第一次鉄鋼輸出自主規制協定の場合を見てみよう。

この措置は、不況に悩む米国鉄鋼企業が、労組側と組む形で、外国の鉄鋼メーカーの不公正貿易慣行を槍玉にあげるキャンペーンを大々的に実施、そうした状況下での通商法提訴（ベツレヘム・スティール社と全米鉄鋼労組の通商法二〇一条提訴）、クロの判決、そして、それがレーガン政権を動かして実現したもの。

この業界あげてのキャンペーンは、まずは鉄鋼産業立地州の州政府や同州地域選出の連邦議会議員たちの支持を得、さらに、折から再選時期を迎えていたレーガン・ホワイトハウスのアドバイザーたちの〝選挙に有利かどうかの判断〟に裏打ちされて、全面的に行政府の政策として採用されるに至った、という背景事情を有する。

ジェイムス・ベーカーやマイケル・ディーバー、エドウイン・ミースといった、レーガン側近たちの判断は、当時、大統領選挙人の半数を占めていた鉄鋼生産州で優位に立つためには、この問題で積極的姿勢を示す必要がある、というものだった。そして、米国業界をあげての輸入制限キャンペーンも、その打ち出した時期の判断を含め、当然にそうした政治スケジュールを睨んだものであったことは疑い得まい。

最後にもう一点付記しておくべきは、おそらくは、トリガー価格制度導入時点頃を境に、米国鉄鋼産業再生が真剣に模索される局面が過ぎ去り、爾後の各種鉄鋼産業保護措置は、米国市場の保護・確保を直接の主目的とする、その意味では、文字通りの保護主義的対応になり下がった感が強いことである。

そして、鉄鋼産業がこうした立場になり下がった背景には、それが、巨額投資を要する装置産業であり、併せて、投資の二重効果に大きな影響を受ける産業でもあって、それ故に、長期の投資計画を持っておかねばならなかった、にもかかわらず、政府や労働組合にその意識がなく、適当なタイミングに個別企業が利益の積み上げを許さなかった、という米国鉄鋼産業独自の歴史的事情が存在した。

資本主義の総本山である米国では、一旦、斜陽視され始めた産業には、そもそも資本が集まりにくくなる。米国鉄鋼大手企業が、そうなってしまう前に、手許利益を設備投資や技術採用投資に向け得なかった事情は、すでに詳述してあるので再説は避けるが、こうした脈絡で、ウオルター・アダムスは次のような言葉を残している。

「一九八〇年代までに、米国鉄鋼寡占体は瀕死の、自業自得の負傷からの救済を政府に乞う、絶望的な古びた巨人になり下がったように思われた[39]」。

注

（1）安富邦雄論文、「日本鉄鋼業の戦後再編とその性格」『東北経済』七二号、福島大学東北経済研究所、一九八二年、二八頁。本稿での日本の鉄鋼産業に関する部分には、安富論文から多くの示唆を受けている。この欄を借りて謝意を表しておきたい。

（2）安富邦雄論文、前掲、二八頁。

（3）安富邦雄論文、前掲、三〇頁。NSC-13の出所は、大蔵省財政史室編『昭和財政史第三巻・アメリカの対日占領政策』東洋経済新報社一九七六年、三九九—四〇九頁。

（4）安富邦夫論文、前掲、三七頁。

（5）日本鉄鋼連盟『鉄鋼一〇年史（昭和三三～四二年）』一九六九年、八三一頁。日本鉄鋼連盟は、これ以降も、一〇年ごとに「一〇年史」を刊行している。たとえば、『一〇年史（昭和四三年～五二年）』『一〇年史（昭和五三年～六二年）』など。

（6）安富邦雄論文、前掲、三九頁。

（7）安富邦雄論文、前掲、五五頁。

（8）安富邦雄論文、前掲、表二六「世界鉄鋼貿易に占める日本、EC、COMECON、米国の輸出シェア」、六五頁。

（9）三浦庸男論文、「アメリカ鉄鋼業おける価格制の機能」『埼玉学園大学紀要』第一〇号（経営学部編）、埼玉学園情報メディア、一九頁。本稿でのピッツバーグ基準価格の項は、三浦論文に多くを負っている。この欄をお借りし謝意を表しておきたい。

（10）三浦庸男論文、前掲、二一頁。

（11）三浦庸男論文、前掲、二四頁。

（12）Sherman Act. 一八九〇年制定。

（13）Clayton Act. 一九一四年制定。

(14) 三浦庸夫男論文、前掲、二六頁。
(15) 三浦庸男論文、前掲、二七頁。
(16) 森昊論文「大戦間のアメリカ鉄鋼業」『北海道大学顕在学研究』第一四巻一号、一九六四年、一五六頁。
(17) 森昊論文、前掲、一五八頁。
(18) 森昊論文、前掲、一六四頁。
(19) 森昊論文、前掲、一七三頁。
(20) ポール・A・ティファニー著、加藤幹雄・鈴木崚・佐藤昌章・藪下義文・山田恭暉訳、『巨大産業と闘う指導者』日本経済評論社、一九八九年、一頁。
(21) ポール・A・ティファニー著、前掲、二一頁。
(22) ポール・A・ティファニー著、前掲、二六頁。
(23) ポール・A・ティファニー著、前掲、二二頁。
(24) ポール・A・ティファニー著、前掲、二三頁。
(25) ポール・A・ティファニー著、前掲、二四頁。
(26) ポール・A・ティファニー著、前掲、二七頁。
(27) ポール・A・ティファニー著、前掲、二八頁。
(28) ポール・A・ティファニー著、前掲、三〇―三二頁。
(29) ポール・A・ティファニー著、前掲、三三―三九頁。
(30) ポール・A・ティファニー著、前掲、五一―五五頁。
(31) ポール・A・ティファニー著、前掲、一五〇頁。
(32) ポール・A・ティファニー著、前掲、二三八頁。
(33) ポール・A・ティファニー著、前掲、二五五頁。
(34) ポール・A・ティファニー著、前掲、二七四頁。
(35) 石川康宏論文「日米貿易摩擦とアメリカ鉄鋼保護貿易政策の展開―一九六九―一九九二年―」『経済論叢』第一五五巻第四号、京都大学経済学会、一九九五年、二四頁。
(36) 稲山嘉寛著『私の鉄鋼昭和史』東洋経済新報社、一九八六年、一六〇―一六七頁。

（37） Robert S. Walters, 'U.S Negotiations of Voluntary Restraint Agreements in Steel, 1984: Domestic Sources of International Economic Diplomacy,' Case 107, Part A, Institute for the Study of International Diplomacy, School of Foreign Service, Georgetown University.

（38） 稲山嘉寛著、前掲、一七二—一七九頁。

（39） ウオルター・アダムス著『現代アメリカ産業論』創風社、一九九一年、四一頁。

第3章　日本の対米自動車輸出自主規制問題

通商法提訴と議会が盛り上げた交渉劇

1　日本の対米自動車輸出の沿革

日本の自動車産業は、その誕生の時から、軍需用途を念頭に置いていた。たとえばトヨタの場合、当時の本業であった自動織機から自動車生産が切り離されたのが一九三七年であったという。軍用車の国産化を目指す政府は、自動車製造業法を制定、トヨタと日産に製造許可を与えたのであった。しかし、こうした産業育成努力も、第二次世界大戦の敗北で頓挫すること、鉄鋼産業の場合と同様である。自動車産業の戦後の再建は、日本経済の復興とほぼパラレルに進んでいく。その際、鉄鋼産業の項でも詳述したような、朝鮮特需を自動車産業も裨益したこと、これも説明の要があるまい。

かくして一九五五年、日本の乗用車生産台数は一万三三五四台。世界第一一位の自動車生産国の座を占めるようになっていた[1]。

一位はもちろん米国（七九万台：四捨五入、以下同じ）であり、二位は英国（七〇万台）、三位は西ドイツ（六四万台）、四位はフランス（五六万台）、五位はカナダ（三七万台）であった。これら上位諸国の生産台数と比べると、日本の一万台強という数字は、なんとも少ないが、それが当時の実力というものだったろう。

一九五五年にはまた、わずか二台ではあるが、日本車が米国に輸出されている。

一台はトヨタ・クラウン、もう一台は日産のダットサンであった由だが、両社の車が一台ずつという点などに、二社を軸として自動車産業を育成したい、との日本政府の意思のようなものが感じられる。

注目すべきは、同じ一九五五年に、西ドイツはフォルクスワーゲン車を中心に、すでに二万九〇〇〇台を米国に輸出していた事実である。言い換えると、西ドイツは、当時の日本の乗用車の総生産台数の倍以上の車を、米国に輸出していたのであった。

おそらく、この大きな差は、西ドイツが、戦前から小型車に生産技術上の優位性を確立していたこと、対して、戦前の日本は軍用トラックに傾注していたこと、によって発生したものと推察されている。

しかし、日本の自動車生産は、経済が高度成長期に入った六〇年代に急伸する。以下は、一九六〇年、六五年、七〇年、の三時点での乗用車の生産台数である。

一九六〇年	一九六五年	一九七〇年
一六万五〇〇〇台	六九万六〇〇〇台	三二七万九〇〇〇台

一九六三年には名神高速道路が開通し、六四年には東京オリンピックが開催されたが、同じ年、その開催に先立って東京の首都高速一号線（羽田～銀座）も完成している。要は、次第に道路インフラが整備されていったのであった。

さらに、乗用車を個人が所有する割合も、一九六〇年には一〇％に達していなかったが、六五年には三〇％弱にまで急増している。世評はこれを、一九六五年に日本は、道路整備なども相俟って、マイカー元年を迎えた、と囃し立てた。

ちなみに、この一九六五年、世界の乗用車生産実績を見ておくと、一位は依然として米国（九三四万台：四捨五入、以下同じ）、二位は西ドイツ（二八三万台）、三位は英国（一六〇万台）、四位はフランス（一四二万台）、五位はイタリア（一一〇万台）と続き、日本は六位（七〇万台）に浮上してきている。

また、併せて特記しておくべきは、西ドイツの健闘であろう。一九五五年には三位であった生産国としての順位を、英国を抜いて二位に引き上げているからである。

その後、一九六〇年代後半から七〇年代初めには、日本の自動車産業は三つの自由化への対応に追われることになる。六五年の乗用車の輸入自由化、七一年のエンジンの輸入自由化、七三年の資本自由化である。

この三つの自由化に、自動車業界は、再編などによる規模の大型化、日本国内市場での優位性の確保、量産体制の確立、技術開発の促進、コスト削減など、あらゆる手段で対応しようとした。自動車業界に重層的下請構造の原型がほぼ完成したのもこの時期であるし、今や定番となったトヨタ看板方式が定着したのもこの時期であった。

国や地方自治体も、自動車産業を援護射撃する。

関連インフラの整備や法制の導入（例：機械工業振興臨時措置法）、あるいは、地方自治体の産業誘致の一環としての工場用地の低廉な供給や税免除などが試みられ、こうした種類の政策が、自動車産業振興という集約された目的に向け、集中実施されたからである。

何よりも強調すべきは、以上諸政策成功の背景に、日本の中産階級の健全な発展があった、という事実であろう。

この階級の発展があったからこそ、自動車産業の国内需要が拡大し、そして、この国内市場の急膨張があったからこそ、そこに日本の自動車産業はしっかりと軸足を置くことができたし、その余勢を駆って一挙に国際市場に踊り出ることも可能になったのであった。

ちなみに、日本の乗用車輸出は一九六五年以降増え始め、六七年には、日本の乗用車生産台数は西ドイツを抜き、米国に次いで世界第二位の座を確保するに至っている。さらに、六八年以降、その輸出が米国の全世界向け乗用車輸出を凌駕するようにもなる。

もっとも、後者に関して言えば、この時点では、米国メーカーは外国市場近接地での海外生産を指向しており、本国からの輸出台数のみを以って、自動車産業の実力を単純比較するには実相を見誤る可能性もあるのだが……。

いずれにせよ、一九七〇年には、世界の自動車生産は一位の米国（八二八万台）、二位の日本（五二九万台）、三位のドイツ（三八四万台）という順が確立し、七〇年代の世界貿易での自動車摩擦時代の下地ができあがってくる。

日米自動車産業の間には、米国企業が海外工場を活用した世界展開を行っていたのに、日本の自動車企業は、あくまでも日本国内の工場で生産した自動車を輸出する、そんな海外展開のビジネスモデルの違いもあった。

さらに、米国企業は、本国市場での主力販売車種は米国製の大型車を充て、その国内市場を補完する小型車は、欧州に建設していた自社の海外工場から逆輸入して間に合わせる、そうした戦略を取っていた点にも留意が必要であろう。言い換えると、それほどまでに、米国市場は大型車選好が大きかったのである。

要するに、一九七〇年代後半、二度にわたる石油ショックの影響などで、米国への小型車輸入が増え始めた頃、米国市場での小型車需要対応は伝統的に自社の欧州工場からの逆輸入で細々と充当しようとしていたので、急増してくる日本の小型車への対応が、そのぶん、米国本社として遅れることにもなったわけだ。

さらに、米国メーカーの対応が遅れた背景には、大型車のほうが小型車よりも利益率が大きかった、という事実があった。それ故、そうした高収益車に本社の関心が集中し、加えて、車種ごとに異なる生産・販売組織形態を採用していたという特殊要因、あるいは、海外展開は海外子会社の担当といった、米国大手自動車企業特有の責任分担の仕組みが邪魔をして、事態への対応を十二分に取れなかったわけだろう。

そうした状況下の米国メーカーに、全く違ったビジネスモデルと社内文化を持った日本のメーカーが、米本国市場に殴り込みをかけてきた。一九七〇年代後半以降の事態の推移を、米国自動車メーカーは、おそらく、そのように見たのではあるまいか……。

2　米国ビッグ・スリーの発展概略史

米国での自動車産業は、一八九〇年代、複数の、今で言うところの起業家たちによって、緒を開かれた。西部開拓時代からの馬車による輸送が、そうした新方式の陸上輸送の先駆となった。

初期の動力源としては、蒸気機関やバッテリー式の蓄電池、あるいは、ガソリンエンジンなど、様々なものが試みられたという。

そうした中で、ガソリンエンジンや蒸気式の車は雑音や公害を撒き散らし、何よりも回転が難しく、スタートも不安定だと見なされていた。そんな中、人気があったのが蓄電式のエレクトロニクス・カーだったというから、現代のエレクトロニクス・カー開発ブームを経験しつつある我々には、技術の発展とは面白いものだと映ってしまう。

しかし、そうした動力源の多様化した時代は十年程度で終わりを告げる。一九一一年に発明されたガソリンエンジン用の電気式自動発火装置が状況を抜本的に変えてしまう。この発明によって、ガソリンエンジンを装備する自動車が、最も起動させやすく、かつ、最も生産コストの安いタイプとなったのである。

ガソリンエンジン主動の自動車を最初に制作したのは、ジョン・ウイリアム・ランバート（一八九一年）だが、何といっても大量生産を初めて実現したことで有名なのは、ヘンリー・フォードであろう。

フォードが自動車を試作し始めたのが一八九六年。自身の会社を設立したのが一九〇三年。有名なT型モデルを作り始めたのが一九〇八年。そのモデルを、ベルトコンベアーを使った組み立て方式で作り始めたのが一九一三年であった。大量生産されるようになったT型フォード車は大幅なコスト削減に成功する。

当初、同車は一台八五〇ドルで販売されていたが、一九二四年頃までには、その価格は二九〇ドルにまで下がっている。値が下がるということは、言い換えると、購買層が増えるということでもある。

かくして、フォード社は、革新的な大量生産方式を導入することで、他のライバル企業を蹴落とし、一躍にして大手自動車会社の地位を確保するのである。

フォード社はまた、早い時期から海外生産にも乗り出し（一九一一年に英国で、一九二五年にはオーストラリアとドイツにも生産拠点を確保）、輸出よりは現地生産の形で海外市場にアプローチする、そんな米国型の海外ビジネスモデルを創りあげる。

しかし、今や誰でもが知っているように、フォード社の自動車のスタイルは、T型モデルでの成功体験故、後続の車はいずれも、形が四角い、どちらかと言えば箱型スタイルのものに囚われていく。その結果、ライバルのGMやクライスラー社が採用した自動車の大型化やスタイルの洗練化といった路線との競争に敗れてしまうのである。

一方、GMがウイリアム・ディユラントの手で創設されたのは一九〇八年。同社はその後、オールズモービルやポンティアック、キャディラックといった競合各社を買収し、次第に大規模な自動車メーカーに育ってくる。つまり、米国自動車産業が巨大化していく道程はまた、同業他社の買収の歴史でもあったわけだ。

GMの経営者初代ディユラントの人生は波乱万丈の経験に彩られている。

一九〇四年にビュイック社を手に入れ、それを拠点にGMを設立、以後、多くのライバル自動車メーカーを買収して、一時はフォード社の買収をも視野に入れたことがあった（この時は、フォードのほうが拒否）。

そうした順調な拡大にもかかわらず、一九一〇年、ディユラントはGMを追われる。拡大指向で走りすぎ、財務上問題を抱え、結果、融資を受けていた金融機関などから不信任を突き付けられたのである。

しかし、追放されても鯛は鯛。ディユラントは一九一三年、ルイス・シェブロンと組んでシェブロン社を創設し、成功を収める。

その後、ディユラントはＧＭ株の買収を試行、一九一五年までにＧＭ株の過半数を手中にしたというから、極めて短期の間に、失脚から復活を成し遂げた、といわねばなるまい。シェブロン社は、結局、一九一七年、ＧＭに身売りする形で、ディユラント自身がＧＭの経営者に復帰するのである。

こんな話を読んでいると、ディユラントの復活への執念といったものを感じてしまう。

しかし、強引なやり方は、おそらくは、人の恨みをも買うもの。一九二一年、ディユラントは再度追放の憂き目に会う。まさに七転び八起きといったところだろう。もっとも、現実は、最後に転んだところから判じると、七起八転と言うべきだろうが……。

そんなＧＭが一大飛躍をはたすのは、一九二〇年代、今や伝説の経営者と見なされているアルフレッド・スローン会長の指導力によってである。

同会長の下、ＧＭは戦略目的の違っている部門ごとに（販売する車種モデルや価格帯の違いごとに）、それぞれに適したように組織を再編成、いわば、部門ごとの独立採算制を導入したのであった。

ＧＭはまた、定期的モデルチェンジ制を採用、顧客ニーズに応じた車種開発を目指し、あるいは逆に、新型モデルに応じた新規顧客開拓に乗り出したのである。前述した柔軟な組織が、そうした動きをより円滑に進めるのを促進した。

同社はさらに、金融子会社を設立、客に自動車購入用のローンを供与して、自動車を買ってもらう、そんなビジネスモデルをも導入する。

いずれにせよ、こうした各種の積極的経営によって、ＧＭはフォード社を追い抜いて、短期のうちに、米国最大の自動車メーカーにのし上がる。

　GMは加えて、フォードの先例に倣い、一九二五年、英国の自動車メーカーを買収、さらに一九二九年には、ドイツメーカーをも買収して、海外展開を積極化させ始める。

　再述しておけば、一九二〇年代のフォード社、GMといった、大手自動車企業間の競うような欧州自動車企業買収が、今日に至るまでの米国自動車メーカーの海外展開の基礎モデルとなったのであった。

　一方、クライスラー社の創設者ウオルター・クライスラーは、元々は、GMの幹部の一人であった。彼は一九二〇年にGMを去り、マクスウエル社の経営に携わり、同社を再活性化させて一九二五年、クライスラー社に衣替えさせる。

　クライスラー社は一九二七年、製造工場と優れた販売網を入手するためドッジ社を買収、これら施設やネットワークを最大活用し、さらにGM流の組織改革なども取り入れて、一気にフォード社を抜いて、米国第二の自動車メーカーに成長していくのである。

　これらビッグ・スリーを、ビッグ・スリーたらしめたのは、実は大恐慌であった。

　不況前には乱立していた小企業自動車メーカーたちは、この史上最悪の需要の喪失の前に淘汰され、大恐慌が一段落した時点まで、持ち堪えていた米国自動車メーカーはわずか八社だったとされる。ビッグ・スリーは、そうした生存企業の中で、郡を抜いて大きな、かつ、優良な企業であった。そして、ビッグ・スリー以外の、生き残った企業たちも、その大半が一九五〇年代に経営不振に陥り、姿を消してしまうのである。

　また、第二次世界大戦もビッグ・スリーに大きなチャンスを与えてくれた。

　軍用トラックやタンク、あるいは、航空機や数多くの武器類すら生産するのに、米国政府は自国の自動車メーカーを総動員したからである。そのため、連邦政府は巨額の予算を投入、これは自動車産業にとっては天祐の利益確保の機会となった。

さらには、こうした異業種分野の製品を製造する過程で、自動車産業は新しい技術にも遭遇、それらを自己の分野での技術開発の中に、最大限取り入れ、活用できたのであった。(2)

3　第二次大戦後の米国経済と自動車産業

第二次大戦後の米国は、世界経済の中で、一人勝ちしたようなものであった。

欧州の経済力は戦火で地に落ち、日本も敗戦のどん底に喘いでいた。

具体的に見ていくと、一九四五年の世界のGNPの約半分は米国が産出していた。米国内には戦時中に満たされなかった潜在需要が累積されており、人々の手中には多額の購買力、すなわち貯蓄が累増していた。要するに、米国企業は点火すれば一気に火がつく巨大な潜在市場を国内に持っていたのである。

海外には競争力が強く競争相手のいない恵まれた環境、足元の国内社会には膨張・肥大化する中産階級、言い換えると、拡大を続ける有効需要。

米国社会は躍動感に満ち、自宅を持つというアメリカンドリームは文字通りの正夢となり、人々の持ち家比率は一九四五年の四〇％から、一九六〇年には六〇％にまで上昇し、七〇年までには、それが七〇％を上回るに至る。(3)そしてこの間、一家に一台の乗用車保有は当たり前になり、それと同時に、高級車嗜好も高まってくる。さらに、一家に二台目、あるいは、三台目の車保有も、次第に普通のこととなってくる。

乗用車が普及してくると、次第に高級感ある乗用車が好まれるようになり、車のスタイルにもファッション性や色彩感覚が持ち込まれる。こうした風潮の中から、クライスラー・インペリアル（一九五七年）やGMのキャディラック・エルドラド（一九五九年）など、時代のベスト・セラーともいうべき乗用車が登場してくるのであった。さらに、今でいうスポーツ・カーも市場に投入されてくる。

こうした乗用車ブームを、米国政府も州際ハイウエー網の建設促進で後押しする。そもそも、連邦政府が大掛かりに州際ハイウエーを建設し始めたのは一九一六年であった。この年、政府は道路（建設）支援法を導入し、七五〇〇万ドルの予算をハイウエー建設に投入する。以降、幾度となく、同様の趣旨の法律が採択され、その都度、米国のハイウエー網が拡充されてくる。

戦後も、こうした道路建設拡充に向けた政府の後押し姿勢は変わらず、人々が都市から郊外に移り住むようになった一九五〇年代後半以降には、この姿勢は、むしろ、一層強まることになる。民意を満たすのが政治の役割なのであった。一九六〇年代に入ると、都市部から郊外への人口移動が一層顕著となり、六〇年比で七〇年の米国の人口賦存状況を見比べると、人口増加の七〇％が郊外で発生している。そして、この人口増加は、自動車をますます、米国社会に不可欠な輸送手段と為させていく。

こうした状況下、米国のビッグ・スリーも、一時は小型車生産開発にも意を払っていたが、如何せん、小型車の利益率は大型車のそれと比べようもなく、かつ、生産した小型車は輸入車（日本車や西ドイツ車）と比べ、デザインや製造技術の精密さの度合が粗く、それらが米国製小型車のイメージを逆に悪化させてしまう。手薄な小型車分野を〝手軽に〟補強しようとして、逆に、小型車部門を弱体化させてしまう。米国メーカーのこの努力は、想えばシニカルな結果を招来した、と言うべきであろう。

さらに、もう一つシニカルな結果を紹介しておけば、それほどまでして増加させた小型車も、結末は、自社製の大型車の顧客を、単に小型車に振り向けるだけで終わってしまった、というのがオチであった。

それ故、小型車導入努力の結末が以上のようなものであれば、米国ビッグ・スリーにとっては、利益率の大きな車を売ったほうが得。だから、米国メーカーは、一九六〇年代、小型車開発を捨て、再び、大型車に傾斜していくのである。

しかも、この間、石油価格は相対的に低位安定し続けていた。つまり、米国では、生産者、消費者を問わず、燃費効率を気にせず、大型車を選好し続けることができたわけだ。

一方、ラルフネイダーに象徴される消費者運動・環境保護運動も、この時期には、米国自動車産業を標的にするに至る。その結果、シートベルトや各種安全装置の装置義務付けなど、政府の安全規制が強化され、また、鉛化ガソリンの使用規制や排ガス規制の強化も導入されるようになる。そして、これら政府諸規制の導入は、必然的に、米国車の価格をさらに上昇させてしまう。

大型車であろうと、小型車であろうと、政府の諸規制強化でコストは上昇していく。大型車であろうと、小型車であろうと、ガソリン価格が相対的に低位安定していたため、顧客は燃費効率にあまり頓着していない。そして、大型車のほうが小型車より利益率は遥かに大きい。だから、これほど条件が整っていれば、自動車会社の株主の大半は、小型車よりも大型車の生産に特化するとの、ビッグ・スリー経営陣の判断を、当然のごとく、支持し続けていた。

ここで、一応の結論らしきものを引きだしておけば、一九六〇年代は世界経済に占める米国経済の強さが依然輝き続けていた時代であり、前記のような政府の諸々の規制強化はあったが、それでもなお、高くても厚い中産階級層の存在故、車は売れたし、さらに、ＯＰＥＣはまだ存在しておらず、ガソリン価格も相対的に低位安定を維持し続けていた。つまり、この根強い大型車需要の背景には、米国経済総体の高成長、ひいては、消費購買層の拡大があり、それ故、米国自動車産業は、問題山積みではあったものの、なお、好況を謳歌し続けることができたのであった(4)。

しかし、そんな状況も一九七〇年代に入ると、激変してしまう。

米国経済はインフレに悩み、物価上昇を阻止するため、共和党ニクソン政権が賃金・物価統制措置を導入するなど、経済メカニズムに変調の兆しが現れ始める。自動車分野では、自動車購買ローン金利の上昇で需要が抑えられ、勢い、低価格車への需要シフトも次第に顕在化し、併せて、小型車を中心に輸入が一層増え始める。

そんな時に、七〇年代の二度に渡る石油危機が発生するのである。

産油国が結成した石油輸出カルテルの発動、それに伴う原油の輸出価格の上昇（一九七三年、七八年）により、主要先進国のガソリン価格は軒並み急騰、これが直接の契機となって、すでに定着し始めていた米国消費者の小型車選好が一気に顕在化、その波に、トヨタや日産、ホンダといった日本メーカーが上手く乗ったのであった。

日本自動車工業会によると、一九七〇〜八〇年の期間、米国、日本、西ドイツ、フランスの四カ国の自動車生産量は、二〇一六万五〇〇〇台から二六三〇万九〇〇〇台へと、三〇％増えている。

国ごとの伸張を見ると、米国（八二八万四〇〇〇台→八〇一万台）、日本（五二八万九〇〇〇台→一一〇四万三〇〇〇台）、西ドイツ（三八四万二〇〇〇台→三八七万八〇〇〇台）、フランス（二七五万台→三三七万八〇〇〇台）となっており[5]、この一〇年間で、日本の生産量が断トツに伸びたことが一目瞭然だろう。

次もまた、日本自動車工業会の数字だが、この一〇年間で、四カ国の自動車生産量総計に占める各国のシェアは、米国（一九七〇年、四一％→八〇年、三〇％：以下同じ）、日本（二六％→四二％）、西ドイツ（一九％→一五％）、フランス（一四％→一三％）となっている[6]。この数字を見ると、日本が米国のシェアを食っている様がよくわかる。そして、米国のシェア喪失は、結局、米本国市場で米国メーカーが自己のシェアを日本勢に食われたために発生したものであった。

一九八〇年代、日米通商摩擦が華やかになった頃、米国内では、〝日本市場内で日本車を打ち負かすべし、〝Beat the Japanese on the Japanese Market〟というスローガンが盛んに流布されていた。この表現をもじれば、一九七〇年代、日本の自動車産業は、まさに、Beat the American on the American Marketを実践したことになろう。だから、そんな日本の自動車メーカーに対し、米国内関係者から怨嗟の声が出てくるのも、ある意味、わかりやすい道理であろう。

ちなみに、日本の自動車輸出に占める対米向けの比率を、参考までに見ておくと次のようになる[7]。

一九七〇年　→　七五年　→　八〇年
総輸出一〇八万七〇〇〇台　二六七万七〇〇〇台　五九六万七〇〇〇台
内対米四二万二〇〇〇台　九二万台　二三六万台
（比率二〇・五％）　（三八・六％）　（五四・〇％）

4　六〇年代後半の日米鉄鋼摩擦と七〇年代後半の日米自動車摩擦

自動車産業の場合も、外国車、とりわけ日本からの輸入車急増に対しては、その度合いが大きくなるに従って、関係者から、輸入阻止対策強化の必要性が声高に主張されるようになる。

しかし、自動車の場合は、鉄鋼産業とは輸入規制圧力の累積されていく過程が明らかに異なっていた。この違いには、おそらく、鉄鋼産業と自動車産業の基本性格や産業構造の相違、あるいは、通商摩擦発生時期の違いなど、様々な理由が絡んでいる。

たとえば、自動車はいまふうに言えばB to Cを主力のビジネスとしている。一台一台の車を家計に販売する。そのためには、金融子会社を通じ、個々の客にカー・ローンを供与し、また日本の場合、車検制度などが整備されていて、一度車を売った後も、販売会社は顧客サービスを継続していく仕組みが整備されている。要は、あくまでも商売の軸はB to Cというわけだ。

これに対し、鉄鋼の場合、扱う製品は典型的な資本財であり、かつては鉄鋼産業を称して〝産業のコメ〟と謳われたのは、この産業の特質を的確に言い表すものだった。つまり、商売の基本形は、資本財を他の生産者に販売するB to Bなのである。

また、米国の場合、成立の経緯からして、鉄鋼と自動車とでは業界構造も異なっていた。前者では、生産者の数が多く、往々にして投資の二重効果や過剰生産、激烈な価格競争など、過当競争とその弊害に苦しめられるのが常だった。

さらに、一般の消費者と直接につながっていない、という産業特質故、行政府の業界への姿勢も（特に米国の場合）、鉄鋼産業の項で見た通り、〝民衆の味方である政府は、同産業を独占体と見なし、強い姿勢で臨む〟場合が多かった。

対して、後者では、前述したように、大恐慌を境に、企業の淘汰が進み、ビッグ・スリーが業界の全て、ともいえる状況が現出していた。こうした両産業の沿革の違いは、煎じつめれば業界としての〝まとまりの良し悪し〟の違いにもつながってくるのである。要は、総じて、鉄鋼はまとまりが悪く、自動車はまとまりが良かったわけだ。

さらに付け加えれば、自動車産業は典型的な組み立て産業である。数多くの部品を組み立てて完成車が生産される。これに対し、鉄鋼産業は飛びぬけて大きな装置装備企業が、石炭や鉄鉱石を使用して、鉄鋼製品を作り出していく、というのが基本となっている。

したがって、鉄鋼よりも自動車のほうが、諸部品や半製品のサプライチェーンが長く、利害関係者も多様だということになる。一九六〇年代後半、日本の鉄鋼企業首脳が、米国鉄鋼業の苦境を前にして、輸出自主規制を選好する方向で米国業界と立場を同じくしていたのに、一九七〇年代後半、日本の自動車企業の首脳は、日本独自の重層構造的サプライチェーン故、当初、米国からの対米投資要求になかなか応じなかった、あるいは、応じられなかったのも、こうした両産業の構造の違いが大きく効いているような気がしてならない。

さらに、日米鉄鋼摩擦が大きな政治争点となっていた一九六〇年代後半と、日米自動車摩擦が初めて争点化した一九七〇年代後半とでは、米国の通商法の整備状態もかなり異なってきていた点にも留意が必要だろう。

米国が自由主義的貿易政策に大きく舵を切ったのは、一九三四年互恵通商協定法の制定以降であろう。民主党ルーズベルト大統領の下、コーデル・ハル国務長官の主導で成立したこの法律は、米国産品に対する諸外国の輸入制限措置を撤廃させ、諸外国の差別的な通商慣行と閉鎖的な二国間通商協定の横行を排し、平等な待遇を基本とした世界貿易の体系を確保して、高すぎる関税率を引き下げることを主目的としていた(8)。

そして、米国がこうした方向に世界貿易を誘引しようとしたのは、第一次世界大戦を経て、世界最大の経済大国化している自国の姿を直視し始めたからに他ならない。強大な経済力を持った以上、それまでの保護貿易よりは自由貿易を世界のルールとしたほうが、結局は自国の利益になる。米国は、そう悟ったのであった。

それ以降、米国の一九三四年互恵通商協定法は都合一一回延長され、最終的には、より自由貿易色の濃い一九六二年通商拡大法に引き継がれていく。言うまでもなく、この一九六二年通商拡大法は、その名が示す通り、当時、GATTの場で推進されていた一括関税率引き下げ交渉、つまり、ケネディ・ラウンドに向けた交渉権限を大統領に与える目的で制定されたもの。

こうした自由貿易色の濃い通商法が形成されていったのは、米国が自国産業の国際競争力の強さを自覚し、自由貿易の促進が自国の国益にかなう、と判断したが故の動きであったこと、繰り返し説明する必要もあるまい。

しかし、そんな方向性にもやがて変化の兆しが現れる。

風向きが変わり始めたのは、一九七〇年代に入った頃からであった。米国経済が、国内のインフレ傾向と失業率の増大で、相対的に脆弱化し、併せて、一九七三年には第一回の石油危機が発生する。

そうなると、それまで自由貿易支持で轡を並べていた、米国内の各種利益団体（労働組合、農業関係者、中小企業、消費者等など）の足並みが乱れてくる。まずは労働組合が自由貿易支持連合から脱落し、さらに他の農業国からの農産品輸入の増加故に、農業関係者が自由貿易支持連合の戦線を離脱する。このようにして、第二次世界大戦後、米国の通商政策を自由貿易の方向に誘っていた、米国内の関係者の団結に大きな亀裂が入り始めるのである。

一九七四年通商法は、こうした新たな状況下、既存の一九六二年通商拡大法にとって代わって制定された。問題は、この七四年通商法が、時代の変調を反映し、その一部に保護主義色の濃い条項を含んでいたことである。

その典型例は、第三〇一条であろう。

この条項によって、相手国が米国に均等な競争機会を与えない場合、そうした事由を是正する目的で、大統領は当該相手国と交渉できることとなり、また、仮にそうした交渉が妥結されなければ、大統領は報復措置を講じることが可能となった。

しかし、ここで強調しておくべきは、この第三〇一条ではなく、第二〇一条の緊急輸入制限の条項のほうである。

一九七四年通商法第二〇一条はセーフガード発動条項とも呼ばれる。

輸入品が米国の当該産業に被害を与えているかどうか、関係者が米国国際貿易委員会（International Trade Commission: ITC）に調査を要請、ＩＴＣは調査開始一二〇日以内に、国内産業への重大な損害の恐れがあるかどうか判断し、肯定的決定を下す場合、取るべき措置をも併せて、調査開始後一八〇日以内に、大統領に勧告する。

大統領は、そうした勧告を受けてから六〇日以内に、具体的な措置（関税の賦課・引き上げ、関税割り当ての実施、輸入割当の実施、外国との間での輸入制限協定の交渉、調整援助実施等など）を講じるか否か、判断しなければならない。

そして、前記の具体的な措置を取らない場合には、大統領はその旨を議会に報告しなければならず、そうなると、議会は両院の三分の二の賛成で、その大統領決定を覆すことができるとされる。仮に、議会の議決で大統領決定が覆ると、今度は、大統領は三〇日以内に、ＩＴＣの勧告通りの措置を実施しなければならなくなる。

つまり、この二〇一条では、ＩＴＣに提訴できる主体として、下院歳入委員会や上院財政委員会、あるいは、米国通商代表部などと並んで、業界団体や企業、または労働組合を含む産業代表者が挙げられており、これを言い換えると、民間関係者にも輸入規制への動きを起動させ得る立場を与えている点を、ここでは強調しておかなければならない。

また、二〇一条は、一度ITCへの提訴が行われると、ITCの調査が自動的に発動され、その判定如何で、案件が次第にエスカレートし、政治化されるメカニズムを組み込んでいると言うべきで、一九七〇年代後半から八〇年代初めの日米自動車輸出自主規制問題は、まさに、このメカニズムに沿って発展していくのである。

5　日本車輸入抑制への圧力増幅過程

前述したように、一九七〇年代に入り、ビッグ・スリーは本国での自動車販売シェアを日本勢に大きく侵食された。それには、数多くの理由が考えられる。

まず、欠陥品を市場に出したため、企業イメージが損なわれた。たとえばフォードの場合、ピント・ブランドで販売していた車のガスタンクに問題があり、追突されると爆発する恐れがあったのに、同社はそれを知りながら、長らく公表せず、結果、後日それが明るみに出て、巨額の訴訟を引き起こしてしまう。この訴訟でフォード社は、大きく自社の企業イメージを傷つけたのであった。

時を同じくして、GMやクライスラーにも同じような問題が発生、ビッグ・スリー揃っての欠陥品問題惹起と、それらへの事後処理対応のまずさが、米国メーカー全体のイメージ・ダウンをもたらした。

そして、そんな中、一九七三年の第一次石油危機、さらに七九年の第二次石油危機により、ガソリン価格が急騰、これらのガソリン価格の上昇が燃費効率の悪い車から良い車へ、もっと直裁に表現すれば、大型車から小型車への需要シフトを急激に顕在化させる。

ビッグ・スリーは、この需要急変に追い付いていけず、結果、小型車分野で比較優位を持っていた日本車が、ある意味、易々と米国内市場で米国車シェアを食い始めたのである。

しかし、ビッグ・スリーと言っても、その経営体力には差があって、最初に音を上げたのがクライスラー社であり、GMとフォード社は、いまだ曲がりなりにも苦境に耐える体力は持っていた。つまり、こうした体力差があったが故に、日本からの自動車輸入急増にビッグ・スリーが揃い踏みで対応する状況には、なかなかならなかったといってよかろう。

日本からの小型輸入車急増への対策に関し、ビッグ・スリーの足並みが揃わない、そんな中、一九七〇年代半ば、最初に具体的アクションを起こしたのは全米自動車労働組合（United Automobile Workers Union: UAW）であった(9)。ビッグ・スリーの一角の不振は雇用の縮小に通じる。そうなれば自動車労働者の肩に大きな不利益が被さってくる。UAWがそうした懸念に突き動かされたのは、極めて自然なことでもあった。

もっとも、UAW側の当初の要求は、今から考えてみれば、極めて穏健な内容であった。具体的には、日本の自動車メーカーに、自由貿易原則維持の観点から、現地生産に踏み切り、雇用創出を求めたのである(10)。

しかし、日本の完成車メーカーは、そんな要求に応じるのを躊躇っていた。日本車の強みは、本国での部品メーカーなどが形成していた下請系列に基づく、独自の生産システムにあり、対米工場進出すれば、この強みが失われる、と信じていたからである。

さらに加えれば、一九七七～七八年、日本車の対米輸出は伸び悩んでいた。七七年の対米輸出は一八七万台、それが七八年には一八四万台と、横ばいでしか推移していない。理由は折からの円高であった。

もっとも、この円高は一九七九年のイラン革命、それに引き続く第二次石油危機発生で急速に是正され、日本車は再び米国市場での価格競争力を取り戻す。

一方、小型輸入車急増、という事態が是正されず、日本側の対応にも目立った改善がない状況下、UAWは次第に苛立ちの度合いを強めていく。

また、一九七九年には、ビッグ・スリーの一角、クライスラー社に、深刻な経営危機が訪れる。同社は、七三年の第一次石油危機後、小型車の開発に後塵を拝し、七八年には赤字に転落していたが、七九年の第二次石油危機で再度の大打撃を受け、二年連続で大幅赤字を記録、救済のため、米国政府から総額一五億ドルもの融資保証を受けたが、それでも効なく、一九八〇年には、赤字幅がさらに拡大するに至ってしまう（七九年の税引き後利益の赤字、約一一億ドル↓八〇年赤字、一七億ドル）。

繰り返しておけば、イラン革命による原油供給の落ち込みと第二次石油危機の発生、それらが惹起したインフレの高進、対応としての金融引き締めによる高金利の出現、結果としての失業率の上昇。

これらが相俟って、米国内での自動車需要は低迷し、さらに、急激に大型車から小型車に人気車種がシフト、高い値段と燃費効率の悪い大型車が嫌われ、安価で燃費効率が良い小型車需要が急増、この需要シフトに乗り遅れたビッグ・スリーが、軒並み経営状況を悪化させてしまうのである[11]。

この間、クライスラー社の赤字はすでに述べておいたので、残ったGMとフォード社を見てみると、まずGMだが、一九七九年、同社の乗用車販売台数は六一八万台、それが八〇年には四九八万台に縮小してしまう。

フォード社にしても状況は同じであった。七九年には三二三万台だった販売台数は、八〇年には二二三万台へと大幅に減少している。ちなみに、クライスラー社の場合も、七九年に一三〇万台だった販売台数は、八〇年には八八万台へ縮小している[12]。

いずれにせよ、こういった状況は、折から本格化し始めた一九八〇年大統領選挙戦に直ちに反映されていく。要は、自動車問題が政治問題化し始めるのである。

と同時に、政治問題化するようになると、自動車業界関係者の主張も、必然的に、過激化されてくる。たとえば、強硬論者は、日本の完成車メーカーに対し、依然として対米進出を促す姿勢を維持しながらも、併せて、米国として、小型車への輸入割当制導入が必要、との主張を展開し始める。さらに、極端な場合、日本車ボイコット法案までもが議会に提案されるようになる。

そうした、対日強硬意見の代表的代弁者は、民主党のリーゲル上院議員（ミシガン州選出）であっただろう。[13]同議員は、一九八〇年一月、UAWの年次総会で、「カーター政権は、日本車の輸入量を一九七七年水準に据え置くよう、日本政府に申し入れるべきで、仮にそうした要求を日本が受け入れなければ、日本車メーカーが米国内に工場進出しなければならなくなる、そんな法案を提出する」と発言、実際に、そうした方向に向け、議会で様々な対日圧力をかけ始める。

これを、より具体的に記述すれば、同議員は、日本車は明らかにダンピング輸出されている疑いがある、と議会で指摘、また、後日、大きく議論されることになる日本市場の閉鎖性（日本市場には米国車の輸入を阻止する非関税障壁がある云々）批判を声高に論じ始め、日本市場の開放を求めるための圧力を増強させていくのである。

こうした状況下、一九八〇年に入ると、米国自動車産業を巡る状況はますます悪化する。それまではクライスラー社だけに留まっていた経営赤字が、GM、フォード社にも及ぶようになってしまう。要は、ビッグ・スリーの全てが経営赤字を計上するに至ってしまったのである。

対日強硬姿勢に向けての具体的アクションは、UAWの手で着手された。一九八〇年六月、UAWは国際貿易委員会（ITC）に対し、七四年通商法第二〇一条に基づいて、セーフガード発動を要請したのである。[14]

要請された、その救済内容は、五年間に渡り、輸入車に賦課される関税率を現行の二・九％から二〇％へ引き上げ……トラックに関する関税率も、二五％の税率を維持すること……一九七五年あるいは七六年水準に輸入量を抑制することなどであった（このUAWの救済内容、とりわけ輸入数量規制案が、後日の話だが、結果としては、爾後（じご）の日本の対米自動車輸出自主規制の内容の骨格を規定することになる）。

そして、このUAWのITC提訴に、同年九月、経営赤字化したフォード社が加わり、さらに後日、クライスラー社も加わっていく。

6　カーター政権の対応

指導者の政治哲学が、当該政権の政策の方向性を規定することはよくある話。

一九七〇年代末に、米国通商法という手段を用いて自動車産業関係者が急速に盛り上げた、対日自動車輸入抑制に向けた圧力増大に対し、民主党カーター政権の姿勢は、基本的には常識的、あるいは、穏健なもので、具体的には、日本側の対米投資による雇用問題解決を指向しようとするものだった。

こうした米国政府の穏健な姿勢の背景には、カーター大統領自身の政治哲学が色濃く影響していた。その哲学とはどういうものであったか。

答えは彼の大統領就任演説の中に見出せよう。この演説で、カーターは自身の政府観を次のように述べている。「我々は、〝より多くを求めること〟が必ずしも〝より良いこと〟ではない、と学習した。米国のような偉大な国であっても、問題の全てに答えられるものではなく、また、全ての問題を解決できるものでもないのだ」（We have learnt that “more” is not necessarily “better”. Even our great nation has recognized that we can neither answer all questions nor solve all problems）(15)。

この哲学を、彼の後任の共和党レーガン大統領のそれと比べてみると、違いが極めて明瞭となるはずだ。レーガンは、同じく彼自身の大統領就任演説の中で次のような心情を披露している。

「我々自身を信じること、我々の能力を信じること。そうすれば、我々は問題を解決できるし、解決するだろう」(To believe in ourselves, and to believe in our capacity, We can and will solve the problems)[16]。

いずれにせよ、大統領自身の、この穏当な哲学をバックボーンにして、カーター政権の自動車問題への対応は、総じてローキーであった。もう少しその辺りの理由を説明しておくことが必要だろう。

〝小さな政府〟といえば、すぐに共和党レーガン政権を思い浮かべるが、規制緩和に着手したという実態から見れば、その前任の民主党カーター政権こそが、元祖の名前を付与されてしかるべき存在であった。

彼の政権は、州際鉄道運賃規制を緩和し、金融面での金利規制などでも政府の規制を大幅に緩和している。

そもそも、米国東海岸南部のジョージアを基盤とする、そして自らもピーナツ農園を経営していたカーターにとって、ワシントンは利害関係者がロビー活動を繰り広げる利権の巣窟のように見えていた。おそらくは、彼の目には、そうした利権集団が蠢くことができる一つの基盤として、需要を管理したがる、行政府の経済政策姿勢にある、と見えていたのではなかろうか……。

要するに、ウオーターゲート事件に関連し、ニクソン元大統領を恩赦するなどで、自ら傷ついた共和党フォード大統領に対し、ワシントン・アウトサイダーを標榜して当選した民主党のカーター大統領は、自党の中興の祖たるルーズベルト以来引き継がれていた、それまでの需要管理的政策姿勢を離れ、むしろ供給側を重視する、俗に言うサプライ・サイドの政策を重視、この哲学の延長線に自動車問題を位置づけていたのであった。それ故、米国市場への供給制約につながる、輸入制限的措置には乗り気がしなかったのであろう。

こうした状況下、一九八〇年三月、米議会下院歳入委員会貿易小委員会は自動車問題公聴会を開催する。こうした公聴会はその後も、上下両院経済合同委員会の手でも開かれるのだが、それらの席上、ＵＡＷやビッグ・スリー関係者、あるいは、全米自動車部品協会などの代表者は、相次いで対日強硬論を展開したのである。

しかし、カーター政権を代表して、これら公聴会に出席したアスキュー通商代表等は、米国における自動車産業の不況は景気変動的要素に起因するもので、競争力は早晩回復するはず、との認識を示し続ける。[17]

そして、不況対策ならびに自由貿易維持の観点から、日本からの自動車輸出を抑えるよりは、むしろ日本の自動車メーカーの対米投資を促し、雇用増を期待したほうがベターであり、日本市場向け米国車の輸出促進には、日本市場の開放を求めるほうが、これまたベターである旨の見解を開陳するのであった。

その一方、カーター政権は日本に対し、おおむね次のような姿勢を取っていた。

その内容は、使われた言葉の厳密さを無視して、その意だけを紹介すれば、おおむね次のようなものであっただろう。

……米国の自動車問題の苦境は、むしろ国内的要因に起因する要素が大きい。それ故、〝自動車〟をいたずらに日米両国間で政治問題化させたくない。とはいっても、米国自動車産業が競争力を回復するには、巨額の投資と三年前後の時間が必要で、その間、日本は自主的に対米輸出規制をしてくれないだろうか……。

こうしたカーター政権の姿勢は、マンスフィールド駐日大使と大平首相との会談（一九八〇年二月）や、アスキュー通商代表と大来外相との会談（一九八〇年三月）などを通じ、再三、日本側に伝えられていた。[18]

とはいっても、こうしたカーター政権の穏健路線は、結果的には、米国内で十分な支持を得られず、前述したように、一九八〇年六月には、まずＵＡＷが、次いで後日、フォード社やクライスラー社が、通商法第二〇一条に基づく緊急輸入制限提訴をＩＴＣに求めるのである。このＩＴＣの審判は一九八〇年一一月に出されることになっていた。[19]

そして、一一月といえば、大統領選挙の投票が行われるタイミングである。つまり、深掘りして考えれば、このタイミングを合わせての提訴と審判日の設定には、自動車産業救済を求めるロビイストたちの計算しつくした戦略があった、と解すべきであろう。

かくして、カーター政権は、政治的に追い詰められてしまう。

この新情勢に対し、カーター政権内部では、政治的観点から、自動車産業の苦境を救済する政策を打ち出す必要性がある、との判断が強まり、結果、総額一〇億ドルに上る総合的自動車救済策が発表される。詳細を見ると、この政策の中には、自動車ディーラーへの融資や、これまで強めてきた排ガス規制を逆に緩和することなども含まれていた。

さらに、この不利な政治状況を改善するため、日本にもっと声高に輸出自主規制を求めるべきだ、との主張もカーター周辺で次第に高まってくる。これは要するに、大統領選挙戦が終盤に差しかかる中、カーターの心情にかまっていられないほどまでに、政権を取り巻く政治状況が悪化してきたということであった。

状況がこうなると、肝心のカーター大統領自身が「もし日本が、これ以上米国に自動車を送りださないとの約束をしてくれたら、こんなに嬉しいことはない」と公然と述べるまでになってくる（一九八〇年一〇月）[20]。

カーター政権が追い込まれ、自動車産業関係者の姿勢が硬化し、ＩＴＣの審判が一一月に出される予定……。こうした状況のひっ迫感は、当然に日本側も感知していた。

経済産業省（当時：通産省）は、一九八〇年春頃には、米国内での輸出自主規制圧力が高まっているとの判断の下、国内業界、とりわけトヨタや日産に対し、対米投資を促し始める。また、米国製自動車や自動車部品の輸入増大の必要性にも理解を示すようになる。

同年五月に入ると、日本政府は、自動車部品関税を原則撤廃する方針を打ち出し、輸入手続きなどもいくつかの面で緩和を決める。

こうした動きに民間側も歩調を合わせる。四月、日産が米国内での小型トラック工場建設を発表、五月には、トヨタも対米工場進出の可能性調査を行う旨を決めている。米国製自動車部品の対日輸入促進にも着手し始める。

さらに、九月には、日本自動車工業会が、自動車の下半期の対米輸出台数を、上半期比約一〇％減とする、との輸出自主規制内容を公表している。

しかし、結論を先に記せば、こうした日本側の対応は、タイミングを外し、また、米国側関係者の要求レベルと比べて少なすぎるものだった。現実の困難が深まり、その困難度が対策のレベルを上回ってきていたのである。

一九八〇年も半ばになると、米国自動車産業の失業率は四〇％近くにまで達し、クライスラー社もデトロイト工場閉鎖を発表する。米国議会でも「米国自動車産業の国際経競争力促進のための共同決議案」が上院、下院で採択される。決議案は議会の意思の表明であって、法的拘束力を有するものではないが、それでも、この問題に関する意思が議会総体で行われた重みは、日本に大きな圧力を賦課するものであった。

かくして一一月、カーター大統領が再選に失敗した、それとほぼ同じ時期、ＩＴＣは注目の審判を下す。結果は、委員五名中、クロ判示が二名、シロ判示が三名。鳴り物入りの審判は、シロで決着したのであった。(21)

7　米国内での責任役の押しつけ合い

一九八〇年一一月の大統領選挙で、民主党の現職カーター大統領は共和党レーガン候補に敗退した。

この大統領選挙の後半期、日本からの自動車輸入規制問題は一挙に米国内の政治問題に変質する。大統領選挙という状況を活用し、前述したように、自動車関係者は民主党カーター政権に圧力を賦課し続け、対戦相手の共和党レーガン候補も、選挙戦の中で自動車問題にコミットを強めることになったからである。

たとえば、一九八〇年七月には、動かないカーター政権に業を煮やした下院議員達が「超党派自動車タスク・フォース」を結成し、ＵＡＷの提訴で稼働を始めた国際貿易委員会（ＩＴＣ）審議とは全く別に、行政府に市場秩序維持協定（Orderly Market Agreement: OMA）を結ぶ権限を付与する動きを顕在化させた。カーター政権が主体的に対日交渉を行おうとしないのなら、議会が能動的に動いて、そのための交渉権限を行政府に無理やりにでも付与してしまうぞ、との議会の意思の表明であった。

しかし、それでもカーター政権は動かなかった。米国自動車産業苦境の主原因が、日本側にではなく、米国側にあると理解していたし、何よりも大統領自身が、ワシントンを既得権益の牙城と見なしていたからであった。

とはいっても、自身の再選に黄色信号が燈りだすと、次第に日本側の輸出自粛を当てにする発言を口にし始める。(22)信念は曲げたくない。かといって、大統領選挙で負ければ元も子もない、というわけであろう。

一方、対立候補の共和党レーガン候補も、選挙対策上、自動車産業に理解を示す姿勢を明確にするようになる。具体的には、一九八〇年九月、選挙運動のためクライスラー社の工場を訪問、その場でレーガン候補は「米国の自動車産業が苦境から回復するまで、相手国に対米輸出を抑制させることは、政府の役割である」と、動こうとしないカーター政権を批判したのであった。現職の無策は、挑戦者にとっては格好の攻撃材料であったのであろう。

ここに見られる米国側の実相は、自動車関係者が、主因は相手国側ではなく自国側にあることを認識していながら、相手国（日本）側に自発的に輸出自粛させようとする。そのために、渋るカーター政権に交渉責任役を無理やりに担わせたい。しかし、そのような損な役回りを、カーター政権は引きうけようとしない、といった〝せめぎ合い〟の構図であったのではなかろうか……。

要は、いまだ自由貿易主義が盛んな政治風土の上で、〝相手国に輸出抑制を求める〟損な役回りを誰に担わせるか、米国議会とカーター政権との間で責任の押しつけ合いが行われていた、というところだろう。

一方、こうした状況を注意深く見守っていた日本側も、動くに動けない立場にあった。

現下、ＵＡＷや事後にはフォード社、さらにはクライスラー社が、一九七四年通商法二〇一条提訴をＩＴＣに対して行っている。

このエスケープ・クローズと呼ばれる条項は、外国製品の輸入急増が米国内産業に重大な損害を与えていることが判明すれば、大統領に、関税引き上げや輸入数量制限、あるいは、相手国との輸出自主規制交渉を行わせようとするもの。しかし、米国側関係者のこの提訴理由は、日本側には全くの事実無根と映っている。

日本の自動車業界にとっては、米国自動車産業の苦境は、あくまでも米国業界が引き起こした問題（ガソリン価格の高騰→小型車需要の急増→米国メーカーの対応不足）であって、日本車の輸入急増は原因ではなく、むしろ結果であった。

それ故、そんな事由の案件がITCで審議されている最中、いかに米国政府の間接的要請とはいえ、日本側が一方的に輸出自主規制措置を取ることは、「米国側提訴者の主張を認めることにも繋がってしまうが故に、とても飲めない」（川又日産会長：当時）、となる。

ここに見られる日本側の心情は、米国の政治（選挙基盤としての自動車産業保護）と政策（自由貿易の擁護）の狭間に、日本側を引きこんでもらっては困る、という困惑であり、また、米国側の建前（自由貿易）と本音（自動車業界保護）の立場の不調整を、日本側に移出し、それが故に、日本側にも建前（理の無いものに同意できない）と本音（大切な米国市場を守るためには自主規制もやむを得ない）の乖離ができあがってくるのは、何としても迷惑、といった不快感でもあっただろう。

しかし、政治というのは不思議なものだ。カーター大統領とレーガン候補の間での大統領選挙が終盤を迎え、現職不利の中で有権者の奪い合いが激化、それとともに自動車輸入規制論議も次第に過激化してしまう。

だから、そんな情勢下、ITCの判断がシロ、つまりは米国業界関係者の言い分には理が無い、と出ても、それで物事は収まらなくなる。要は、自動車輸入規制問題はもはや、行政判断の域を出て、米国全土を巻き込む政治問題化してしまったのである。

まして、そうした大統領選挙で現職が敗退したとなると、次期共和党レーガン政権に、日本からの自動車輸出を抑制する方向での問題解決を強いる、米議会からの圧力が強まるのもわかりやすい道理であろう。もちろん、こうした議会と行政府の〝権限と責任を巡るせめぎ合い〟は、権力の分散を憲法上の骨格とする米国政治にとっては、〝いつもついて回る宿命〟ともいうべきものだろう。

カーター敗退が決まった後、米国議会の動きは素早かった。

もはや、日本車の輸入規制に消極的な政権は退場が決まった。次期共和党政権に、発足前から圧力を賦課し、自動車問題取り組みへの再スタートをできるだけ強硬な立場から行わせる。それが、自動車産業を選挙基盤とする米国中西部選出の議員たちの一致した思惑であった。

一九八〇年一一月、本来はレームダックであるべき下院本会議が「日米貿易に関する議会決議」を圧倒的多数で可決したのは、まさにそうした思惑の発現であっただろう。また、下院貿易小委員会は、このタイミングで何をいまさら、と思わせるような、為にする「日米自動車問題に関する公聴会」を開催、誕生間際のレーガン次期政権と日本に対し、政治的圧力をかけ続けたのである。

そうした議会の過激な意思を抑えようにも、肝心のカーター政権はレームダック化してしまっている。つまり、自由貿易の立場から抑止をきかせる主体が完全にいなくなった、そんな権力バランスの空白期、米国政治の潮流は一気に対日強硬色を強めたのであった。

いずれにせよ、最大の市場である米国での、自動車問題のこの変質は、当然のことながら、日本にとっても、もはや、輸出規制を政治的に取り扱わねばならなくなったことを意味していた。

唯一、日本が自動車の対米輸出規制をせずに済むケースがあるとすれば、次期レーガン大統領の自由貿易思想や小さな政府を信奉する政治哲学が強力に発揮されるか、あるいは、米国景気が急速に立ち直り、自動車産業がその裨益を受けて、業績が急速に回復する場合であったろうが、現実には、そのような奇跡は起こらなかった。

それ故、誰もが予想したように、一九八一年一月に招集された第九七議会の自動車輸入規制導入への姿勢は、新政権への圧力誇示という意味合いもあって、極めて硬いものになってしまう。かくして、日本からの自動車輸入をいかに抑えるか、レーガン新政権は重荷を負った形で船出することにならざるを得なくなる。

8　レーガン政権下での取り組み

自動車問題で対日強硬姿勢を取らせるように、議会が先手を取って行政府側を追い込む。一九八一年の第九七議会開会に際し、議会指導部――とりわけ野党民主党指導部――は冒頭からこのようなシナリオを描いていたようである(23)。

こうしたシナリオに沿う形で、議会開会初日の一月五日、「大統領に外国政府と乗用車・トラックの輸入制限交渉を行う権限を与える」法案が、民主党議員の手で、上院、下院それぞれに提出される。

さらに二月に入ると、上院では民主党のベンツエン議員、共和党のダンフォース議員が「一九八一～八三年、日本製自動車に輸入割り当てを適用、米国への年間輸入量を一六〇万台とする」旨の法案を共同提案、下院でも上院案と同じ内容の法案が、これまた民主・共和両党議員によって提案される。

一方、米国自動車業界関係者も、このような議会の動きと歩調を合わせて、レーガン政権に、対日自動車輸入規制の導入に向け積極的アピールを行なうようになる。

具体的には、二月一四日、米国の自動車大手企業の首脳たちが連名でレーガン大統領に書簡を送り、「米国政府は日本政府に対し、責任ある国際行動を起こすよう促すべきこと……具体的には、しかるべき期間、日本政府に対米輸出を自主的に、かつ、確実に削減する措置を取らせること」を要請したのである。

このように圧力を畳み掛けられると、レーガン新政権としても何らかの対応措置を講じざるを得なくなる。その際の方向性検討の場となったのが、行政府内に設置された〝自動車問題タスク・フォース〟であった。

しかし、商務長官や運輸長官、通商代表、財務長官など、主要閣僚やホワイトハウスの主要アドバイザーを網羅したこの場では、市場主義を信奉するが故に輸入規制には消極的な意見と、政治的見地から何らかの輸入規制もやむを得ないとの現実主義的意見とが拮抗、一致した共通の方向性をなかなか描ききれない。

そうこうするうち、ベンツエン・ダンフォース法案を軸に、議会側からの輸入規制に向けた風圧が強まるばかり。

〝市場信奉・政府の市場介入拒否〟を売りにするレーガン政権としては、対応の方向性が決まらないまま、追い詰められる形で、結局はベンツエン・ダンフォース法案に拒否権を発動する羽目になることだけは絶対に避けたい。新政権が発足し、ハネムーン期が続くそんな状況下、自らの信条に反する輸入規制を自らが責任を持った形で導入するのは、悪夢そのもの。おそらくは、レーガン大統領や、彼を取り巻くホワイトハウスのアドバイザーたちが、一様に想い浮かべたのは、こうした最悪シナリオであったのだろう。

では、このベンツエン・ダンフォース法案に対し、どういった対応をなすべきか。結論を出したのは、レーガン政権内の政策サークルではなく、政治アドバイザーたちであった。

一般有権者の反応を一義的に考慮し、大統領の政治的立場を守る。そうした思考に凝り固まった、ホワイトハウス内の政治アドバイザーたち、具体的にはベーカー大統領首席補佐官（当時）やミース大統領顧問（当時）は、日本側に自主的に輸出自主規制策を取らざるを得ないよう仕向ける、そんな政治的対応を以って上策とする、そんな結論を出したのである。

前カーター政権が、議会からの風圧をむしろ抑える側に回り、対外政策的に自由貿易主義を守ろうとしたのと比べ、このレーガン政権のベーカー・ミース流の対応の方向性は、議会からの風圧をむしろ利用して、国内政策的には市場尊法にこだわりながら、対外的には、米国自身ではなく、むしろ相手国日本側の責任で事に処するように仕向ける、そんな政治的手法を採用したのである。

この策だと、米国内では自らの政治信念を損なわずに済む。また、議会の強硬姿勢とも根底に置いて協同できる。日本に対しては、一方では自由貿易を守るために協力せよと、世界第二位の経済大国（当時）の責任を問うこともできるし、また、その日本の市場が閉鎖的であるが故に、このような自動車問題が発生しているのだ、だから、日本市場を開放せよ、との論戦も展開できる。現実的困難を前に、自らの政治信条を形式的に崩さず、問題の発生原因を相手国側に転嫁する。これ以上に上手いやり方はなかったはずである。

いずれにせよ、以後の日米自動車交渉は、この米国のシナリオに沿って展開されていく。一方、日本側も、米国側のこうした姿勢変質に、次第に歩調を合わせ始める。

経済産業省や日本の自動車業界は、その時までにすでに、対米自動車輸出の実績が、少なくとも前年を上回らないよう、自粛措置を取っていた。言い換えれば、この既存措置を修正改良させながら、上手く延長させていけば、年間の対米輸出量も、前年一九八〇年実績並みに抑えられる、そうした輸出抑制のための基盤をすでに作り上げていた。また、その必要性に関する官民関係者の認識の一致も、基本的にはできあがっていた。要するに、問題が米国内で大きく変質し、政治化した、という認識は、日本国内でもすでに共有されていたのである。

それ故、両国の交渉上の基本課題は、日米関係の大元を損なわず、レーガン政権の立場を尊重しながら、なおかつ、日本側が自己の利益をいかに確保するか。また、それら諸点を、日米両国それぞれの官民関係者の微妙な利害錯綜状況の下、いかに合意の塔を積み上げていくか。これを譬えれば、ガラス細工の作成過程をなぞるような、詳細な打ち合わせが交渉の場を通じて実現し得るか、の点にあったように思われる。

かくして、日本の自動車輸出自主規制を巡っての日米通商摩擦交渉劇の幕が切って落とされる。

レーガン政権の達成目標は、日本の対米自動車輸出をできるだけ低い水準（そのためには、基準の台数を一九七八〜

七九年の平均に取る。具体的には、年間平均一五〇万台ほど。そこから交渉をスタートさせ、両国都合の良い台数で折り合う）に押さえ込み、しかも、この目標台数を担保するため、日本側には輸出自主規制を法的裏付けに基づく措置によって行わせること、と集約できようか……。

こうした目論見を胸に、米国側は、まず一九八一年三月、訪米を目前に控えた伊東外相に、前記内容のヘイグ国務長官のメッセージを届ける。

そして、実際に訪米した伊東外務大臣は、ヘイグ国務長官やブロック通商代表から、自由貿易を守るために日本政府の協力が要る旨の要請を直接に受け、さらに、レーガン大統領との会談では、大統領自身からも同じメッセージを、後日訪米予定の鈴木首相に伝えるように託される。

さらに米国側は、別途、通商代表補を日本に派遣、米国自らが行う自動車問題救済策を日本側に説明、暗に、この線に従って日本側の対策が打ち出される事を望んでいる旨、日本側に伝えてきたのであった。

そして、こうした米国のアプローチに対し、田中六助通産大臣が「米国政府の意向を組んで、日本は自主的に輸出規制を行うことにする」旨を公表する。(24)

いずれにせよ、こうしたやり取りを改めてトレースしてみると、交渉のキャッチボールがすでに始まり、早々と交渉の基礎土壌は固まっていたのだ、との感を強くせざるを得ない。残されたのは、規制枠や規制期間、規制実施に絡んだ条件整備といった詳細であった。

9　数々の問題

日本からの対米自動車輸出抑制を政治的に取り扱う。

米国側の目標は、日本側が輸出数量を年間一五〇万台に、法的裏付けある措置で抑えるようにさせる。日本側も、日米両国関係を大所高所から眺望し、規制台数が日本の自動車メーカーの米国市場確保に支障のない範囲内のものに留まるならば、交渉妥結に躊躇はしない。

要するに、こういったスタートラインから、両国の実際の交渉が始まったのである。

とはいっても、実際の交渉に入り、その詳細の詰めがすんなり進んだかと言えば、決してそうではなかった。交渉開始の政治的合意と、詳細の詰めの実務交渉とは、やはり基本性格が大きく異なる。実務交渉には現実という大きな制約要因がついて回る。しかし、それでもなお、交渉を開始する旨の政治決断は、その後の実務交渉にあたっても、決裂を抑止する大きな効果をもっている。指導者の政治的決断の意義は、それほどまでに大きいのである。

実務交渉においては、何よりも、年間の輸出枠で意見が大きく分かれた。

米国側の交渉スタートラインは年間一五〇万台。対する日本側の希望枠は一九八〇年度実績の一八〇万台。この三〇万台の違いを巡って、土産物屋の値切り交渉のようなやり取りが続いた。

落ち着いた先は、年間一六八万台という線であった。もちろん、足して二で割った、というのでは合理的説明の体をなさない。用いられた理屈付けは、一九七九年実績（一五五万台）と一九八〇年代実績（一八二万台）の平均、というものであった。それぞれの交渉当事者の背後には、数多くの関係者が控えている。譲歩するにせよ、妥協するにせよ、その彼らをも納得させる理由付けが必要なのである。

規制の期間については、日本側自動車メーカーたちは原則一年、という主張にこだわった。問題の根源は米国業界の需要変化への対応遅れにあるのであって、早晩、彼らは立ち直る。だから、輸出規制が当面必要だとしても、まずは一年やってみて、その時点でさらなる規制期間の延長が必要というのなら、その際には改めて検討すればいいではないか、というのが日本側メーカーの主張であった。

これに対し、米国側は三年の規制期間を要求してきた。

日本側の一年、という規制期間では、金融機関を説得できない。自動車産業に融資する立場の金融機関からすれば、輸出自主規制での猶予期間が一年しかないというのは、案にならずだと、米国は降りる気配が無い。

だから、この問題についても、実質的には、足して二で割るような、しかし、それとは違う理由付けでの決着が試みられた。それは、初年度の規制枠一六八万台の後、第二年度は規制枠を、一六八万台を基礎発射台に、第二年度の米国市場の需要増大に一定割合（一九七九～一九八〇年の米国市場における日本車の平均シェア：一六・五％）を乗じた数字を追加した数量とするというもの。

要は、第二年度、米国市場の回復度合いに応じて、日本車の規制枠も増加させるメカニズムを組み込んだ点で、日本側の主張を盛り込み、しかも、このように記すことで、規制が二年目にまで及ぶことを日本が承諾する、という形式となっている。

さらに、合意文言（一九八一年五月）には、三年目になおも規制が必要かどうかは、米国市場の動向を見据えて、第二年目の終期に検討する、とされた。この第三年目に関する取り決めは、日米の主張の折半といって良いだろう。加えて、合意には、「自主規制はいかなる事態が起こっても、一九八四年三月末を以って終わりとする」旨の文言すら付記された。

しかし、こうした実務の打ち合わせの結果、仮に妥協が成立しても、その合意を日本が一方的に実施する以上、米国側の独占禁止法に抵触する恐れはないのか……。この独禁法問題もまた、日米両当事者を悩ませるものであった。

日本側にしてみれば、米国側の強い要望で対応措置を講じてみても、それが米国司法当局に糾弾されるようなことになれば、立つ瀬もないし、国内政治的にも大問題になってしまうだろう。

では、この問題をいかに切り抜けるか。考え出された解決策は、米国司法当局から文書で抵触しない旨の文章を取りつけることであった。

具体的には、日本政府から米国司法長官宛に、今回措置実施に先立って、米国独禁法上どのような問題があるか質問する。この問い合わせに対し、米国司法長官は「問題なし」との返事を公文の形で発出する。

しかも、返事に際しては、ご丁寧にも米国司法長官は、「この米国政府の公文があれば、万が一、私訴がなされても、裁判上は十二分に、略式で対応できる」旨の解説までも付け加えてくれた(25)。

そもそも、この日米交渉は、形式的には〝交渉〟ではなく、〝決着を目指した折衝〟と位置づけられ(26)、妥協の実施も、米国側の事情を斟酌して、〝日本政府が一方的に実施する摩擦解消に向けた調整策〟だと説明されている。

ただし、そうはいっても、日本側はこの規制を、通産省設置法を根拠に行うメカニズムとして構築、各自動車メーカーに対米輸出枠を設定するとともに、米国側が当初から希望していたように、その順守が輸出貿易管理令による法的措置で担保されることに設えたのであった。米国司法省担当者の対応といい、日本の通産省担当者のメカニズム構築といい、どこの世界にも頭の良い人はいるものだ、と感心させられる。

さて、いよいよ、この折衝劇の最終決着という段取りになるわけだが、〝交渉〟そのものが政治劇であった性格を反映し、決着の仕方もどこか芝居じみていた。

まずは、日本の田中通産大臣が「日本は、自由貿易体制の維持・日米経済関係の一層の発展という大局観に立って、臨時異例の措置として、対米乗用車輸出自主規制措置を実施する」旨の声明を発出する(27)。

これを受け、米国のブロック通商代表が「日本側の輸出自主規制を、自由貿易体制維持のための、両国間の通商摩擦の賢明な調整措置と位置づけ、また、この措置は米国自動車企業が本来の競争力を回復するまでの過度的なものと言明、さらに、この措置で一時的に影響を受けるかもしれない日本車の米国内での売り上げも、早晩回復するはず」とのコメントを出す。

要するに、これら形式的やり取りを以って、日本の対米自動車輸出自主規制をも、自由貿易体制の維持という、共通の大義に向かっての両国の努力という政治劇に仕上げた、というわけだ。

しかし、一九八一年五月に合意に達した、この日本の対米自動車輸出自主規制は、当初の「一九八四年三月を以って終了する」との約束にもかかわらず、米国側の暗黙の要求を日本側が受け入れる形で、結局、一九九三年三月末まで、九年間も余計に維持される羽目となる。一体どういう事情があったのか、以下では、その間の事情を解説しておこう。

10　実質延長への途

記述すべきは三つの内容である。

一つは、三年を限度としたはずの自主規制の内容が、二年目にしてすでに変更を強いられた点。

二つは、一九八三年三月末に、第三年目の規制を行うかどうか、改めて協議するとなっていたのに、そうした協議もなく、日本側の一方的判断として三年目の延長が行われた。それはなぜか?

三つは、いかなる事由が発生しても、一九八四年三月を以って、終了するとなっていた輸出自主規制が、結果、一九八四年四月以降も、日本側単独の判断での事実上の延長・継続（一九九三年三月迄）となってしまったのはなぜか?

まずは第一の点から入って見よう。

輸出自主規制第二年目の輸出枠は、「二年目の米国市場での自動車需要予測に、一九七九〜八〇年の米国市場での日本車販売シェア（二六・五％）を乗じた台数を加味し、それが基準の輸出枠一六八万台をオーバーする場合は、そのオーバー分を、日本は規制二年目、一六八万台に追加して輸出できる」との同意趣旨が、結局は実現されなかった。

その未実現の詳細は以下の通りである。

第二年目（一九八二年度）の輸出枠をどうするか。米国商務省は一九八二年三月、八二年通年の米国乗用車需要見通しを九〇〇万台だとする予測を発表した。この予測を基に、第二年目の日本の対米輸出枠は試算すると、輸出可能台数は一七五万台強だと弾き出される。一六八万台比七万八〇〇〇台弱の増加である。

しかし、これに対し、米国議会が強く異議を述べる[28]。

その理由は、「たしかに一九八一年の米国内の乗用車需要は伸び、八二年もさらに増える見込みだが、問題は内訳だ。八一年の総需要八五二万台の内、米国メーカーの販売台数は六二一万台でしかなく、米国メーカーの販売実績は八〇年比で逆に約六％も減っている。つまり、総販売台数はたしかに増えたが、米国メーカーの車は、販売台数を落としている」というもの。なのに、なぜ、日本は輸出可能な車の台数を増加させるのか、というわけだ。

日本にとって、なによりも頭の痛かった問題は、当時の米国経済が不況下の金利高・ドル高で、米国の貿易赤字が急増、しかも、その赤字幅の過半が対日貿易赤字でもたらされていたことだった。

事実、こうした状況下、米国議会の対日風圧は強く、数多くの対日強硬法案が上院、下院に提出されていた。その代表例が、ローカルコンテンツ法案であろう。

米国内での組み立て生産に際し、使用される部品の一定比率以上は米国産でなければならないと規定する、この俗称ローカルコンテンツ法案は、米国内での保護主義の高まりに下支えされ、議会内で支持者を増やしていた。

要は、こうした議会内での保護主義の高まり[29]――それは経済困難に苦しむ米国社会のムードを代弁するものでもあった――を前に、たとえ日米両国政府の合意の上で創出されたメカニズムに沿う形であっても、それを形式的に援用して、日本が自動車の対米輸出台数枠を増やして良いものかどうか、ここには日本側独自の政治的判断が介入する余地が十二分にあったわけだ。そして、米国側も、日本側がそうした政治判断を行うよう期待する旨の、あからさまなメッセージを送ってきてもいた。

いずれにせよ、時の中曽根政権は、そうした政治的熟慮の結果、新年度が始まる直前の一九八二年三月、第二年目（一九八二年度）の輸出規制枠を、自動的に一六・五％増やすことはせず、初年度同様、一六八万台に据え置く決定を行うのである。そして、こうした判断には、二年目の自動車輸出自主規制を、枠を増やさずに延長すれば、米国議会で力を得ている諸々の保護主義法案成立を阻止することにつながる、との思惑もあっただろう。

二年目はそれでわかるとして、では、第三年目はどうなったか。

合意では、三年目（一九八三年度）にも規制が必要かどうかは、二年目の終期（一九八三年三月までに）に検討するとなっていたはずだったが……。

一九八二年の大半を通じ、米国経済の不況はいまだ終わってはいなかった。対日貿易赤字は増え続け、議会の保護主義はますます勢いを得つつあった。事実、一九八二年一二月には、下院本会議でローカルコンテンツ法案が可決されていた（上院では、結局、未採択）。

つまり、経済的にも、あるいは、政治的に見ても、三年目（一九八三年度）の規制も必要と判断される状況は確かに存在したのである。しかし、当初の合意では、延長するについては改めての協議で判断するとなっていたはずが、レーガン政権のブロック通商代表は、早々と自主規制の三年目は当然、さらには四年目（一九八四年度）に向けた延長すら日本側に要求してくるに至る。

こうした状況で、日本側中曽根政権の打った手は、当初の予定通り、自主規制は三年間で終了させるが、三年目（一九八三年四月〜一九八四年三月）の規制枠は、これまで通りの一六八万台に据え置いて延長させる、というもの。

輸出自主規制はＧＡＴＴ違反ではないが、その多用はＧＡＴＴの精神に抵触する恐れもあり、保護主義への道ともなりかねないので、基本合意通りに、三年で終了させる。しかし、規制枠そのものは、米国経済の現状に鑑み、一六八万台の水準に据え置く。

これで、自主規制といった変則的状況にも終止符が打てるし、米国側事情にも最大限配慮したことになるはずだ。この判断を下した山中通産大臣の胸中は、こうしたバランス感覚だったのではあるまいか……。

しかし、米国側の反応は違った。むしろ、輸出自主規制が四年目まで継続されないことを不満としたのである。

一九八三年にもなると、米国経済は好況に転じ、自動車業界も潤い始めていた。だからそれ故に、自主規制が外れて日本の乗用車が米国市場に急増することを恐れたのであった。そうなれば、米国内の保護主義の波は一層うねりの高いものになってしまう。ボールドリッジ商務長官などは、そうした政治的見地から、日本の自主規制延長措置のもう一年のさらなる延長を求めてきたわけだ。

ところが、日本側にしてみれば、米国自動車産業の急場を救うのが輸出自主規制のそもそもの趣旨のはず。米国自動車メーカーが十二分に潤い始めた今、なんで規制を続けなければならないのか。「緊急避難」的措置を講ずる理由もなければ、必要性もない。もし考慮する必要があるとすれば、それは米国内の保護主義への対応と戦うレーガン政権への後押し、という理由しか残らない。

つまり、ここに至って、日本の対米自動車輸出自主規制問題は、輸出自主規制という合意フレーム内での判断問題から、その基本性格が、フレームを超えての日米両国を巻き込む政治問題に、再び立ち戻ってしまったのであった。

そうなると、ここでまた、別の政治判断が入り込むことになる。

一九八三年一一月にはレーガン大統領の訪日が予定され、それにともなって日米の首脳会談が設定されていた。加えて、一九八四年（つまりは、実質的にいえば、協定四年目）に入ると、レーガン大統領は再選のための選挙戦に突入することになる。

日本の対米貿易摩擦はさらに増大を続け、その一方、同時進行中の日米農産物輸入自由化交渉は遅々として進んでいない。肝心の日本の自動車業界も、輸出自主規制を継続しても特段の不利益となってはいない様子。

こうした状況では、米国は大統領選挙を控えて、現職の政策批判につながる可能性のある貿易赤字問題は極力表面化、つまり、政治争点化、させたくない。

一方の日本側も、輸出自主規制を、合意上では撤廃できるからといって、撤廃してしまえば、逆に、対米貿易赤字問題が米国内で政治争点化しかねない。そうなれば、レーガン大統領再選の妨げともなる。それでは、譬えてみれば、わざわざ眠れる子を起こすような結果となってしまう。中曽根政権内部の判断は、おそらくは、そうした諸点を勘案しての実質的な規制継続に落ち着いたのではなかろうか……。

かくして、一九八三年一一月、宇野通産大臣とブロック通商代表との会談で、日本側は「現行の輸出自主規制は、当初設計通りに（三年終了の）一九八四年三月で終了させる。しかし、米国の景気回復下、日本の対米乗用車輸出が急増することを防止するための経過措置として、もう一年、つまり一九八五年三月迄、日本側が一方的に輸出自主規制を、従来通りの仕方で継続する。ただし、規制枠はこれまでの一六八万台から一八五万台に増やす」、という一方的決定を米国側に行ったのであった。形式で譲歩（自主規制の自己責任による延長）し、実質で実を取ろうとした（規制枠の大幅拡大）わけだろう。

11　輸出自主規制のその後

一九八四年一一月、共和党のレーガン大統領は民主党のモンデール候補を破って再選を果たす。

米国経済は好況を謳歌し、自動車産業の儲けも回復されている。三選の無い米国大統領にとって、これ以降は選挙を考えなくてもすむ。それ故、レーガン大統領は再選後初の大統領年頭一般教書演説で、「米国自動車産業は再生した」

と高らかに宣言し、これ以上の日本の対米自動車輸出自主規制は「日本政府の決めること」と突き放した言い方をするようになる。

しかし、下駄を預けられた日本側は、そうはいっても簡単に規制措置を撤廃できない事情を抱えていた。日本は米国との間で、マクロベースでの貿易黒字問題を依然抱えており、さらに個別セクターでも、電気通信、エレクトロニクス、木材、医薬・医療機器の四分野での構造協議を控えていた。米国は、これら四分野の日本市場を閉鎖的で、改革の要ある分野と位置づけ、厳しい姿勢で開放を迫っていた。そして、レーガン大統領自身、二期目就任直後、この四分野の市場開放と、日本の自動車輸出市場自主規制撤廃とは、最終的にはリンクづけて判断される旨のシグナルを、日本に送ってきてもいた。

もっとも、レーガン大統領自身は、一九八五年三月、「米国は自由で公正な貿易原則を追求する」として、「日本に自動車での対米輸出自主規制のさらなる延長を求めない」旨を公表した。したがって、これで、輸出自主規制も終わらせることができるか、と思われた。

しかし、日本側の懸念は払拭されなかった。たとえ、米国政府が日本の輸出自主規制撤廃を問題視しなくても、議会の保護主義者たちが、これを先途《せんど》の機会と捉え、貿易赤字のさらなる拡大や、自動車の対米輸出の急増、さらには、折から大きな関心事になりつつあった自動車部品問題などとの関連で、日本に厳しい法案を提起する可能性が大いにあったからである。

こうした状況に対し、日本側の打った手は、またも形式で譲歩し、実質で実を取ろうとするものだった。

村田通産大臣（当時）は、日本側が一方的に一年延長した自主規制を、その期限が切れる直前の一九八五年三月、「一九八四年度限りの経過措置として導入した八四年度の規制は八五年三月を以って終了させるが、同四月からさらに一年、規制枠を二三〇万台に設定した新たな一九八五年度規制を行う」旨を発表したのである。

形式では譲歩し、実質では実を取ろうとする（輸出可能枠を拡大する）。今回は、この日本の姿勢は米国側の怒りを買った。

米国内では、日本の対米輸出自主規制が外れれば、日本車の輸入台数が二二〇万台を超えるだろう、との見方が流布されていた。それが、あろうことか日本は、規制枠を前年度の一八五万台から二三〇万台に増やすと一方的に宣言し、しかも言い分として、〝規制を一気に撤廃してしまうと米国自動車産業が混乱する〟ので、自由貿易を守るため、あくまでも過度的措置として、もう一年、規制を継続する、と抗弁したのだった。

規制を撤廃しても、日本車の輸入需要は二二〇万台が上限と目されるのに、その数字を上回る二三〇万台に抑える、との言い分は何事か……。かくして、米議会はこうした日本の論理に、むしろ腹立ちを強め、対日姿勢の硬化を緩めようとはしない。

こうして、当初は〝最大三年〟と期間を切って導入したはずの日本の対米自動車輸出自主規制であったが、結局は、ずるずると一九九三年三月まで続いていく。

しかも、一九八五年度以降は、この規制枠組みから米国はさっさと一人降りてしまう。

しかし、かといって、米国政府が規制継続に全く無関心だったかというと、決してそんなことはなかった。いわば、自分に不都合なことがあれば、米国政府は日本に詰めよってくるが、規制が継続される限り、それは実質上、米国にとっても良いことなので、日本が勝手に決心してやっていること、と突き放して傍観の姿勢を取る。

そんなことがなぜ可能なのか。そこには米国特有の行政府と議会との役割分担が効いている。行政府と議会とがせめぎ合う政治風土の中で、行政府が議会の強硬姿勢をむしろ後ろ盾にして、交渉相手の日本に譲歩を求めてくるからだ。

日本のほうも、交渉案件が自動車問題だけであれば、レーガン政権と同じように、役割が終わった規制を早々と捨て去ることもできたであろう。

しかし、日本は自動車に加え、前述したような四分野でも対米交渉を余儀なくされていた。そして何よりも、マクロベースでの巨額の対米貿易黒字問題で、米国側からは「市場の閉鎖性故だ」と、攻勢をかけられていた。つまり、他の係争案件の事を考え、米国議会の保護主義ムードを勘案すれば、自動車分野での問題が相対的に少なくなり、仮にそれ単独では火種とならなくなったとしても、おいそれと既存の自動車輸出自主規制を終了させられなくなってしまう。

レーガン政権のほうから〝規制を撤廃してくれ〟と言ってこないかぎり、日本側の一方的措置だというものの、その規制措置を取り除けなくなってしまったのである。要は、規制継続が日本の一人芝居に変質してしまったわけだ。

譬えれば、米国政府は「自由貿易を守るためにはこれ以上の規制は不要」とばかり、さっさと舞台から降りて、残された日本が「米国政府はそういう、しかし、米国議会は違うことを考えている」、と妙に気を回している構図、といったところだろうか……。

米国議会の保護主義化、あるいは、対日硬化を阻止するためには、当面、日本が現存の自主規制を維持し続けるより仕方がないと考える。この日本の立場は、非難されこそすれ、誰からも称賛されない損な役回りであった。

紙数が尽きてきたので、では日本は損ばかりしたのか、答えは必ずしもそうではあるまい。以下に、その辺の事情を付記しておこう。

輸出自主規制は、時間の経過と共に、日本の自動車メーカーにとっては、商売環境の与件と見なされ始める。対米輸出を一定台数に抑えるというのは、日本車への需要が高い前提条件下では、そこから二つの方向性が導き出されることを意味する。

一つは、日本メーカーが、米国での現地生産で潜在需要を満たそうとする方向。二つは、規制枠を埋めるのに、できるだけ付加価値の高い車種を以ってしようとする方向である。

振り返ると、日本の自動車メーカーの米国市場進出の先鞭を切ったのは一九八二年のホンダであった。

同社は、まず自身が強みを持つ二輪車での進出を先行させる。一九七〇年代の半ば、二輪車での米国での現地生産を決めた同社は、一九七九年、オハイオ州で生産を開始、一九八〇年には乗用車の生産にも着手する。

もちろん、背景には、自動車を巡る日米摩擦があったことは自明だが、ホンダにとっては、摩擦対応での米国生産というよりは、二輪車から始めた米国生産の延長線上に、当然、乗用車生産も俎上に上がる性格のものだった、というのがより実態に近かろう。

次いで、日産が、一九八三年にテネシー州でトラック生産を開始、八五年には乗用車生産にも着手する。

トヨタの現地生産は、より慎重なアプローチで行われた。一九八四年、トヨタはＧＭとの合弁（New United Motor Manufacturing, Inc: NUMMI）による米国工場建設計画を発表、同年末には生産を開始する。さらにトヨタは、八六年、ケンタッキー州に単独進出の現地会社を設立、八八年から乗用車の生産を開始する。

そしてこの間、三菱自動車やマツダも、それぞれに独自の工夫を凝らして、米国生産への足がかりを確保、一九八五年には、それぞれが現地子会社を設立、一九八七〜八八年にかけ、その子会社のいずれもが現地生産を開始している。

以上、要するに、輸出自主規制によって、結果的には、日本の各メーカーは、それぞれに米国進出する必然性が生まれ、日本からの輸出から、徐々にではあるにせよ、米国での現地生産に軸足を移すことになった、というわけだ。

もう一点は、日本からの輸出車が小型車からより大型の、つまり付加価値の大きい、高級車に急速にシフトしたことである。米国内で小型車生産体制が次第に整えば、米国内の小型車需要はそこでの生産で間に合わせ、規制枠をもっと付加価値の大きい車種に振り向けるのは、経営の観点から見れば、至極当然の成り行きであっただろう。

かくして、米国内での生産能力が拡充されるにつれ、一九八七年度以降は、日本からの輸出規制枠を使い残すことが常態化し始める。輸出自主規制はこの時点で実効性を喪失したと解される。それ故、二三〇万台に設定された日本政府の規制枠も、一九九二年度には、かつての水準である一六五万台に縮小される。つまり、六五万台も枠が不要になったというわけだ。

規制が実効性を失っても、なお、制度化した輸出自主規制が生き残っていたのはなぜか……。これはこれで興味深い問題だが、おそらくは、この間に規制を軸に諸々の利益が生まれ、それが既得権益化していたためだろう。規制の導入・維持によって、米国内の乗用車価格が高止まりしたことは事実であり、この高止まりで米国自動車メーカーが多くの裨益を受けたこと。あるいは、米国の自動車メーカーは、日本の自動車メーカーと組んで、小型車生産で協同関係を構築できたこと等など……。

いずれにせよ、一九八一年から始まった日本の対米自動車輸出自主規制は、後年は制度は類似しているものの、異質のメカニズムとなり、結局、ＧＡＴＴのウルグアイ・ラウンド交渉の妥結によって、〝輸出自主規制〟という枠組みそのものの違法化という新しい現実が招来されたことで、漸く、終了させることができたのであった。規制というものが、政治的に一度導入されると、今度は政治的にいかに終了させるのに苦労するか、日本の対米輸出自主規制は、その教訓に満ち溢れているように見えてならない。

注

（1）吉田信美論文「グローバル化と自動車生産の変遷」『日本自動車工業会月報』二〇〇八年二月号。
（2）米国自動車産業発展に関しては多くの研究先例がある。本稿では、ヘンリー・フォードの伝記や米国調査会社の各種レポート等を参照に、自分なりに解説を試みてみた。
（3）鷲尾友春著『20のテーマで読み解くアメリカの歴史』ミネルヴァ書房、二〇一三年、二六八―二七一頁。
（4）前記（2）と同じ。
（5）日本自動車工業会資料、原出所は各国の自動車工業会資料。

（6）吉田信美論文、前掲、表六。
（7）吉田信美論文、前掲、表八。
（8）鷲尾友春著、前掲、三〇二頁。
（9）須田裕子論文「対米自動車輸出自主規制：レント・シーキングの理論による輸出自主規制の研究」『上智大学国際学論集』第一号、一九九三年、三四―三五頁。
（10）谷口将紀著『日本の対米貿易交渉』東京大学出版会、一九九七年、八八頁。
（11）小尾美千代著『日米自動車摩擦の国際政治経済学』国際書院、二〇〇九年、七六―八二頁。
（12）吉田信美論文、前掲、表一〇。
（13）小尾美千代著、前掲、七九頁。
（14）小尾美千代著、前掲、八三頁。
（15）カーター大統領就任演説、一九七七年一月。
（16）レーガン大統領就任演説、一九八一年一月。
（17）谷口将紀著、前掲、九〇頁。
（18）小尾美千代著、前掲、八一頁。
（19）谷口将紀著、前掲、九二―九九頁。
（20）谷口将紀著、前掲、九八頁。
（21）米国国際貿易委員会（ＩＴＣ）は定員六名。しかし、当時一名欠員が出ており、採決に加わった委員は五名であった。当該採決に関しては、共和党系の二名の委員はクロ、民主党系の二名の委員はシロ。中立系委員はシロの評決であった。こんなところにも、時の政権、この場合は民主党カーター政権の主張が、ＩＴＣ評決に反映されている、と記すことも可能かもしれない。しかし、現実はそれほど簡単なものではなさそうである。なぜなら、日本に強硬姿勢を取っていたのが、労組や自動車企業経営者たちであり、その意味では、労組の支持に依存する民主党議員たちの意向が、必ずしも民主党系委員の判断に影響を与えていないように見えるからである。
（22）谷口将紀著、前掲、九八頁。
（23）米国第九七議会の冒頭（一九八一年一～二月）に提出された自動車関連法案については、前掲谷口将紀著、前掲書、表二（一〇一頁）を参照のこと。当時、筆者もニューヨークに駐在し、そこから米国議会の対日強硬法案をウオッチしていた。その頃にさかんに名を聞いた米国の議員たちも、今や大半は引退してしまっている。これが歴史というものだろうか……。

(24)「対米自動車輸出自主規制に関する田中六助通産相声明」については、日本政治・経済関係データベース、東京大学東洋文化研究所田中明彦研究室編の『日米関係資料集　一〇四五—一〇九七』一〇〇一—一〇〇二頁参照。

(25) 谷口将紀著、前掲、一〇六—一〇八頁。

(26) 小尾美千代著、前掲、九七頁。

(27) 前掲「対米自動車輸出自主規制に関する田中六助通産相声明」は冒頭で、「日本政府は……臨時異例の措置として、……措置を取る」とし、「一九八四年三月までの三年間を限度として……講ずる」。また、ご丁寧に「措置は、如何なる場合においても一九八四年三月を限度として終了する……」、と強調している。しかし、現実は、一九八四年三月を過ぎてもなお、自主規制が延長されたこと、歴史が示すとおりである。

(28) 小尾美千代著、前掲、一〇八頁。

(29) 当時の米国議会でのローカルコンテンツ法案を巡る政治的動きは、明らかに対日圧力の色彩が強かった。筆者はニューヨークからこの状況を逐次東京に報告していたが、できるだけ米国の議員たちの思惑を中心にレポートしたつもりだが、そうした深読みレポート執筆者の目から見ると、日本の新聞の一面を賑わせたローカルコンテント法案関連のワシントン発の記事は、いたずらに危機感を煽るものが多かった。日米通商摩擦まっ盛りの時期の、筆者にとっては今は懐かしい思い出である。

第4章　日米半導体協定とその影響

米国の通商政策の変更、管理貿易、日本半導体産業の衰退の始まり

1　真空管からトランジスタへ

少しばかり専門外の話から入らざるを得ない。

電気の回路を構成している部品の一つ一つを素子（device）と呼ぶ由。

この素子には能動素子と受動素子の二種類があって、電子信号を増幅させる機能を持ったものが能動素子である。そして、トランジスタが一世を風靡する前、電気の回路を構成する、この能動素子として広く使われていたのは真空管であった。

半導体研究の生き字引とも言える菊池誠は、この能動素子の機能を、たとえれば、「これは人間の真空管が切れたら、増幅機能が全く停止する」ようなものと表現、「ハイテクの黎明期、真空管は全ての電気回路の中心的な存在であった」と実情を紹介している。(1)

真空管の重要性がトランジスタに取って代わられるきっかけになったのは、戦争であった。

戦闘場面を思い起こせば自明であろうが、エンジンの改良などで、戦闘機や爆撃機のスピードが急速に早くなる。そ

うなると、都市などを防衛する立場にたてば、今度は、スピードの速くなった飛行機を一層正確に探知することが要請され始める。それ故、その必然性の延長線上に、電波を使う技術の活用があった。レーダーの登場である。

しかし、飛行機に当たり、反射して戻ってくる電波は極めて微弱であり、実用のためには、この微弱な電波を増幅することが必要になる。かくして検波器が発明される。

当初の検波器は、天然の鉱石の表面にタングステンやニッケルの細い針を立てたものが使われたという。そして、この天然の鉱石に変わり、むしろ人工の結晶を使えば、より精度の高い検波器ができるはず。

こうした思索と研究のはて、使われるようになったのが初期にはゲルマニウムであり、次いでシリコンであったという。そして、これら結晶は、中ぐらいに電気を通す、という現象故に、文字どおりに半導体、と呼ばれるようになる。

回り道ながら、ここであらかじめ、なぜ、当初にゲルマニウムが使われたか、をも付記しておこう。それは、融点がシリコンより低く、実験するにせよ、働きかけるにせよ、シリコンよりは扱いやすかったからである。

かくして、以上のような思索と研究の流れの中で、〝真空の中での電子の増幅〟から〝結晶の中での電子の増幅〟へと、方向が固まってきていたわけだ。

こうした前提の上で、生じた事実関係だけを、以下に時系列に紹介しておけば、まず一九四七年一二月、米国AT&Tのベル研究所で、ウオルター・ブラッテン（Walter H. Brattain）たちがゲルマニウム・トランジスタを発明する。

このゲルマニウムを活用しての信号増幅実験成功を、ベル研究所は機密扱いし、対外公表したのは一九四八年六月になってからであった。おそらくは、この間、実験成功を研究所の内部で理論解析し、実験の確証を追求し、精度を高め続けていたのだろう。

さらに、一九四九年に入ると、同じベル研究所の中でウイリアム・ショックレイ（William Shockley）が、接合型トランジスタのアイディアを創案、一九五一年七月には、それを商用試作、一九五二年二月、同研究所は、この事実を公表するに至る。

しかし、結晶増幅についての、こうした情報が日本に届いたといっても、その商用試作を実現させる過程で必要だった諸々の付随情報までもが併せて伝えられたわけではない。それ故、初期の日本の研究者たちは、全てを一からの手探りで始めなければならず、こうした追試を試みさせたのは、ひとえに研究者の純粋な好奇心のみであったという。

そして、この追試の過程で次第にわかってきたこと、それはトランジスタの現象が認められるためには、結晶の純度が極めて高くなければならない、という単純な事実であった。しかし、この完璧な純度を作り出すことがまた難しい。

そもそも、半導体の特質は、一個の原子が一個の電子を結晶中に作り出す性質が〝敏感〟、であることだとの由。だから、この〝構造敏感〟を如何なく発揮させる環境こそが重要ということになるのだが、こうした初歩的理解を得るためにも、日本の研究者たちには、膨大な試行錯誤の過程が必要であった。

膨大な努力は技術を理解する段階だけに留まらない。

技術が生み出されても、今度はそれを商品化しなければならない。また、商品企画ができても、実際の生産段階ではそれ以前に倍加する努力が要求される。

再び、前記の菊池誠の著作を引用させてもらおう。

「トランジスタ誕生の後、米国では、四つの研究プロジェクトが組まれた。その四つとは、①半導体の物理的研究の深化、②トランジスタの性能の向上、③トランジスタ生産技術の深化、④真空管技術者のトランジスタ技術者への転換のための教育、である……米国では、大局から方針をたて、その方針に合った計画を作り、それを動かす手法が採られる」[2]。

こうした米国流に対し、日本のソニーの創始者井深大は「トランジスタでラジオを作りたい」と、そもそもの始めから宣言していたという。菊池は、このソニーの試みに関し、次のように記述する。

「大局から方針をたてる、米国の通念からすれば、未熟なトランジスタを、いきなり消費財に持ち込んで、ラジオ作りを考えるのは、夢に賭ける少年、のように見えただろう……（しかし）この違いは、実はかなり基本的な……社会の持ち味に関わる問題なのである……戦後の日本が、トランジスタでラジオを作ろうというような挑戦をしないで、米国と同じプロジェクトでゆっくりと構えていたならば、日本のエレクトロニクス産業はなかったし、その後の半導体摩擦も起こらなかったであろう……(3)」。

かくして、一九五三年中頃から、日本の企業は、トランジスタ・ラジオを作り出すという目標を胸に、まずはゲルマニウム・トランジスタの生産に力を入れ始めるのである。

再び菊池著の本からの引用である。

「社会全体として見たら、未だはるかに米国より低い水準にあった日本で、企業はトランジスタを消費財に取り入れることを真剣に進めて行く……技術自体は未だ拡がりと奥行きが大きく、日本の総合的な技術力はかなり低かった……ところが、トランジスタ・ラジオという目標が設定され、そこに活力が集中されたために、問題解決のための努力が実って行く。米国よりも先に答えを見つけたのである……(4)」。

ソニーがトランジスタ・ラジオを商品として市場に送り出したのは一九五六年のことであった。その後、日本のトランジスタ工業は急速に成長するわけだが、この分野での日本の急台頭を、先発米国はどう見ていたのか……。

最後もまた、菊池の本からの引用をお許しいただきたい。

「或る昼食会で、米国フィルコ社の社長が講演した……その中で、彼はこう言った……日本のトランジスタ生産量が、米国のそれを追い越すという。結構だと思う。何故なら、我々は、生産量に応じた特許料の支払いを受け取ることになるのだから……其れを基にして、また次の時代の新しいデバイス、新しい技術を我々の手で作り出せばよい……(5)」。

そして一九五九年、日本はゲルマニウム・トランジスタの量産で、先進米国を追い抜き、世界一の生産国となるのである。

2　トランジスタから集積回路（IC）へ

生まれたばかりのゲルマニウム・トランジスタは周波数も貧弱で、電力もわずかしか扱えない代物だった。ところが、ゲルマニウム・トランジスタの研究が進むにつれ、次々と新しい原理や現象が発見され、使い勝手の良いものに改良が積み重ねられ、処理能力も格段の進歩を示すようになる。

たとえば、半導体としての特性が、作られた直後と、時間を経てからと比べほとんど変わらない、つまりは、性能が変わらない、そんな長持ちさせる技術も開発されていく。詳しくは立ち入らないが、メサ・トランジスタからプレイナー・トランジスタへの発展がそれである。

そして、この技術のメサ・トランジスタからプレイナー・トランジスタへの移行の過程で、半導体の神様ショックレーの部下たちが、その神様に造反する形でフェアー・チャイルド・セミコンダクター社を創設、プレイナー・トランジスタを軸に新規商売分野を開拓していく。今に伝わるシリコンバレーの発祥物語がこの頃から急に彩りを増すわけだ。

いずれにせよ、メサとプレイナー、二つのトランジスタの違いは、前者が酸化膜の機能を活用せず、後者は活用する。つまり、後者は、化学的に安定しているシリコンの酸化膜を製造過程に取り入れており、それ故、この素材を基盤とする半導体は、電気に対して絶縁機能を有することになる。(6)要するに、この酸化膜が表面を覆っていれば、浸蝕作用が起きないのである。

その結果、技術や素材の変化という観点からいえば、基盤となる固体がゲルマニウムからシリコンに取って代わられるようになる。また、そのシリコンを使うにしても、それを部品として使うというよりは、回路そのものとして使う、そんな技術進歩も発生してくる。集積回路（Integrated Circuit: IC）への昇華であった(7)。

集積回路では、シリコンの上に、トランジスタを始め、抵抗などの各種部品を作りつけてしまう。言い換えると、回路そのものをシリコン結晶の中に組み込んでしまう。

そうなると、数多くのメリットが生じてくる。たとえば、全てを小さな個体の中に組み込むわけだから、その中で処理する信号の処理も極めて効率が良くなる。あるいは、個体に組み込むのはまとめて一気に処理しなければならないから、その技術さえ確立されれば、一度に大量に生産することも可能になる、といった按配。

こうした特質を有する集積回路の発明の歴史の中で、際立った地位を占めるのがジャック・キルビー（Jack Kilby）であろう。

彼は、テキサス・インスツルメンツ（ＴＩ）社で、シリコンの板の上に、二つの対称的なトランジスタを作り、これにいくつかの部品を作りつけて、いわば、部品を付け加えるのではなく、各種部品をそのまま回路にしてしまう形の革新を実現、一九五九年、歴史上初の集積回路に関連した特許を取得している。

こうした最新技術の発展を横目に、日本はその頃、トランジスタの分野で素材を次第にゲルマニウムからシリコンに切り替え、量産化を目指して生産技術の改善に励んでいた。結果、一九六〇年代初頭には、シリコン・トランジスタ生産の分野でも、日本は世界最大の生産国の座を確保するに至る。

しかし、日本がシリコン・トランジスタの生産で群を抜き始めた頃、先進の米国はすでに集積回路の時代に入り込んでいた。前記ＴＩ社でキルビーたちが集積回路を発明したとはいっても、その発見そのものが世間に伝えられ始めるまで、一年近くも時間がかかっている。

要は、会社として、この新発見を企業秘密扱いにしたのだろう。そうした新規発明や知識が日本に伝わるにはかなりのタイムラグがあったと言わねばなるまい。言い換えると、この頃までは、米国は技術の点で、日本をはるかに凌駕していたのであった。

歴史的事実を紐解けば、日本がシリコン・トランジスタの生産で世界に台頭したまさにその年、つまり一九六〇年、キルビーはその日本に、集積回路の特許を申請、承認を受けているが、この事実は、米国がいかに集積回路分野で日本に先行していたかを、直裁に示すものに他ならない

一枚のシリコン・チップの上にいくつの部品が載せられるか、集積回路の歴史を見ていくと、この乗せられる部品の数が等比級数的に増えていく。一九六五年には、前記シリコンバレーのフェアーチャイルド社のゴードン・ムーアー(Gordon Moore) が、この現象を捉え、「集積回路の素子数は一年ごとに二倍になる」と指摘する。(8)

こうした中、一九六五年以降、日本の半導体メーカーも、米国から集積回路の技術を積極的に導入、それらに独自技術を加味し、集積回路の量産体制整備を本格化させていくのである。

もっとも、ここで注記しておくべきは、当時の日本の半導体メーカーが、総合電機メーカーの半導体部門という形で存在していたにすぎず、後年のような半導体専門の生産企業はいまだ存在していなかった点である。それ故、そうした総合電機メーカーは、自社製品に搭載する目的で米国から半導体技術を輸入し、あるいは、場合によっては、半導体そのものを輸入していた。

だから、一九七〇年に入っても、世界の半導体（集積回路）の最大供給者は、第一位がＴＩ社、第二位はモトローラ社、第三位はフェアーチャイルド社で、日本の各電気メーカーは米国から集積回路を輸入し、それを基軸部品として製造に組み込んで、最終製品を市場に出荷することに注力していた。(9)

しかし、そうした集積回路を海外に依存する体制も、次第に修正されてくる。一九七〇年代中頃から、日本の総合電機メーカーが、使用する集積回路を米国からの輸入品から、自社生産品に切り替え始めたからである。

こうした傾向は、貿易面では、米国からの輸入集積回路の減少となって現れる。

それまでの日本は、半導体の輸入に一定の枠をはめていた。国内需要の全量を輸入すれば、国内での集積回路技術の向上や国産化への道のりが見えてこない。それ故の、輸入制限であった。

ところが、各メーカーが、自社製の技術を――それが米国から導入されたものであったとしても――発達させ、自社生産用技術を装備し、実際に自社生産する体制を整え、その分、米国からの集積回路輸入が減少したわけだから、この段階まで来ると、もはや、集積回路などの半導体に一定枠の輸入規制をかけておく必要性もなくなる。一九七四年、日本が米国からの圧力もあって、集積回路の完全輸入自由化に踏み切ったのには、このような背景も大きく作用している。

話を少し迂回させてみよう。

日本の集積回路に関する知見や技術が、本格的に飛躍し始めたのは一九七〇年代の半ば以降であった。その際、発揮されたのは、トランジスタ黎明期に、いきなりラジオに焦点を当てて、その生産に全ての英知とエネルギーを集中させたやり方と同じであった。

もっとも、ゲルマニウム・トランジスタ時代にラジオへの応用を主張して日本全体をその方向に引っ張った、そのソニー創業者の井深社長の役割を、今回は、通産省（現経済産業省）が、官民の知見を集約して、達成すべきある技術目標を設定することで果たしたのであった。

あえて、両者の違いを取り上げれば、前者では開発すべき〝商品〟がはっきりとイメージされていたのに、後者では達成すべき〝技術〟のイメージをはっきりさせていた点であろう。当時の資金で約七〇〇億円を投入することになる超ＬＳＩ計画は、このようにして策定され、実施に移されていったのである。

この違いに託《かこつ》けて、もう一点、ここで付記しておくべきは、超ＬＳＩ計画での、達成すべき技術イメージを先行させ、その技術が開発された暁に、応用すべき商品イメージを描く、極論ではあるが、こうした商品イメージを開発技術に追随させるアプローチが、その後の日本の半導体産業の発達にも大きく響いてくること、後述の通りである。

3　超ＬＳＩ計画

一九六〇年代半ば以降、集積回路に関連した技術の積み上げとその開発のスピードは、日進月歩の観を呈し、その進歩とともに、半導体の呼ばれ方も、ＩＣ（Integrated circuit）からＬＳＩ（Large Scale Integration）へ、さらには超ＬＳＩ（Very Large Scale Integration）へと、変更され続ける。

呼称の変更は、集積回路の性能の急激な向上、つまりは、メモリーの高集約化と微細加工技術の、両面の進歩を意味していた。そして、日本の集積回路のこのような発展経路の中で、ＬＳＩ→超ＬＳＩへの飛躍に決定的な役割を果たしたのが、通産省（現経済産業省）が音頭をとった超ＬＳＩ計画であった。

技術の進歩が、いまだ海の物とも、あるいは、山の物ともわからない中、どういった方向性に可能性があるか、その将来の方向を特定し、関係者の間で共通認識を得るか、言うは易いが、実行するのはそれほど簡単でない。

しかし、日本の超ＬＳＩ計画に関しては、そうした専門家の間での共通認識を得る過程が簡単に実現した感が強い。それはどうしてなのか。なぜ、この超ＬＳＩなる概念が、日本の集積回路の将来発展計画の中心軸の座を、かくも簡単に、占めることになったのだろうか……（当時の日本の半導体産業の売上高は一六〇〇億円強。そこに、七〇〇億円もの研究開発資金が投入されたわけであり、官民がいかに半導体産業の命運をこのプロジェクトにかけていたか、わかろうというものだろう）。

このプロジェクトに関して、嘘のような真の話があったという。

再び、前記菊池の説明を引用させていただく[10]。

「何故、日本に超ＬＳＩに力を入れようとの強い推進力がはたらいたのだろうかというと、米国にそのような大計画が始まっている、という情報が流れたためだった……ＩＢＭ社で、フューチャー・システムズという名前のプロジェクトが始まった。この計画によると、目標として直径三〇センチメーターのシリコン盤に、集積回路を作り、それだけで大型コンピューターに相当する機能を実現させる、との情報が日本を駆け巡った」。

要は、「巨漢米国が、とてつもない機能を持った集積回路の開発を計画中」という、誇大ともいうべき情報が日本に伝わったのである。

その結果、詳細はともかく、この情報に、米国にライバル意識を持ち始めた日本の官民が、ある意味、過大反応し、対抗上、官民あげての国家計画ともいうべき超ＬＳＩ計画を作成、実施するに至った、というわけである。

だから、米国が策定中と噂される集積回路の将来方向性をなぞった形で、同類の計画が日本にも必要とばかり、役所がその方向に走り、総合電機メーカーも乗り遅れるなと、この計画に協力するようになっていく。

つまり、ある意味、この日本の計画は、巨漢米国の影に怯えた動きであったのかもしれないが、そうした経緯は別として、兎にも角にも、日本の総力を挙げたものとなり、事実、この路線に乗る形で、日本の集積回路を軸とする半導体産業が、一気に先達米国を追い越す形勢ができあがってくる。

この話にはオチがある。菊池の説明によると、日本が官民あげて、超ＬＳＩの関連技術開発に総力を集中する様を見て、米欧の関係者は「日本では何故、皆揃って、ＬＳＩから超ＬＳＩへの道を走りだそうとしているのか、と訝り……日本は超ＬＳＩを発展させて、それによって何をしようとしているのか」を知りたがったとのこと。[11]

さらに菊池は説明を続ける。ヒューレット・パッカード社の研究者だったイーゴン・ロウブナーという人が、「僕はフーチャー・システムズというプロジェクトが当時のＩＢＭに実際あったことを突き止めたのだが、それはトランジスタにも集積回路にも、何にも関係ない、全くつまらないプロジェクトだったよ……ＩＢＭには、フーチャー・システムズという超ＬＳＩのプロジェクトがあったかどうか……今では、そんなものがなかったことがはっきりした……」と述べたというのである。

仮に、この裏話が本当であったとすれば、日本の国家プロジェクトは、まさに瓢箪から駒の成果を生み出したことになる。菊池は、この超ＬＳＩ計画は、日本にとって、幸運だったのは、その目標の設定のされ方がどのようなものであったにせよ、〝その技術自体こそが、エレクトロニクスのさらなる発展にとって、不可欠の、最も重要な骨格であることが判明してきた〟ことである、と結論付けている。[12]

いずれにせよ、日本は技術研究組合という法的フレームを使って、想定以上の（むしろ想定通りの、というべきか）大魚を釣ることに成功したのであった。

日本の技術研究組合は一九六一年に制定された鉱工業技術研究組合法（その後、二〇〇九年に技術研究組合法に改正）に準拠するもの。民間の共同研究の促進に最も適した組織を設け、鉱工業技術の向上を図るのがその目的とされ、概念そのものは英国の研究組合（Research Association）制度を範としている。[13]

かくして、超ＬＳＩ技術研究組合（一九七六〜一九八〇年）は、工業技術院電子技術総合研究所と富士通、三菱電機、東芝、日立、ＮＥＣが共同研究する場を提供することになる。従来は競合の関係にあった民間各社が、一つの分野で共同研究に勤しむ。持てる知識をフルに出し合い、得意分野を披歴し合って、日本メーカーの総力戦の形で新技術開発を実現させる。しかし、この目的を達成するためには、数ある研究の方向性の中から、どの方面にフォーカスを当てるか、それが問題であった。

紆余曲折の結果、この技術研究組合は、超ＬＳＩ製造装置の開発と、超ＬＳＩの素材たる良質のウエアーを生み出す技術の開発、の二つに研究テーマを絞り切る。[14]そして、この二つは、結果として、次世代の集積回路技術で日本が先進米国を凌駕するための決定的な武器を供与してくれることになる。

もっと具体的に記せば、一九八〇年代半ばまでに、この研究成果の活用によって、日本は超ＬＳＩの製造装置と材料の両面で、世界をリードするようになっていく。世界の半導体生産分野で、ＮＥＣ、東芝、日立が上位三社を占め、その他、富士通、松下、三菱電機も上位一〇位にランクインする時代が始まったのである。

とはいっても、好事魔多し、の喩えもある。成功の足元に将来の禍根の種も芽生え始めてくる。

日本の官民あげての超ＬＳＩ開発に向けた、総力を動員しての〝集中〟は、米欧の関係者を驚かせるとともに、同時に、彼らに脅威感をも植え付けるようになる。

数年後には、米国や英国、フランスやドイツなどが、日本の成功事例を見習う形で、次々と超ＬＳＩ開発計画を打ち出すようになる。しかし、超ＬＳＩの技術開発分野への、こうした諸国の競争参入があっても、世界の集積回路市場のシェア占有の面で、日本が技術開発で四年先行した事実が決定的に優位に働くことになるのであった。

日本の半導体産業が上昇に向かい、そこに官民あげての総力〝集中〟が実現されたのを目のあたりにして、米欧の先進諸国は〝日本の侮り難さ〟を知る。そして、そこに、米国の半導体企業の苦境が重なり合って発生する。

苦境の原因には、時のレーガン政権のマクロ経済政策の悪影響と個別企業のミクロ経営の失敗の二つが同時に作用していたように思われる。この二つの複合効果によって、米国経済・産業の構造が変質し、産業の空洞化（Hollowing）や貿易赤字の恒常化が顕著になってくる。

それ故、以下では、日米半導体摩擦が演じられることになる舞台をもたらした要素としての、一九八〇年代前半のレーガン経済政策と、そうした状況下にあった、米国の半導体産業の大まかな概観を試みておこう。

4　一九八〇年代前半の米国経済

米国の経済・産業構造は一九八〇年代前半に大きく変質した。

第二次世界大戦後、世界経済の頂点に立った米国も、一九六〇年代のピークを境に、七〇年代に入ると、その地位を相対的に低下させる[15]。

六〇年代に西側の盟主としてベトナムに本格介入してしまったこと。その挙げ句、対外的にはベトナム戦争継続と、対内的には〝偉大な社会〟の達成を、同時並行的に追い求める政策を展開せざるを得なくなったこと。

こうした〝オーバー・リーチ〟の果てに、米国経済は次第に物価上昇と失業増大に苦しみ始め、産業は対外競争力を弱体化させていく。一九七三年にニクソン大統領がとった、ドルと金の交換停止（金為替本位制からの離脱）やベトナム和平の決断は、米国の置かれたこの環境に強いられたものだった。

加えて、七〇年代には、二度に渡る石油ショックが米国を襲う。

その結果、さらなる物価上昇と失業率の増大が米国社会の常態となってくる。この二つの指標の組み合わせが年とともに上昇する、いわゆるフィリップス・カーブが経済学者の口から多用されたのも、こうした時代状況故であった。

一九七七年、カーター大統領が、その就任式での演説で、「（米国のような）偉大な国でも、為せることには限界がある」と述べたのは、今から考えると、当時の米国を支配した、この社会風潮を直裁に反映したものだった。

しかし、米国の有権者は常に明るさを求める。ところが、カーター政権は、有権者のそうした期待を満たせない。フィリップス・カーブが上方にシフトする。つまり、インフレと失業が社会から明るさを失わせ続ける事態を、カーター政権は是正し得なかった。さらに、折からのイラン革命に伴う米国大使館占拠事件への対応の無策ぶり。

一九八〇年の選挙で、挑戦者たる共和党レーガン候補が、「貴方の生活は四年前と比べて良くなっているか」と有権者に問いかけ、現職カーター大統領を破ることができたのは、ひとえに、この社会のムード故であったと言ってよかろう。

そのレーガン次期大統領が、就任直前に、米紙ウオール・ストリート・ジャーナルに「八〇年代の政府と産業」と題する投稿を行っている[16]。そこで主張されていたのは次のような内容であった。

「……一般有権者は遂に、政府のあくなき資金吸収本能と歳出増大指向とが慢性的インフレの基本原因であることを理解し始めた……蜘蛛の巣のように張り巡らされた法律や規制が、政府の租税政策と相俟って、民間部門の資本形成を阻害し、米国の生産性の基礎を掘り崩すことになった……」。

「……政府といえども、それが統治するその他の社会構成部分よりも賢明であるわけがない。これが私の基本的現状認識であって、統治者が被統治者より賢明であるなどとは信じられないのだ……」。

このレーガン哲学は、一九八一年一月の大統領就任演説の中で、極めて明確に宣言される。曰く、「政府こそ諸悪の根源であって、問題解決の手段などでは決してない（Government is not a solution, but a problem)」。

かくして、この哲学は、レーガン大統領の経済政策、つまりはレーガノミックスの中で、具体的な政策として打ち出されていく。その内容は、①大幅な歳出削減、②減税、③規制緩和、④予見可能な金融政策、の四本の柱から構成されていた[17]。

就任初年度、いまだ議会との蜜月が続く間に、共和党レーガン政権は、下院で民主党が多数を占める状況下、民主党南部保守派を同党主流派から切り離す形で味方につけ、①の大幅な歳出削減と、②の減税を勝ち取ることに成功する。レーガン政権で行政管理予算局長を務めていたデイビッド・ストックマン自身が、そのメモワール[18]で「事前に想定していた以上の歳出削減幅・減税幅を大幅に上回る」、と驚くほどのビッグ・ウインであった。

しかし、この民主党議会との対決での勝利の結果、レーガン政権下、米国の歳出・歳入は共に急縮小する。七〇年代を通じて肥大化してきたインフレ体質の下で、失業率の増大を示しつつあった景気は、この財政の急収縮で、一気に冷やされてしまったのである。

結果は、景気不振、それ故の歳入の更なる低下→財政赤字の急拡大→公的資金需要が民間の資金需要を市場から締め出すクラウディング・アウトの発生→金利の上昇→高金利を求めての海外資金の流入→ドル高、の連鎖であった。

そして、こうした経済・経営環境悪化に対し、米国の製造企業が取り得た手段は、需要急減への対応としての供給能力の大幅カット、つまりはリストラの敢行と、ドル高を活用しての海外投資、つまりは海外への生産能力の移転であった。要は、マクロ経済政策が産み出した〝不況、金利高、ドル高〟という三重苦に、米国企業は必死に対応したのであって、その結果、米国の製造業は急速に空洞化してしまうのである。

さらに、悪いことに、ドル高が米国産業の輸出価格競争力を大幅に削ぐことになる。

それ故、米国の貿易収支は赤字が常態となり、ここに財政収支も貿易収支も共に赤字する（双子の赤字）、という事態が出現する。

世界には、その米国と全く逆の方向を向いていた国が存在していた。日本である。

一九八〇年代前半、日本経済は依然として、投資と輸出を両輪として、高成長を謳歌していた。簡単に言えば、米国産業が国内不況のため必死でリストラ、つまりは生産能力を削減していた頃、太平洋を挟んで日本の製造業は、むしろせっせと設備投資に励んでいた。

米国は、設備を削減し、投資を海外に向けている。他方、日本は、設備投資を増加させ、生産設備はますます近代化し、生産効率は高まり、輸出供給能力は増え続ける。(19)

問題は、一九八二年一一月を底に、米国経済が急速な景気回復、しかも、この回復が戦後最長の期間と称される程、長続きしたことから惹起された。

大不況から長期好況への、このドラスティックな展開は、米国と日本のパーフォーマンスの面で、劇的な結末を用意したのである。その過程を具体的に見ておこう。

前述したように、不況下、米国の企業は急縮小した需要に適合させるため、国内の生産能力を大幅に削減していく。しかし、米国の景気は、米国企業が供給能力を削減し切った頃、皮肉なことに、今度は、急速に回復に向かうのである。そうなると、供給能力を大幅に削減し切った米国の企業は、急増した国内需要に対応できず、その間隙をぬう形で、この間、生産能力を増強し続けていた日本の製造製品の米国市場進出を易々と許してしまう。日本の工作機械や農業機械、食品機械などは、こうして米国市場で大きなシェアを確保することになる。

統計をチェックしてみると、米国の主力輸出商品、たとえば鉄鋼の貿易は八〇年代になる前に、すでに赤字化していたが、工作機械や農業機械などの、当時は産業のコメと見なされていた機械類商品は、八〇年前半に軒並み商品別貿易収支を赤字化させてしまうのである[20]。

レーガノミックスという、マクロ経済政策によって、企業の経営環境が激変、その変化への対応を企業が形振り構わず取って行った結果、米国製造業の輸出競争力が弱体化する。

そして、この米国経済の貿易赤字化が、産業関係者の心理を保護主義の方向に大きく傾かせることになったわけだ。マクロ経済政策が企業の経営環境を激変させ、その結果、企業の行動が経済全体の体質を大きく変えてしまう。マクロ経済政策が企業の経営環境に与えた影響を、これ程端的に示す歴史上の例は、それほど多くはないかもしれないが、少なくとも一九八〇年代前半の米国には、そうした最適の例が見受けられるのである。

さらに、ここではもう二点、レーガン不況の齎した産業界への影響を付記しておかねばならない。

その第一は、不況の深化に伴って、製造業の雇用が失われ、景気が回復しても、当該分野の雇用が以前の水準まで戻らなかったこと。つまり、景気回復による雇用の増加は、製造業ではなく、もっぱらサービスや金融分野で実現したこと。要は、大不況は米国の産業構造を大幅に再編させたのであった。

第二は、製造業分野では、景気が回復した時点で、再雇用ではなく、もっぱらハイテク化によって、生産性上昇が果たされることになったことである。不況を介して、米国産業の雇用構造が変わり、製造業のハイテクが進んでいった様が、こんなところにちゃっかりと顔を出しているのである。[21]

5　一九八〇年代前半の米国半導体産業

一九七〇年、世界の半導体市場の規模は、日本円にして八七〇〇億円程度であった。それが一〇年後の八〇年には、三兆五〇〇〇億円程度にまで、四倍にも膨張している。これは言葉を変えれば、それだけ各産業分野で生産効率を挙げ、機能を高め、形を小型化し、延いては新製品を生み出すなどのために、半導体、とりわけ集積回路が、製造業の必須の部品として、多用されるようになっていたわけだ。

ただ、注意しておくべきは、世界の市場といっても、最大は米国で、日本の市場規模は、八〇年になってもいまだ世界全体の四分の一程度に留まっていた点である。つまり、米国が世界市場の過半（五〇％以上）を占めており、その米国市場では、依然として、米国メーカーが優位を占め続けていたというわけだ。

そんな米国に比べ、日本市場では、コンスーマー・エレクトロニクス製品を製造する日本の総合電機メーカーなどが、ＶＴＲ、ＣＤ、テレビゲームなど当時の新製品開発を活発化させ、結果として、それらの商品に使われる集積回路を、自社内で生産して需要を満たしていたのである。これに対し、米国では半導体を専属で生産・販売するメーカーが中心であり、要するに、半導体産業の基盤が米国と日本とでは、全く違っていたわけだ。

それ故、世界の半導体の供給メーカーということになると、上位三位はＴＩ社、モトローラ社、フィリップス社が占め、この三社の独占体制は一九七五年以降八〇年代初頭まで変化はなく、日本メーカーは、世界のトップ一〇には顔を出せてはいなかった。

その理由を繰り返せば、ひとえに、日本の半導体製造業が、総合電機メーカーが製品を作るための必須部品として、自社内で製造する、いわば、自社内の半導体部門という位置づけであったが故であり、自社用需要を満たすための、自社内生産、という枠内での存在に留まっていたためであった。

さらに、もう一点、ここで言及しておかなければならないのは、こうした日本独自の生産事情に加え、米国の集積回路分野では、軍需の比率が高かったことであろう。

この事実が、八〇年代初頭の世界市場に占める米国メーカーのウエイトを高めていたし、日本メーカーのシェアが低かった理由の一つでもあった。さらに、半導体が軍需に多用されていたが故に、後日、八〇年代半ば以降のこの分野での米国メーカーのシェア喪失が、米国の安全保障問題と絡まることにもつながっていくのである。

いずれにせよ、これ以降、本稿では、こうした両国の背景事情の違いを前提に話しを続けることにする。

日本の超ＬＳＩ計画の成功は、米国の半導体業界に衝撃を与えた。

日本の各メーカーが、この計画の成果として、メモリー容量を増幅させ始め、また、最先端製造プロセスをも実用化し始めると、米国業界にはまず、半導体関連技術の発展に日本方式が有効で、米国も見習うべき、との論が台頭する。そして、そうした意見を実行に移すべく、米国半導体工業会（Semiconductor Industry Association: SIA ）が創設される。

それ故、米国半導体工業会は当初、日本の超ＬＳＩ計画に関する報告書を米国政府に提出し、米国内での半導体技術発展に向けた産学連携の必要性を提唱するなど、シンクタンク的機能を軸とする活動を行っていた。

一方、米国の半導体メーカーは、共同研究というスタイルに必ずしも馴染んでいなかったので、各社それぞれの技術開発の成果を、業界としてのディファクト・スタンダード化するため、今でいうオープン・アーキテクチャー指向の成果普及も試みられ始めていた。そうすることで、新開発技術への需要を集約し、その技術を使っての製品需要を最大化しようとしたのである。

こうした方式で、業界に拡散し、共通化した技術には、たとえばインテル社の16ビットのMPU（Micro-Processor-Unit）がある。これは一九七九年に同社が開発、その詳細が広く開放されたため、一九八二年に至りIBM社のパソコンで採用され、その結果、IBMパソコンと互換性がある他社機種にも採用されることになった。

集積回路の需要は、日本では、VTRやCDなど民生分野での多くの新商品の登場によって、ますます拡大していった。一方、米国では、パソコンが市場化され、欧州では、携帯電話の第二世代方式が普及し始め、米欧いずれでも、それぞれの状況下、高性能の集積回路への需要が急増していくのである。

そうした米国のコンピューター産業で、高性能の記憶機能をもつDRAM（ディーラム：Dynamic Random Access Memory）への需要が高まってくる。そして、その米国コンピューター産業向けDRAMの供給で、日本メーカーが米国メーカーを凌駕し始めるのである。結果、米国半導体市場で日本製半導体のシェアも高まってくる。

一九八一年には、64KDRAMで日本製品のシェアが米国製のそれを上回り、米国製半導体メーカーの業績不振も浮き彫りになる。余談だが、この二年後の八三年には、日本製64KDRAMは世界シェアの七〇％を占めるに至っている。

こうした、日本勢優勢状況が、始まり、継続し、固定化する中、八〇年代半ばには、モトローラ社やナショナル・セミコンダクター社、インテル社などが、相次いでDRAM生産から撤退してしまう事態すら生じる。

超LSI計画を起点として発達を遂げてきた高度な設計・プロセス技術、加えて、日本企業独特の品質の高さや納期の正確さ、さらには、その価格が相対的に安いとくれば、米国のコンピューター産業での日本製半導体への評価はウナギ登りに上昇してくるのは、当然と言えば当然であったかもしれない。

かくして、米国市場での日本製半導体シェアの上昇、それにつれての米国メーカーのＤＲＡＭ市場からの相次ぐ撤退は、米国の半導体業界関係者には大きなショックを与え、米国社会での関心も高まらざるを得ない。

たとえば、米国の経済誌フォーチュン誌は一九八一年三月号で「日本半導体の挑戦」というタイトルの記事を掲載、ＤＲＡＭの開発・生産競争で、米国は日本に負けるかもしれないと指摘、そうなれば半導体を必要部品とするコンピューター産業にも多大な影響が出る旨の警鐘を鳴らしている。

この種のメディアを通じての対日警戒感の高まりは、以後も続出する。八三年にはビジネス・ウィーク誌が、「チップ戦争、日本の脅威」と題する、厳しい対日警戒を盛り込んだ記事を掲載する。

もちろん、こうした半導体産業分野を巡る米国内での対日警戒感の一般化は、深読みすれば、その背後に当該業界筋の働きかけがあったからこそ実現したもの、ともいえよう。業界が煽り、マスコミがそれを増幅させ、世論ができ、そして、それを米国議会が取り上げる。このようにして、これまで取り上げてきた鉄鋼や自動車と同じような、日米通商摩擦の顕在化へのメカニズムが稼働し始めるのである。

かくして、一九八三年二月、米国議会下院歳入委員会貿易小委員会が半導体問題に関する公聴会を開催、同時に、米国半導体工業会が対日提訴を検討し始める。

もっとも、この時は、日本政府が先手を打って、日本からの半導体の対米輸出について、ダンピングしていないかどうか監視する旨を米国側に通知、その実行を期していた。……が、結果は、米国側に望むもの（日本製半導体の対米輸出抑制）とはほど遠かった。

その一方、翌八四年、米国議会はチップ保護法を成立させる。

半導体の回路配置の保護を目的とする、この法律の制定は、知財保護の体制を確立することで、今やライバルと化した日本勢が、米国の基礎研究成果をただ乗り的に使うことを阻止、以って、集積回路に関して知財保護の防護幕を張ろうとしたものと解された。

加えて、この頃になると、俗に言う、シリコン・サイクルも表面に浮上してくる。パソコンが普及し、それに使われるメモリー製品が不足するようになる。そうなると、メモリー製品の価格が上昇し、今度は、そうした製品の製造能力増加に向けた設備投資が一斉に計画・実施される。しかし、その設備投資が実現し、生産能力の増強が実現する頃には、当該のメモリー製品を使用する肝心のパソコン需要の伸びが止まる。それ故、メモリー製品の価格は下落、メモリー製品製造は軒並み赤字化してしまう。

こうしたシリコン・サイクルの影響もあり、米国の半導体メーカーは、一九八〇年代半ばになると、日本勢が席巻しつつあるＤＲＡＭ分野から撤退せざるを得なくなる。そして、この現象は、国家安全保障の見地からは大問題だと、政策当局者には見えてくる。

6　運命の一九八五年

米国の貿易赤字は、レーガン政権が誕生した一九八一年には三九七億ドルだった。それが、八二年には四二七億ドルへ、さらに八三年には六九四億ドル、そして八四年には一二三三億ドルへと急増してきていた。

しかも、八一年一一月を底に、米国経済は戦後最長の景気回復軌道にあって、その回復過程で、製造業は雇用増ではなく、ハイテク化によって、生産効率を高める路線が明白になってくる。要は、ハイテクは米国経済の希望の星であり、その中でも集積回路を軸とする半導体産業は、最有望業種の一つに位置づけられるようになっていたわけだ。そして、その半導体で、米国メーカーは日本メーカーに追随され続けている。

このような実情を検討すれば、貿易赤字問題を軸とする日米通商摩擦は、一九八四年に表面化しても、何ら不思議ではなかっただろう。

ところが、実際の摩擦は、八四年ではなく、むしろ一年後の八五年に一気に顕在化するのである。この一年の発生遅れには、〝政治〟が大きく機能していた[22]。

米国の当時のレーガン大統領と、日本の中曽根首相は、〝ロン・ヤス〟とファースト・ネームで呼び合う、親密な関係を売り物にしていた。そのレーガン大統領が、一九八四年には大統領再選選挙を迎えていた。

ホワイトハウスは、米国有権者に〝バラ色の楽観〟を売ろうとする。経済は長期の好況を謳歌していたし、人々は貯蓄を無視して消費を楽しんでいた。こんな時の再選選挙で、現職たる者、誰が問題の存在の指摘などするものか……。

かくして、レーガン再選委員会は、米国経済が内包していた貿易赤字問題や米国ハイテク産業の競争力喪失問題を、選挙期間中は封印してしまうのである。

それ故、レーガン大統領が八四年一一月の選挙で再選を果たした暁には、もはや、封印も解かれ、積極的な問題解決を政治の俎上に乗せなければならない道理。その問題提起の機会は、八五年早々にやってくる。

一九八五年一月二日、ロサンゼルスでレーガン大統領と中曽根首相の首脳会談が開催された。それぞれの政権の二期目をスタートさせるにあたり、両国が置かれている状況について自由な意見を交換することは有益。そんな名分で設定されたこの会議こそ、レーガン政権が先伸ばした対日貿易赤字拡大への対処策を打ち出す、絶好の機会となった。

そして、この首脳会談で生み出された日米通商摩擦解消のための交渉形式こそ、MOSS（Market Oriented Sector Selective）協議と呼ばれる、〝新しい〟スタイルの交渉であった。背景には、〝Japan as Number 1〟とまで誇張されるようになった日本が、それ故にこそ、むしろ、〝追い込まれ感〟を持ち始めた米国との軋轢増大を避けるために、逆に対米配慮を色濃く打ち出さざるを得なくなった、という新局面があった。

こうした状況下、MOSS交渉が〝新しい〟と称される所以は、これまでの両国の通商交渉が下からの積み上げ方式を取り、最高首脳同士の会談は政治的決着の場と位置づけられることが多かったのに、一九八五年一月のそれは、首脳間で問題分野と解決の方向性――この場合は、電気通信やエレクトロニクスなど四分野での日本側の一層の市場開放――をまず決定し、詳細を事務方の交渉に任せた点にあった。(23) 中曽根首相の好む〝大統領的首相スタイル〟が、こうした交渉を可能にし、それがまた、結果として、日米通商摩擦の緊張を未曾有のレベルまで高めてしまう、ことにもつながってくる。

一九八五年春、MOSS協議を巡っての日米通商摩擦は激化の頂点を迎える。

MOSS協議四分野のうち、米国が最も関心を持っていた電気通信について、日本側の郵政省（当時）の省令改正期限が三月末であり、この期限が実質的な日米交渉の期限とも意識され、米国側は、行政府と議会がなかば連動する形で、日本側に大きな政治的圧力をかけてくる。

そこでは、未曾有の大勝で再選を飾り、後顧に憂いがなくなったレーガン政権と、巨額の貿易赤字の顕在化の前に、何らかの対応策を取らざるを得なくなった米国議会とが、いわば、暗黙裡に手を握り、日本に圧力をかける構図が鮮明になってくるのだった。

そして、このような政治的雰囲気の中、一八八五年六月、米国半導体メーカーのマイクロン社が、次いで米国半導体工業会が、「日本の半導体業界に対する日本政府の政策が、〘米国メーカーにとって〙不公平である」として、直近の一九八四年に制定された、〝八四年通商法〟三〇一条（不公正貿易慣行に対する対抗措置）を使っての、通商代表部への提訴に及ぶのである。(24)

日米通商摩擦の発生を抑えるのではなく、逆に、国内の政治的風圧を利用して、日本に市場開放を迫る、そんなレーガン政権の通商戦略が、米国の半導体業界にも対日通商法提訴に踏み切らせる状況判断をさせたのであろう。

このような政治的雰囲気だったからこそ、これまでに述べておいた、日本の対米自動車輸出自主規制の延長→ＭＯＳＳ協議→半導体分野での米国業界からの対日提訴といった、一連の対日強硬姿勢の連鎖も、極自然に発生してくることになる。一九八五年が日米通商摩擦の政治劇が最も盛り上がった年になった所以である。米国半導体業界も、こうした米国内の政治的空気に、当然のごとく、便乗するようになったわけだ。

いずれにせよ、この時の米国半導体工業会の提訴状には、次のような論旨が書き込まれていた。

「……半導体に関する日本の輸入は、一九七五年に自由化されている……しかし、あの時以降、日本市場における米国勢のシェア（一一％強）はほとんど上昇していない。つまり、改善されていない。米国勢の欧州市場でのシェアは五五％、日米欧を除くその他の世界市場では四六％を占めている。それなのに、日本市場では一一％と、シェアは全く改善されていない……」。

「……日本の半導体市場には、米国勢に対する構造的な障壁が構築されている……この構造的な要素は、日本政府の過去の政策に根があるし……また、政府の輸入品対抗措置によっても生じている……たとえば、日本政府は一九七四年までは、日本のメーカーに日本製半導体を購買するよう圧力をかけてきた……この方向は、一九八二～八四年の米国政府の対日市場開放交渉で、一応は撤廃されたように見えるが、一九八四～八五年、半導体市況が悪化した際、米製品の日本での売上高は激減……こうした結果を見れば、日本政府の市場開放努力は明らかに失敗している……」。

「……これらの事情の背後に、日本のメーカー間の相互の紐付き取引関係があることは明白である……支配的なユーザー・メーカー間の紐付き取引構造や、研究開発面での様々な提携関係が、米国メーカーを日本市場から締め出す機能を果たしている……」。

「……ある日本メーカーは最近、自社製品を米国で販売する際、競争相手より売値を常に一〇％下回るよう、販売店に支持する通知文を送ったが、このような価格戦術が続けられれば、世界市場での大量ダンピングがもたらせるであろう……』。

「……日本政府の現在の市場構造容認は、一九八三年の日本政府の米国政府への誓約〔前述のダンピング輸出の監視と日本市場の開放〕に違反している……」。

「……したがって、日本の市場障壁は、米国メーカーに〔公平、かつ、平等な市場機会〕を拒否しており、一九八四年通商法三〇一条の目的に照らし、不合理である……」。

このような理由付けを以って、米国半導体工業会などがレーガン政権に求めた救済内容は以下のようなものであった。

(1)　日本での米国製半導体販売の劇的改善を短期に図る。具体的には、一九八六年までに、米国製製品の日本市場でのシェアを、日本製品の米国市場におけるシェアと同程度まで引き上げる。

(2)　日本製半導体の米国市場での潜在的なダンピング輸出を防止する。

(3)　前記目的を達するため、大統領は、日本政府から次の諸点の誓約を取りつけるべく、交渉を開始すべきである。

(4)　取りつけるべき諸点とは、①日本企業が米国製半導体を購買するよう奨励すること。②米国市場での日本製半導体のダンピングを防止する監視メカニズムの設立。③日本の公正取引委員会に、日本のメーカーが独占禁止法に違反していないか、調査を開始させる。

(5)　日本側がこうした措置に難色を示せば、大統領は日本に対し、次の三点の行動をとるべきであること。それらは、①司法省による日本メーカーの独禁法違反調査着手、②GATTの場での対日提訴、③米国ダンピング法の適用。

7 日米半導体交渉へ

米国半導体工業会は、一九八五年六月、上記論理を主張して、八四年通商法第三〇一条に基づいて、日本を通商法提訴した。

今振り返ってみると、こうした米国業界側の主張に対し、日本側業界の反応は、必ずしも迅速・鋭敏だったとはいえまい。むしろ、〝鈍い〟もの、だった。

米国業界の主張に対し、ダンピングの事実はない、と突っぱねる一方、米国のコンピュータ・メーカーでも日本製集積回路を大量に使用しており、規制で損をするのは、逆に、米国のコンピュータ・メーカーのほうだ、と居直ったのである。

もちろん、こうした強気の背景には、日本市場で米国製半導体のシェアが伸びないのは、障壁があるからではなく、単純に、性能が良くないからだ、との認識があったのと、それに加えて、64KDRAMで世界の半導体市場のトップに立った自信、さらには、続く256KDRAMでも、開発先行している自負があったからだと思われる。

要するに、生産技術に絶大の自信を持ち始めていたのと、自由貿易維持の主張にこだわったのと、そして何よりも、国内の納入先であるコンスーマー・エレクトロニクス産業も、世界を席巻する地位を保っているとの、いわば、需要を保証されている安心感も、そこには働いていていたはずだ。

しかし、他面、この、ある種の気安さ感は、〝ハイテク産業への米国の官民の意思を十二分に理解していなかった〟ためではなかったのか……。

折しも、日米間の通商摩擦は、鉄鋼や自動車といった従来型の産業分野からハイテク分野に移行した、と一般には論じられていた。[25]ところが、当の日本の半導体業界にとっては、この摩擦の性格の変化故、米国の政治が本件にいかに強く関わってくるか、その正確な見極めができていなかったのではあるまいか……。

さらに、もう一点付加しておくと、経済力で日米逆転とまで誇張され始めた状況下、日本側の政治が、むしろ米国の立場を必要以上に配慮する。そんな、微妙な日米間の政治力学の変化を、日本の業界は読み損ねていたのではあるまいか……。

換言すると、問題をあくまでも産業問題と限定理解し、その本質が、経済安保、軍事安保の流域にまで根を張っていることを見落としていたのではないだろうか……。

一九八五年と言えば、半導体サイクルで米国業界が不振にあえぎ、一方、前記のように、最先端の２５６ＫＤＲＡＭでも、日本メーカーが米国メーカーを凌駕し始め、ＭＯＳＴＥＣ社やインテル社などが、相次いで半導体生産から撤退を決めた年である。

一方、半導体は、米国の将来の産業構造にとって、最も重要な戦略産業と目されていた。加えて、軍需にも深く根差した来歴を持ち、その産業が弱体化することは、経済の将来、並びに、国家安全保障の将来、その両面において、極めて重大な含蓄を有する、と米国は見なしていた。

このように考えれば、半導体摩擦は、従来型の単なる個別産業利害を巡る摩擦ではなく、国の将来を賭けての摩擦であったわけだ。それ故、何度も繰り返しておけば、この点を、日本側業界関係者は、当初、おそらくは、見誤っていたような気がしてならないのである。[26]

いずれにせよ、このような状況下、すったもんだの揚げ句に結ばれることになる日米半導体協定は、いろいろな問題点を指摘されるものとなった。

本項の冒頭にも記したように、日米半導体交渉は、一九八五年六月の米国半導体工業会の八四年通商法第三〇一条提訴から始まった。

この問題提起を受け、経済産業省（当時、通産省）は同年八月から米国政府と協議に入っている。その後、本格的な第一回の専門家会合は八五年一〇月、第二回会合が一一月にと、立て続けに会合を重ねていく。

この間、八五年一二月には、日本製半導体256KDRAMについて、米国商務省がダンピング調査を開始している[27]。商務省が自らダンピング調査に着手するのは、この時が初めてだとされ、こうした手法を用いたこと自体、暗に背後の米国の政治的意図——対日圧力賦課。もっとも、この商務省の決定には、背後に通商代表部との意見の不一致があった、との説もある——を窺わせるものであっただろう。

事実経緯のみを記述しておこう。

交渉開始から約一年後、一九八六年七月から八月にかけて、まず、商務省が着手した反ダンピング法適用を中断するための協定が結ばれる。それらは、七月三〇日にEPROM（Erasable Programmable Read Only Memory）について、八月一日に256KDRAM以上のDRAMについて、それぞれ反ダンピング法の適用を中断する、という内容のもの。

もっと具体的に言うと、この中断協定は、「日本の半導体メーカーは、EPROM、256K以上のDRAMについて、米国商務省が設定する各メーカーの公正価額を上回る価格で対米輸出すること」を約したのであった。

問題は、この協定の中で、協定署名の日本メーカーは、協定順守確認のため、必要な情報（含む、生産コスト情報、利益データ、設備変更に伴う生産コスト低減見積もりなど）を商務省に提出することになった点であろう。

本件合意を報じた当時の新聞は、これらの合意に加えて、「（商務省の）直接のダンピング提訴の対象となっていない製品の安値輸出防止策としては、日本が輸出価格を監視する制度を設けることで合意。この中には日本から第三国を通じて米国市場に流れ込む製品についても、日本政府が何らかの形で目を光らせ、ダンピング防止をすることが確認され……」と記している㉘。

さらに、その後、同八六年九月二日には、日米半導体協定（並びに、別途、非公開の付属文書もあった、とされる）そのものが結ばれる。

非公開の付属文書をも含めた、それら合意の内容は、日本政府が日本製半導体の対米輸出について、コストと価格を監視し、五年間で、日本国内での米国半導体のシェアを、現行の一一％から二〇％にまで引き上げることを約定するもの。おまけにこの約束には、最低輸出価格を決めるとか、米国からの輸入を拡大するある種のメカニズムを作るとか、いろいろな担保措置が随伴していた。

一部の識者は、こうした協定を、国際貿易上、前例のない厳格な管理体制を生み出したものと断じ、さらに、当時の米国側交渉者の立場にいたプレストウイッツの著書などを根拠に、一部うがった識者は「二〇％という比率は米国側からというより、むしろ日本側から、落とし所の線として、行政指導をすれば実施できると、持ち出した」と指摘、日本側のこうした交渉のあり方・進め方を批判している㉙。

現時点から当時を振り返った、「経済史を歩く」という日本経済新聞の記事㉚は、半導体交渉の最終段階での渡辺通産大臣（当時）と、関本日本電子工業振興協会会長（ＮＥＣ社長）とのやり取りを次のように描写する。

渡辺「……なあ、数値目標をやってくれよ。役所も、もう抵抗できないと言っている」。

関本「……いいや大臣、こっちは一生懸命作って、一生懸命売っているだけだ」。

関本は突っぱねたが、渡辺「……これ以上こじれれば、今後の日米関係に関わる」と粘る。

ついに関本が折れた。「……大臣、ズボンは下ろしてもいいが、パンツは脱ぎませんよ」。数値目標は受け入れるが、手の内が筒抜けになるコスト構造の開示は受け入れない、という意味だった。

当時の日本の半導体業界では、ＤＲＡＭなどの汎用、量産型メモリー主導型の生産体制がとられていた。そして、こうした体制には、いくつかの問題点が指摘されていた。

第一は、量産型メモリーは装置産業であり、採算確保のためには高稼働率が必要で、かつ、累積生産量が二倍になると、歩留まり向上効果で生産コストが三〇％近く低下するといわれ、生産量が拡大すればするほど、コストが下がるが故に、常に過剰生産、安値販売圧力がかかること。

第二は、半導体は約四年の間隔でシリコン・サイクルと呼ばれる好不況を繰り返しており、好況期に利益を挙げても、不況期には一気に赤字化する、つまり、利益が不安定な業界であること。

第三は、世代交代を繰り返すたびに、利益幅が縮小する傾向が強いこと。集積回路分野の商品は、技術進歩が速く、結果、ライフサイクルが短い。そして、世代交代が進み、集積度の高い製品が登場すればするほど、より高度な微細加工技術が必要となり、そうなれば、そうした新技術登場直後には、歩留まり率が低下しがちで、逆に言えば、製造コストが高くなる傾向から脱しきれない。その反面、製造されるチップの価格は、急速に下がっていく。それ故、量産型メモリーの生産メーカーは、儲からない構造の深みにはまってしまう。

こうした諸点を勘案すると、締結された半導体協定からは、日本のメーカーにとってプラスマイナス両様の影響が発生してくる。

再び、前記日本経済新聞の記事から援用してみよう。

「……米側の要請を受け、日本メーカーは協定で定めた最低価格以下での販売ができなくなった……最低価格は日本メーカーにとっても悪い話ではなかった……しかし、官僚や経営者の目が届かない開発・生産の現場では、半導体協定の副作用がじわじわと広がっていた……元ＮＥＣの半導体技術者が証言する……『当時の日本の半導体産業の強みは歩留まりの高さにあった。技術者は歩留まりの向上に心血を注いできたが、最低価格があるとこれ以上、歩留まりを上げても仕方がないという空気が広がった』……」。

「……協定には、もう一つの副作用があった。最低価格に縛られないメーカーがいたのだ。韓国、台湾メーカーである。協定を結んだ八六年の時点で半導体の主要プレイヤーは日米に集中しており、日米がカルテルを結べば価格が安定するはずだった。サムソン電子工業や台湾積体電路製造（TSMC）が脅威になるという認識はなかった……この時期、不遇をかこっていた日本の半導体技術者の大勢が海を渡った……元NECの技術者は言う……『もう一度、真剣勝負の仕事がしたかったのだと思います』……」。技術者の韓国や台湾といった海外メーカーへの移籍は、日本メーカーにとっては、いわば、敵に塩を送る行為に他ならなかった。

悪影響は、これのみに留まらない。

そもそも、日本の半導体のように、量産型メモリーの生産に特化すればするほど、前記第一～第三の諸理由で、メーカーは高収益体質から遠のき、結果、高付加価値製品であるASICやマイクロ・プロセッサー（Micro Processor: MPU）といった分野への投資が行われなくなってしまう。

そして、この点を、半導体協定の結果、米国メーカーに上手く突かれてしまうのである。米国メーカーは、半導体の生産分野から次々に手を引き、付加価値が多いと目されたマイクロ・プロセッサー分野に特化していったからである。

8　米国の追い打ち

日米半導体協定は、日本半導体業界の発展に重い足枷となってしまう。

それだけ、米国側が、協定の順守と、協定発効期間の長期化を狙ったからである。

協定の順守に賭ける米国の執念は猛烈であった。

協定を結んだのが一九八六年九月二日。[31] それから二カ月しかたたない同年一一月一八日、米国半導体工業会が、「日本メーカーは、第三国向け製品で、協定違反のダンピングをしている」と米国政府に対日制裁を要求し始める。

これに対し、日本側は、日本メーカーは協定を尊守しており、現実には、第三国市場でシェアを協定発効前と比べ三割～四割も激減させている、と反論したが、米国側は聞き入れない。

米国半導体工業会メンバー企業からは、「日本メーカーが第三国向けに安値輸出をしている証拠を入手」という、スパイ小説もどきの告発も出されるなど、話しは段々と、それこそ安っぽいものに変質していく。

蛇足だが、この時、名前をあげられた沖電気香港支店の巻き込まれた取引なるものも、事後には、囮取引に引っかかったものであったことが明らかになっている。

沖電気の香港支店には、協定発効前に入手していた、したがって、輸出規制や減産指導の対象外となっていなかった旧型品の大量在庫があったという。そこに、旧型製品を対象に、大口契約を餌に、強引な値下げ交渉を仕掛けてきた香港企業があった。大量購入するので、その一部を大幅値下げしろ、というのが交渉内容。

これに同社香港支店がウカウカと乗った。乗ったからとて、取引された商品が協定対象品と異なるのだから、取り立てて問題になるはずもないのだが、騙されて送り状を書かされたのが運のつき……。

契約成立の数時間後、本社の指示で契約をキャンセルしようとしたが、時はすでに遅かった。契約相手の会社は姿を消してしまい、直後に、米国で日本メーカーの協定違反の証拠として、同社の送り状が公表される始末。こうした陰湿なやり方が、実際行われたとしたら、恐ろしい話ではないか……。

同じような事例が、日立製作所を相手にも発生している。

以下は、それを報じた朝日新聞の記事[32]である。

「……日立製作所の香港の販売代理店が、２５６ビットＤＲＡＭをダンピング輸出したとされる書類が、米国の半導体メーカーによって米国で公表された事が、（日立製作所自身の手で）明らかにされた……沖電気が『ワナ』の疑いが強いとされる安値取引の文書を暴露されたのに続くもので、国内の半導体業界では、米国の報復措置を決定するのに符号を合わせた『暴露攻勢』との見方を強めている……日立側が調査した結果、沖電気に256ＤＲＡＭの安値取引を持ちかけた香港のマグ・コーポレーション（沖電気にアプローチしてきたのと同じ会社）が、沖電気と同時期に日立側の販売代理店にも接触、『256ＤＲＡＭが至急欲しい。ある日本メーカーから一個一・七ドルで買っていたが、何とかしてくれたら、今後もビジネスを継続する』と持ちかけてきたという……同社の香港の代理店は、他のソースから入手、マグ社に代金と交換で引き渡した、という」。

いずれにせよ、今から振り返ると、米国側業界の極めて強引な「日本企業による第三国市場におけるダンピング販売主張」を前に、米国議会の対日姿勢が硬化し、折から設定されていた日米首脳会談という政治日程が重石となり、加えてレーガン政権の相互主義を前面に押し出す形での通商政策の変質もあって、日本政府は譲歩を余儀なくさせられる。

この辺の事情も、ここでは、単に時系列的な出来事として紹介しておこう。

米国半導体工業会の主張は、〝理屈に合わない〟妙なものだった。

日本企業がダンピング輸出していると指摘された香港は、言わずとしれた自由市場。

そこでどのような価格で販売されていようと、日本企業が容易に価格管理できるはずもない。まして、当時のタイミングからいえば、世界の半導体市場はシリコン・サイクルによる不況の最中で、価格が下がっていても何ら不思議ではない。加えて、前述しておいたように、米国側の囮取引的要素が濃厚でもあった（さらに、事後の、日本側調査では、香港市場で実際に安値販売していたのは、むしろ在日の米系メーカーであった由）。

しかし、こうした不可思議な実態にもかかわらず、米国議会は「日本が半導体協定に違反した」として、容赦なく姿勢を硬化させる。

一九八七年三月一九日、まず上院本会議が、次いで二五日、今度は下院本会議が、それぞれ、レーガン大統領に対日報復を求める決議を採択した。[33]

こうした状況下、続く三月二六日、レーガン政権はベーカー財務長官を座長とする〝経済政策閣僚会議〟を開催、その場の決定として、大統領に、関税上乗せを主内容とする対日報復関税を、通商法第三〇一条に基づいて発動するよう勧告する（レーガン政権内部の閣僚会議が、その意思決定をわざわざ外部に公表し、大統領に取るべき措置を勧告する。このメカニズムも、考えてみれば妙なもの）。

要は、これら議会と行政府内の一連の動きが、当時、四月下旬に予定されていたレーガン・中曽根首脳会談に向けての、対日政治圧力負荷の一環であったことは自明であろう。しかし、それが政治的目的を持ったものであればあるほど、ロン・ヤスと称される個人的関係を重視した日本の対米姿勢上、受け取る日本側には〝政治的キャッチボールを行わなければならない〟との心理的重圧感も強まらざるを得ない道理。

そうした日本側の心理状態を、おそらくは十二分に理解した上で、レーガン政権は三月二七日、対象候補としてリスト・アップされた電子・電気製品のうちから、後日、課税品目を選定、日本の協定違反で被った米国の被害に相当する約三億ドル相当を徴収することを目途に、一律一〇〇％の報復関税を賭ける旨、発表したのであった。

このレーガン政権の発表を伝えた朝日新聞は次のように記している。[34]

「……（ヤイター通商代表は）制裁措置の規模約三億ドルは、その半分近くが第三国での日本のダンピングで受けた米側の被害相当額分であり、残りの半分超が日本市場で米国製品が売れなかったことによるものだ、と説明した。報復関税の対象候補となったのは、エアコン、冷蔵庫、計算機、ディスクドライブ、モーター、商業衛星、テレビ、電子測定器、コンピューター用テープなど……問題となった半導体を使っている製品が多いが、コンピューター用テープなどのように明らかに使っていないものもある……」。

その後、四月一七日、実際に制裁対象となる品目が発表されたが、それは、パソコン、テレビ、電動工具の三品目であった。再び、朝日新聞からの引用である。[35]

「……米、対日制裁を実施……パソコン、カラーテレビ、電動工具の三品目に一〇〇%の高率関税品を実施……米国の一方的で大幅な報復関税の導入は、戦後の日米貿易史上、初めてであり……制裁の対象になった三品目は、何れも米国内に代替品があるか、日本以外の第三国から輸入可能なものに絞られ、できるだけ米国内の消費者やメーカーに被害が及ばないように配慮もしている……」。

「……しかし、米国市場にやっと足がかりをつかみかけた日本のパソコンメーカーにとっては大きな痛手となる。半導体を使わない電動工具まで制裁の対象に選ばれたのは、メーカーの中に半導体メーカーを兼ねている企業もあるためだ、とみられている……」。

読売新聞は、制裁が半導体そのものにではなく、直接関連の無い三品目を対象としたことを次のように解説した。[36]

「……日本製半導体のダンピングを問題とするなら、何故、半導体そのものに報復関税をかけないのか……仮に、日本製半導体に一〇〇%の報復関税がかけられると、事実上、輸出がストップして、日本の半導体メーカーが大きな打撃を受けるのはもちろんだが……同時に、世界の九割のシェアを握る日本製の256KDRAMが輸入できなくなれば、困るのはIBMなどの米国のユーザーでもある……米国政府といえども、日本製半導体そのものを狙い撃ちにできない事情がある……」。

「……それでは何故、マイクロ・コンピューターなどが対象になったのであろうか……当初発表された一四品目から三品目に絞られたとはいえ、いずれも日本製品の競争力が強いものばかりで、米国側にはエレクトロニクス製品にまで規制の網をかぶせない限り、自国のメーカーの保護にはつながらない、との判断があったとみられる……」。

「……米国の半導体は専業メーカーが中心なのに、日本企業は半導体から家電、重電、通信、コンピューターまで幅広く手掛ける総合エレクトロニクス・メーカーである。このため、米国側は交渉の度に、『日本は、半導体で損をしても他の部門で取り返せばいいというのか、形振り構わず安値攻勢をかけてくる』と、日本企業の体質を批判してきた……一説には、米国企業から通商代表部に、『とにかく、日本のトップクラスの電機メーカーに打撃を与えるリストを作って欲しい』との陳情があったとも言われている……」。

この読売新聞の記事、とりわけ最後の行は、結果として、日米半導体協定の背後にあった米国側業界の真意を言い当てていたような気がしてならない。

9　長い目で見て、日本一人負けの構図

米国では、約束をした以上、その約束を尊守しないことが、約束をしなかった場合以上に、大きな軋轢を生むことが多い。

要は、実施できないのなら約束すべきではないし、約束した以上、合意事項は厳守しろ、というわけだろう。

日米半導体協定の場合にも、本当の軋轢は、あるいは、嵩にかかった米国からの重圧は、協定を結んだ後にやってきた。それも二つの分野で……。

一つは、上記したような、第三国市場を経由しての対米ダンピング輸出容疑に関して、である。

米国半導体工業会が、一部日本企業が〝半導体協定破りをしているとの証拠なるもの〟を振りかざし、それに乗る形で米国政府が〝パソコン、カラーテレビ、電動工具の三商品に一〇〇%もの制裁関税を賦課〟してくる。

こうした米国のやり方を見て、数量管理や価格統制など、自由貿易の原則に反する内容の合意を、〝良好な日米関係を維持・強化するため〟との大義名分で日本が受け入れたこと自体が誤りなのだと、協定締結そのものを責める声も、

日本の行政当局内部にすら、当時は確かに、存在していた。

そのような懐疑論者の目から見ると、米国の真の狙いは、米国産業の希望の星ともいうべき分野での地歩の確立と、先端軍事技術分野での米国の優位を再確保すること、それ故、そういった先端技術の象徴ともいえる集積回路で日本の先行を許さないことだった、となるだろう。[37]

また、そうした懐疑の目で、半導体に関しての、米国の対日制裁関税賦課を見ると、前出の朝日新聞（一九八七年三月二八日）がヤイター通商代表の言葉を引いて記述している箇所、つまり「制裁措置の規模三億ドルは、その半分近くが第三国での日本のダンピングで受けた米側の被害相当額部分であり、残りの半分超が日本市場で米国製品が売れなかったことによるものだ、と説明した」も、米国の本音は、前段の〝第三国でのダンピング被害〟より、むしろ、後段の〝日本市場で米国製品が売れなかった〟ことによるもの、の方にウエイトがあった、と解することになるわけだ。

そして、彼ら懐疑論者は、この後者の米国の主張をこそ、日本はＧＡＴＴの場などで、積極的に、自由貿易違反だ、と言い立てるべきだった、と論じるのである。

また、このような、半導体協定締結に批判的な立場を取る日本国内の関係者にとっては、その後、九〇年代前半に米国がよく用いた論理、つまり、〝悪い協定なら、結ぶよりは結ばないほうが良い〟という態度をこそ、当時の日本が取るべき姿勢であった、ということにもなるのだろう。

ところが当時、日本国内のマスコミは、後者よりは前者――第三国でのダンピング行為による米国への被害――に重きを置いて報道する傾向が強かった。もし仮に、マスコミが後者――日本国内での米国製品のシェアを二〇％に引き上げていないことへの制裁――を軸に報道していたならば、日本国内の世論はむしろ、そのような米国の制裁の不当さに怒りの声を上げていたかもしれない。

この点を深読みすると、日本のマスコミがそうした報道姿勢を取らなかったのは、後者に傾斜した報道は、自ずと対米対立調のものとなり、それはさらに、こうした協定を締結した日本の交渉当局を批判することになる。こう考えれば、マスコミの大勢が、そうした結論に至る方向を、結局は好まなかったのだ、と見なさざるを得なくなるだろう。

日米半導体協定は、締結後も、その尊守を巡って米国側からのクレームが絶えなかった、そういった意味での軋轢の二つ目の分野は、これまでに何度も言及してきた、〝米国製品のシェアを二〇％にまで引き上げる〟、との日本の対米約束自体に関して、である。

この〝管理貿易そのもの〟、ともいうべき約束をしてしまったが故に、日本は、その履行を最後の最後まで迫られることになる。そしてここにも、「一旦約束した以上、その約束はあくまでも厳守せよ」、との米国流のルールに関する独尊的姿勢が顕著に見られる。

こうした状況下、市場メカニズムだけに任せておくと、とても約束した二〇％にまでシェアが届きそうにない。そうなると米国から強引ともいうべき圧力がかかり続ける。

頻繁に開かれていた中曽根・レーガン首脳会談が、米国側からの圧力賦課の格好の機会として活用される。

総理大臣が米国大統領と会談するまでに、米国側からの圧力を減殺しておかねばならない。日本の通商当局はそう考える。それ故、結果は、強力な行政指導で、日本企業に米国製品を購入させるよう強いることになる、というのが顛末であった。

もちろん、日本側交渉当事者の心の中にあったであろう、こうした政治的思惑の基底には、自国の半導体産業は米国のそれを凌駕している、との自負心もあったに違いない。

インターネット情報によると、当時の通産審議官も、現在から当時を顧みて、「日本の半導体は明らかに米国を追い越し、その競争力は世界のトップであり、それ故に、米国の現実をも理解してやらなければならない、との想いが交渉の下地にあった」と述べたとのこと（日の丸半導体：日米協定、圧力が生んだ〝管理貿易〟）。こうした心情の披歴を聞いていると、当時の日本側通商交渉当事者の現状認識や対米優位感、さらには日米間の政治を優先する姿勢等などが直截に窺えよう。

しかし、再び繰り返せば、日本市場で米国品のシェアを二〇％に引き上げる、というのはそう簡単なことではなかった。

この二〇％シェア達成、という管理貿易目標に向け、日本は、あらゆる努力を延々と続けることになる。役所指導で業界団体を集め外国製半導体購入促進の大会を開いたり、輸入拡大のアクション・プランを作ったり、半導体交流センターなる団体を作ったり……。

そして、こうした雰囲気の下、日本の半導体メーカーの某社は、米国製品のシェアを引き上げるため、心ならずも競合する米国メーカーの製品を、自社の納入先に推奨する、そんな信じられないケースすらあった、と噂されるほどだった。しかし、それでも目標シェアを達成できない。

そうなると、この目標未達成が、他分野での通商交渉を行う際、日本側の負い目となる。米国製スーパーコンピューターの購入を迫られたりしたのは、そうした他分野での通商交渉に半導体協定の目標未達成の影響が及んだ典型例だといってよかろう。

いずれにせよ、こうして、日米半導体協定で日本側の行動を十二分に縛った上で、米国の官民は、日本勢の得意とするメモリー回路分野を避け、あるいは、日本勢を得意分野であるメモリー回路分野に集中させ、自らはマイクロ・プロセッサーを中心とする論理回路分野に特化する戦略を採用していくのである。

ここら辺りは、戦略思考が経営者層で共有されている米国の最も得意とするところ。

日本は、易々とこの米国の戦略に乗り、既存の利益確保分野であるＤＲＡＭに最初から最後まで執着し続ける。その結果、日本では論理回路分野で米国に決定的に引き離されてしまうことになる。

また、併せて、既存のメモリー回路分野でも、日本勢は、協定で販売価格を縛られていたため、協定枠外にいた韓国や台湾のメモリー回路メーカーに価格競争で敗れ始め、世界の市場で知らぬうちに後塵を拝してしまう。

そして、その韓国や台湾のメーカーが技術を得た先こそが、米国の産官学の連携プロジェクトであるセマテイック(Semiconductor Manufacturing Technology: SEMATIC)であった。ここでの研究成果が、米国企業からの技術導入によって韓国や台湾のメーカーに流れ出ていったわけだ。

こうした因果を回顧すると、真に、競争制限的協定が日本の産業にもたらした予期せざる悪効果を研究するのには、この半導体協定にすぎるものはないのではなかろうか……。

10　解けない鎖の足枷

日米半導体協定の諸々の影響を、事後から見返してみると、日本は結局、米国の交渉戦略に上手く乗せられてしまった、との批判にも一理あるように思えてくる。

とはいっても、米国も、この交渉に臨む前から、こうした結果を招来できるとは、必ずしも思わなかったのではないか……。あらかじめ、相手には見えない目標を戦略的に設定し、相手を、時間をかけてその立場に追い込んでいく、そんな芸当はそう簡単にできるはずがない。

しかし、仮に、この後者の立場、つまりは米国の事前計画説を否定する立場を取っても、以下に述べる米国流考え方に沿って考える限り、結果は、やはり日本が甘かった、と言わざるを得ないだろう。

交渉に際しての、米国側の、ある意味での常識は、自国産業の利益の追求であり、一度約束した以上、それを相手にとことん守らせるべきであり、かつ、協定発効で時間を稼いでいる間に、自国産業の優位を確保するためのあらゆる手を打つべきであり、また、仮に、そうした協定のフレームが自国産業に好ましい影響を及ぼし続けると見れば、そうした体制をできるだけ長く維持・存続させようとすべきである、というものだったはず。

そして、米国は、当然に、これらの基本的立場を貫徹する。

一九九一年、日米半導体協定が当初の有効期限切れを迎えた頃、米国品はいまだに日本市場の二〇％達成目標を実現できないでいた。

それ故、期限切れの前年、一九九〇年一〇月、米国半導体工業会は、当時のブッシュ大統領に日米半導体協定の延長を要求する。

一方、日本側は、協定延長を阻止するために、協定で合意した米国製品の日本市場での二〇％シェア実現を、兎にも角にも、なり振り構わず達成しようと努力していた。二〇％に達しなければ、米国が制裁を課してくるかもしれないし、また、協定の延長も不可避となる。しかし、結局、二〇％の壁は乗り越えられなかった。

こうした状況下、一九九一年一月、ブッシュ政権は日米協議の場で、半導体協定の延長を正式に提案してくる。

さらに、二月、延長協定の中で明確に米国品に二〇％のシェアを与えるよう、提案するに至る。元々、既存の協定の付属の形で二〇％という数字を盛り込んでいたのだから、今度は本協定の中できちっと明記しろ、と主張したわけだろう。

こうしたシェア明記要求に対し、日本側も、形はともあれ、既存協定で認めてしまっている事柄故、さらには、その目標をこれまでも曲がりなりに達成するため、最大限の努力を行ってきていたのだから、延長交渉に入った時点では、このシェア要求にいまさら、根本的な抵抗はできにくかったのではないだろうか……。

折から、米国側から再びの脅し圧力がかかる。

当時のコリガン米国半導体協会会長などが、すでに制約している達成目標（日本市場での二〇％のシェア確保）が、結局は未達成だったのだから、制裁を発動すべき根拠となり得る旨の発言を行ない、そうした発言をまた、米国の交渉当事者が対日圧力に活用する状況が現出するのである。見方を変えれば、これも米国側官民の対日交渉に向けての連係プレーであったのだろうが……。

加えて、この日米半導体協定延長交渉は、再びの政治熱風下で取り行われることになってしまう。折からの第一次湾岸戦争勃発とタイミングが合ってしまったからである。

イラクのフセイン大統領（当時）がクエイトに侵攻したのが一九九〇年八月。それから半年後の一九九一年一月、米国を軸とした多国籍軍が「砂漠の嵐作戦」を実行に移す。そんな時期に、日本は米国と半導体協定の延長を交渉せざるを得なくなったわけだ。

国際平和を守るためだからと、米国を中心に、日本にもそれ相応の貢献を、との政治圧力がかかる。こうした風圧の下で、半導体協定の延長交渉が進められる羽目となる。

話を複雑にしないために、ここでは、第一次湾岸戦争での日本が、米国を中心とした多国籍軍の総経費六一一億ドルのうち、一三〇億ドルを負担したことを付記して、これ以上深入りはしないことにするが、要は、こうした日米間の政治的雰囲気の中で、半導体協定延長をどう扱うか、日本の通商交渉当事者は、おそらく、頭を悩まし続けたことだろう。

極論すれば、日本市場でのシェアを保証してしまったことのもつ意味合いを、肌身で知った時には、日本はもうこのフレームから抜けられなくなっていた。

GATT違反だとは、今更言えない。当初約束した市場シェアもいまだ実現し得ていない。湾岸戦争を巡る、安全保障分野での重圧がじわりと日本にかかってきている。そして、海部首相とブッシュ大統領との日米首脳会談も行われる。こんな状況下に置かれると、日本の交渉当局には自由度がほとんどなくなったのではなかろうか……。

結果、一九九一年六月、日米半導体協定は更に五年間延長（一九九六年終結）されることになる。

もちろん、日本側もできる限りの抵抗を行っている。延長協定の中に次の文言が挿入されていることなどは、そうした抵抗の現れであっただろう。その文言を、少し長くなるが、ここに引用しておこう。「……日本政府は、外国半導体の市場シェアが一九九二年末までに二〇％を超えると、米国半導体業界が期待していることを認識し、この期待が実現し得ると考える。日本政府は、この期待の実現を歓迎する……」。ここまでは、既存協定のサイドレターが同趣旨のコメントを行っていたとされる内容で、延長協定はそれを表に出した、と解される。

日本側が努力したのは、その後に続く文言である。曰く、「……両政府は、前記の記述が外国製半導体の市場シェアを保証するものではなく、また、最高値または最低値を構成するものでもないことに合意する……」。この文言には、少なくとも、日本政府が「米国業界の期待を実現する」とも、「実現するように日本側業界を指導する」とも読める形にはなっていない[38]。

いずれにせよ、日米半導体協定は、延長協定とも相俟って、都合一〇年間も存在することになるのだが、その間に実に様々なことが半導体業界に起こっている。

米国が官民あげての協力コンソーシアムとしてセマテイックを創出し、多くの成果を結実させた。たとえば、このコンソーシアムから世界最大の半導体製造装置メーカーであるアプライド・マテリアル社が生まれている。

この間、世界の半導体メーカーの売上高ランキングで上位を占めていた日本メーカーが、その立場を大幅に後退させた。日本メーカーは、最初の半導体協定で価格を規制されたがため、知らず知らずに新製品の歩留まり率を引き下げる必要性を喪失させた。また、価格の下限を決められたがため、協定枠外にあった韓国や台湾のメーカーの低価格帯市場への進出を易々と許すことにもなり、ひいては、そうしたローヤーエンドからの後発競争者に市場シェアを奪われることにもなった。

日本市場における海外製半導体のシェアは、当初の協定期間中（一九八六〜九一年）、ついに二〇％の目標を達成できなかった。二〇％の目標値を達成したのは一九九二年であったが、その後は延長協定中、あるいは、延長協定後にも日本国内市場での米国製品のシェアは上昇を続け、二〇〇〇年代半ばには四〇％を超えるまでになっていた。

さらに、この協定が発効中、日本メーカーの設計技術や製造技術が協定の管理メカニズムを通じて、米国や、そしておそらくは、韓国や台湾などの後発メーカーに流出する羽目になった。

また、この協定の発効中、日本メーカーは終にDRAM依存の体質から脱却できなかった。定期的に発生するシリコン・サイクルに備えるため、マイクロ・プロセッサー分野などへの投資に積極的になれず、米国が当のマイクロ・プロセッサー分野で次々と新技術をものにしていく様を、手を拱いて見ているのみであった。一部識者から、日本半導体産業の敗戦、と揶揄される所以である。

さらに、この延長協定を終了させることにも、予想外のエネルギーを費やさざるを得なかった。逆に言えば、米国にとって、この協定がいかにメリットの大きいものだったか、終了にすら交渉が必要だった事実そのものが、この協定の米国にとっていかに益多いものであったかを、間接的に証明している、と言ってよいのではあるまいか。

11　エピローグ

産経新聞[39]は次のように記している。

「……日米半導体協定は日の丸半導体の競争力を徐々に削いでいった。日本メーカーは危機感を抱きながらも、世界を席巻したDRAMに安住、次の成長戦略を描けなかった。一〇年に及んだ日米半導体協定は一九九六年に終結したが、その時、日本メーカーはすでに世界の時流から取り残されていた……」。

「……そもそもの当初、米国側が日本メーカーに求めたのはコスト構造の開示だった……『価格決定権が自分の側になく、自由度が完全に失われた』。日立製作所で半導体事業を担っていた牧本次生はこう振り返る……日本市場の開放についても、日本政府は『最重要事項』であるとして、メーカー側に外国製半導体の購入目標を突き付けた……」。

「……日の丸半導体が再び競争力を高めるには〝不平等条約〟を終わらせるしかない……一九九六年七月～八月、カナダのバンクーバーで半導体協定を終結させるための民間業界間の交渉が行われる。交渉は難航したが、最終的に、協定を終結させることで合意……この民間交渉に参加した牧本は、米国側が所期の目的をほぼ満額勝ち取った日米半導体協定の終結を迎え、『（この協定終結は、日本にとって）第二の終戦だった』と呼んだ……」。

一九九六年七月の日米民間業界の間での交渉によって、従来の日米政府間での半導体協定に代わり、業界間でダンピング防止の枠組みを定め、双方の工業会（日本電子機械工業会：Electronic Industrial Association of Japan, EIAとSemiconductor Industrial Association, SIA）に加盟しているメーカーに自主参加を求める「半導体の国際協力に関する合意」が成立したのである。

そして、この合意による日米半導体業界の呼び掛けに応じる形で、一九九七年、欧州や韓国、そして後には台湾や中国の業界が参加する世界半導体会議（World Semiconductor Conference）が発足することになる。日米の政府間での協定が、世界の主要半導体業界を網羅する民間レベルでの組織に変質したのであった。

再び、前出産経新聞電子版の引用である。

「……日米半導体協定が発効していた期間に、世界には新しい潮流が芽生えていた。（米国は）コンピューターの頭脳となるマイクロ・プロセッサーの開発に傾注し……半導体の設計・開発に特化する会社を誕生させ、後に受託生産で世界を席巻する台湾のＴＳＭＣも産声を上げている……（米国では）技術が汎用化したＤＲＡＭに代わる戦略商品の開発に力が注がれ、総合電機メーカーが開発から生産・販売までを手掛ける日本の垂直型統合が時代遅れとなって、世界の主流は水平分業型となって行った……」。

「……こうした動きに対し、日本勢の動きは鈍かった……メモリーで成功した日本勢は、次の成長戦略を描けないでいた……日本政府も日の丸半導体の支援に二の足を踏んだ。官民一体となったプロジェクトで世界トップを奪還したことについて、米国側が日本の〝官民癒着〟を指摘、通商法三〇一条を楯に日米半導体協定が結ばれた経緯があったからである。官民ともに〝思考停止〟状態に陥った日本勢は、平成に入る頃にはその勢いを完全に失った……」。

注

(1) 菊池誠著『日本の半導体四〇年』中公新書一〇五五、一九九二年、四一頁。本稿は、もっぱら菊池の著作から知識を得て、論を進めている。こうした知識を与えてくれた菊池誠氏にこの欄を借りて謝意を表しておきたい。

(2) 菊池誠著、前掲、八八―八九頁。

(3) 菊池誠著、前掲、九〇頁。

(4) 菊池誠著、前掲、九三頁。

(5) 菊池誠著、前掲、九六頁。

(6) 菊池誠著、前掲、一〇六―一一二頁。

(7) 菊池誠著、前掲、一二七―一三九頁。

(8) ゴードン・ムーアは一九六八年にフェアチャイルドを退社し、インテル社を設立している。

(9) もっとも、一九七〇年に入っても、世界の半導体需要の多くは軍需であって、電子機械工業会等の情報では、日本メーカーが得意とする民生比率は依然低かった。一九七〇年の世界の半導体市場全体に占める米国のシェアは四八％、日本が二五％、欧州が二六％であった。

(10) 菊池誠著、前掲、一三六頁。

(11) 菊池誠著、前掲一三七頁。

(12) 菊池誠著、前掲、一三七頁。

(13) 経済産業省「技術研究組合」の歴史・変遷より。同省の説明によると、技術研究組合制度には五つのメリットがあるという。それら五つは、①法人格を有している。②税制上の優遇措置がある。③個人や中小企業も含め、各組合員は対等な一の議決を与えられる。④他の公的認可法人と比べ、迅速な設立が可能。⑤主たる目的が試験研究であれば、営利事業も可能。

(14) 超ＬＳＩ技術研究組合を率いたリーダーの一人、垂井康夫は、〝基礎的、共通的〟という言葉を作り、製造装置の開発と新しいウエアーを創り出す技術の開発の二つにエネルギーを傾注した、と述壊している（泉谷渉著『日本半導体、起死回生の逆転』東洋経済新報社、二〇〇三年）。

(15) 鷲尾友春著『20のテーマで読み解くアメリカの歴史』ミネルヴァ書房、二〇一三年、二九四―二九七頁。

(16) Wall Street Journal, Jan 9th 1981.

(17) 鷲尾友春著、同上、三二〇―三二一頁。

(18) David A. Stockman, The triumph of Politics; the Crisis in American Government and How it affects the World, London : The Bodley Head, 1986.

(19) 鷲尾友春著、同上、二九五―二九六頁。

(20) 鷲尾友春著『パワーポートフォーリオ時代の日米関係』日本貿易振興会、一九九一年、四〇―四四頁。

(21) 鷲尾友春著、前掲『20のテーマで読み解くアメリカの歴史』二九五頁。

(22) 鷲尾友春著、同上、二九七―三〇〇頁。

(23) 鷲尾友春著、前掲、二九八頁。

(24) 朝日新聞一九八五年六月一四日。

(25) 事後的な論文になるが、たとえば、「日米先端技術摩擦の現局面と日本経済の選択」（『貿易と関税』一九八七年一〇月、東京経済大学増田祐司教授）等といったテーマの記事や論文が、この時期以降、数多く発表されるようになる。

(26) 当時、新聞記者として取材にあたっておられた千葉利宏氏も、自身のブログで、あの時点での日本側業界関係者の危機感の薄さを指摘されておられる（『未来計画新聞』二〇一二年一二月二七日）。

(27) 『日本経済新聞』一九八五年一二月七日。

(28) 『朝日新聞』一九八六年七月一日。この記事は、商務省のダンピング提訴を停止する交渉が事実上妥結に達した時点での報道で、それ故、正式合意署名された日よりは若干早い日付となっている。

(29) 日米半導体協定の影響に対する日本側業界関係者や一部識者の見方は、〝極めて〟厳しい。たとえば、最近のインターネットメディアの多くは、半導体協定と直近のＴＰＰ交渉を絡め、ＴＰＰ交渉の在り様に危機感を強調するものが多いようだ。それだけ、逆にいうと、半導体協定そのものを否定的に捉える向きが多いということでもあるのだろう。

（30）『日本経済新聞』二〇一三年二月三日。

（31）たとえば、日米半導体協定交渉合意を伝えている、一九八六年八月一日の朝日新聞は、協定の最終合意を受け、田村通産大臣（当時）が、「今後のハイテク産業の発展の基盤をなす重要産業で、共栄共存を図る日米間の合意の意義は大きい」とコメントしたこと、を報じている。同時に、この記事で田村大臣は、日本の半導体輸出が厳しい価格監視下に置かれ、輸出競争力が失われるのではないか、との指摘に対しては「日米双方が一両損で、痛み分けのようなもの。日本の業界も理解してくれるだろう……日米の経済関係全体に好影響を与える」と強調している。事後の推移をみると、甘すぎる観測だった、と言わざるを得ないだろう。

（32）『朝日新聞』一九八七年三月二七日。

（33）『東京新聞』一九八七年三月二六日等。

（34）『朝日新聞』一九八七年三月二八日。

（35）『朝日新聞』一九八七年四月一八日。

（36）『読売新聞』一九八七年四月一九日。

（37）こうした批判調のコメントは、インターネット上に多く見られる。それらの出所は必ずしも明確ではないが、内容に信憑性があるものも多いようだ。

（38）畠山襄著『通商交渉、国益を巡るドラマ』日本経済新聞社、一九九六年、六六頁。

（39）『産経新聞』電子版二〇一三年八月二四日。

第５章　日米構造問題協議と日米包括経済協議

スーパー三〇一条、新種の協議、内政干渉的要求、成果評価のための客観基準

1　経済構造の違いそのものが問題に

一九七〇年代以降、急台頭した日本経済は、必然的に先行する米国経済と、いろいろな分野で産業軋轢を起こしていった。これまで記述してきた、鉄鋼、自動車、半導体などの分野での日米の産業軋轢は、そうした典型例であった。いうまでもなく、鉄鋼は当時の産業のコメであり、いまふうの表現をすれば、B to Bビジネス分野での軋轢。これに対し、自動車はB to C領域での軋轢。そして、半導体は、違った角度、つまりはハイテク分野での、しかも、安全保障への配慮をも含むものとなった軋轢であった。こうした産業間の軋轢、その結果としての通商摩擦が、一九七〇年代以降、八〇年代を通じて、日米間の通商交渉のテーマとなったのである。

もちろん、こうした摩擦が顕在化する場合、仕掛ける側は、産業競争力で追尾される立場の米国であり、仕掛けられる側は、追いかける立場の日本であったことは、すこぶる理にかなった話であろう。

こうした歴史的脈絡で見ていくと、一九九〇年代に激化した日米通商摩擦は、その性格に於いても、すそ野の広がりからいっても、それ以前の摩擦とは大きく違ってきている。

具体的に言うと、産業の枠を超えた、いわば、両国の経済構造そのものを巡る軋轢にまで、摩擦の裾野が広がっていくのである。そして、この種の問題を取り扱うには、新種の協議のフォーマットが必要になる。それが、本章のテーマとなる、共和党ブッシュ（パパ・ブッシュ）政権下の日米構造問題協議（Structural Impediments Initiative: SII）と、その後の民主党クリントン政権下での日米包括経済協議であった。

基調を見ると、日米間の通商問題は一九八〇年代後半から九〇年代前半にかけ、個別産業分野だけに留まらず、次第に、経済全体の構造調整にまで焦点を合わせたものになっていった。

その理由は、米国の対日貿易赤字が無視できないほどにまで巨額化したためであり、たとえ、その赤字の大元が自動車分野で発生しているからといっても、自動車貿易の在り方だけを問題視していれば済む、というわけにはいかなくなる。両国間の政治状況が、そんな交渉領域の限定を許さなくなっていたからである。

米国経済の貿易赤字は、マクロ経済的に見て、米国内の貯蓄が不足し、国内での投資財源が結局は海外貯蓄、つまりは、財・サービスの貿易収支赤字で補填されている実態を示すものであった。

だから、この問題を解決しようとすれば、三つの方向があり得ることになる。

一つは、国内経済面でのメカニズム是正、言い換えると、国内消費を抑制し、貯蓄を増やし、投資財源を国内調達するように持っていくこと。別の見方をすれば、それは米国経済の構造を変え、輸入を何らかの形で抑制することにつながる措置である。

二つは、米国自身の輸出を増やすこと。そのためには、貿易相手国、この場合は日本に、米国からの輸入をもっと受け入れさせないと駄目だ、という方向となる。

米国は第二次世界大戦後、自由主義陣営の盟主として、あるいは、資本主義の総本山として、自由貿易を信奉する立場を維持してきた。もちろん、そうした主義の背景には、自由貿易が、産業競争力抜群の米国自身にとってプラスに作用する、との計算があったこと、指摘するまでもあるまい。

そして、自由貿易を維持するためには、間違っても自国市場を閉鎖して、相手国からの輸入を制限するような措置は取るべきではない。これが、自由主義陣営の盟主としての米国の基本姿勢であり、世界経済の場における米国の原理・原則であった。

こうした立場からすると、いかに国内産業が困窮しようと、当該産業救済に向けての輸入制限策は取りづらいものだろう。自由主義が政治の基本原理と見なされている雰囲気の下では、それに反する保護主義的対策を主張することは、国内政治的には過ち"Politically incorrect"なのである。保護主義は、それ故、米国の産業競争力が低下し、かつ、米国経済自身が大幅な貿易赤字を記録するような状況となっても、政治的には、できればそれは避けたい政策の方向だったわけだ。

だから、一九八〇年代、共和党のレーガン・ブッシュ政権下の米国で、自国の輸入を抑止する保護主義的対応より、むしろ相手国、この場合は日本に、日本の責任で輸出自主規制させることによって、自身の自由貿易主義の旗を下ろすことなく、相手国の抑制に頼る形で、自国の産業救済を図る、そんな政策が好まれたのだ。

さらに、こうした対応は、レーガン・ブッシュ政権自体の基本哲学、つまりは自由な市場を尊奉し、小さな政府にこだわり、政府の恣意的介入をできるだけ避ける、にも合していた。少なくとも、米国内の政治環境に限って言えば……。

また付記すれば、こうした対応は、米国議会内部でも好まれたはずだ。

そもそも議会は、自身が政策を遂行する能力を有しない。基本的には立法、並びに立法的活動を通じて、行政府に政策の方向性を提示して、後は行政府を働かせる。議会は所詮、機能上、そこまでしかできないもの。したがって、問題への対応を、米国自身が取るよりは、相手国日本に取らせる。その限りで、議会と行政府は、対日圧力賦課の一点で、利害を共にすることができるのである。

日米間の貿易不均衡に直面して、米国が取りうる三つ目の方向は、日本に輸出過剰（米国から見て）をもたらしている経済構造の変革を迫ることである。この三つ目の方向は、米国自身の問題を、日本の問題に転置することを意味する。

それ故、こうした米国的問題意識から、二つ目、並びに、三つ目の方向性が米国の通商政策として指向され、一九八九年、共和党ブッシュ政権下でまず日米構造問題協議（Structural Impediment Initiative: SII）が、その後、一九九三年、民主党クリントン政権下で日米包括経済協議が、交渉相手日本の同意を得て開始されることになる。日本側が、こうした米国側からの圧力に抗しかね、まずはＳＩＩ交渉に入ることに同意したのは、おそらくは、次の四つの要因を考慮したためだろう。

それら四つとは、何よりも米国内での対日強硬の政治的雰囲気、一九八八年の通商法改正によるスーパー三〇一条の復活、そのスーパー三〇一条適用の枠外と位置づけられる新種の通商交渉フレームの模索、そして、日本が一方的に要求される立場に立つよりは、米国にも要求できる立場の導入、である。

さらに、ここで、問題対処の方向性に関して、前記三つに加え、新たに四つ目の流れを挙げておきたい。

それは、この間に生じた国際通商ルールの変更である。

具体的に記すと、一九八〇年代には、本書のこれまでの章で記述してきた繊維や鉄鋼、自動車のケースで見られたような、相手国側に自主的に輸出を自粛させる、そんな対応策が国際通商のルールとして許容されていた。ところが、その輸出自主規制という手法が、使えなくなったのである(1)。

輸出自主規制ルールが許容された状況では、まずは米国の業界が騒ぎ、次いで米国の通商法を活用しての提訴がなされ、同時に、米国議会が貿易相手国のやり方を不公正なものと決めつけ、当該国、この場合は日本、を名指ししての強硬法案を利害関係議員たちが正式に提案、それを受けて議会では、文字通りに〝これ見よがし〟の審議がなされる。

そして、こうした審議そのものが、米国政府に対しても、あるいは、相手国政府に対しても、問題化しているセクターでの通商摩擦解消取り組みに向けた、極めて大きな風圧になっていくのである。レーガン政権下での日米自動車輸出自主規制交渉などは、こうしたケースの典型と言えようか……。

ここで少し回り道して、付記しておくべきは、米国議員たちの純粋な立法活動と、議員たちが選挙基盤向けに、ある意味、アリバイとして行う立法的活動とを、違いを十分理解した上で、峻別しておく必要性であろう。

純粋に新しい制度やルールなどを制定しようとして、法律を通そうとするのが立法活動だとすると、立法的活動とは、立法としての成就は問わず、取り敢えずは議員自身の活動を有権者に誇示するため、アリバイ的に法案を提案するに留まる場合などである。

後者は、選出基盤向けの、ある意味でのパーフォーマンスであって、選挙区の意を受け、兎にも角にも当該議員が、該当の法案を議会に正式提案した、つまり、そうした立法的活動そのものが、極論すれば、その議員の目的というわけだ。

これに対し、立法活動は、文字通りに法律を作って、それを議会で正式に決定する。

こうした違いを尺度とすれば、議員たちが議会に、厳しい内容の対日法案を提出するのも、それが必ずしも立法化を目指していない場合が多い。だとすると、それは、〝立法的活動の範疇で理解さるべきものだ〟、ということになる。それ故、その目的は、日本に対しての圧力賦課と、米国政府に、自分たちの意向を勘案して日本と交渉して、実のある成果を確保せよ、との政治的メッセージ発出だ、ということになる。

いずれにせよ、このような、ある意味、政治的意図を持っての議会のパターン化した行動を経て、個別の産業摩擦が政治問題化し、結果、それらの多くが日本の輸出自主規制で決着がつくことになる。

しかし、そうした、米国が日本に輸出自主規制を強いる、というやり方が通用した環境は、一九九〇年半ばになると、一気に失われてしまう。

ＧＡＴＴがＷＴＯへと昇華される中、米国の通商法、とりわけ八四年法の第三〇一条に代表される一方的措置は実質的に禁止され、また、セーフガード協定に基づく〝輸出自主規制という手法〟そのものが、ＷＴＯ下では認められなくなったからである。

2　ＧＡＴＴからＷＴＯへ

一九八〇年代の半ばまで、日米間で通商紛争が起こると、米国の対日輸入規制要求→日本の対米輸出自主規制、という解決パターンが常態化するようになっていた。

繊維も鉄鋼も、そして自動車も、解決の方策としては、同じパターンを繰り返した。

戦後は、ＧＡＴＴ（関税と貿易に関する一般協定）が国際貿易のルールとされ、ＧＡＴＴの指向するところは、自由・多角・無差別を基本理念とする通商システムの構築であった。そして、そうしたＧＡＴＴの基本理念は、戦前の保護主義やブロック経済化が第二次世界大戦を招来した反省から導き出されていた。

それなのに、なぜ、輸出自主規制という、ある意味、ＧＡＴＴ規約上の灰色の措置が、一九九〇年代半ばまで、大手を振って常用されてきたのか？

この問題への答えを得るため、ここでは、必要な限りにおいて、ＧＡＴＴ規約と輸出自主規制との関係を概観しておこう[2]。

ＧＡＴＴは、第一一条で輸出入の数量制限を原則的に禁止していた。

また、例外的に数量制限を許容する場合にも、第一条、並びに第一三条で、無差別に他の加盟国にも適用することを要請していた。

加えて、第一〇条では、秘密性を排し、例外として取られた行政措置を司法審査に服させる旨をも明記していた。それだけの厳格性で、自由・多角・無差別を担保しながら、しかしGATTは、それでも現実的には輸出入の数量制限が必要な場合もあるとして、わざわざ第一九条にセーフガード規定を挿入したのであった。

この第一九条は、いわば、輸出入数量制限の原則的禁止への例外である。GATTがこの例外規定を認めたのは、GATT規定上の義務を果たした結果、自国への輸入が急増し、そのために自国の同種産品の生産者や産業に重大な損害が発生、または、発生する恐れが出てきた場合、当該輸入締約国を救済する必要があるからであった。

具体的には、当該輸入国は、必要な限度と期間、輸入数量制限や関税の引き上げ、関税の創出などのセーフガード措置を講じることができる、とされた。

もっとも、この第一九条は、特定国のみを狙い撃ちにはできず、GATT第一条、第一三条によって、加盟国の全てに対し、無差別に適用しなくてはならなかった。これを言い換えると、要は、適用しにくいのである。

現実には、前記のような、予見不可能な事態への対応、あるいは、自国のGATT上の義務尊守の結果生じた輸入急増で、自国の生産者に重大な損害が発生する場合がけっこう多い。それ故、こうした状況が発生すれば、輸入国の為政者にとっては、第一九条が適用しにくいのは困るのである。

だから、為政者にとっての、こうした国内政治状況とGATT尊重の板挟み的立場が、GATT規約上では灰色としか言いようのない、輸出自主規制というフォーマットによる、政治的対処措置を生み出すことになる。

では、この灰色の対処策を、わかりやすく理解するため、日本と米国という、具体的国名を用いて輸出自主規制を例示してみよう。三種類の場合が考えられる。

一つは、米国議会で対日強硬法案が審議されて、その採択を避けるための緊急避難的措置として、米国政府が日本側に要請して実施されるようなケース。

二つは、米国内で、自国産業保護のため、セーフガード措置として、関税引き上げや輸入数量制限などの措置を取らざるを得なくなってしまったが、時の政権が「自由貿易維持」という価値を守るため、自国のセーフガード措置発動よりも、相手国たる日本に、日本の責任で、輸出自主規制を強いるようなケース。

三つは、セーフガードを発動する要件が満たされていないのに、日米間の産業摩擦を解消するため、米国が日本に交渉を仕掛け、日本から輸出数量や輸出価格の引き上げなどを勝ち取るようなケース。

以上のように、輸出自主規制の動機は様々だが、それらが実施される形態としては、これまた三種類が考えられる。

一つは、政府間協定の形で行われるケース。

二つは、日本が、自国の輸出入取引法を使って、日米間であらかじめ合意された内容での輸出数量制限を実現させるための輸出カルテルを、関連企業に結成させるケース。これは、日本政府の一方的措置と位置づけられる。

三つは、日本の業界団体が、米国の業界と共謀して、あるいは、日本側が一方的に、輸出数量を制限し、または、輸出価格を引き上げるケース。民間ベースでの取り決めを、政府が、いわば、公然と黙認するケース。

もちろん、こうした諸形式を採用しての輸出自主規制の実施は、言うは易く行うは難いもので、米国の通商法上の問題や、あるいは独占禁止法上の問題、さらには、ＧＡＴＴ規約上の問題などが、潜在的にいろいろ発生し、結果的に、国際貿易のルールを大きく損なう可能性も大きい。ＧＡＴＴ規約上の灰色性が、結果から見て、明確に黒色に変色してしまうことにもなりかねないのである。

たとえば、そのような通商法上の問題としては、既述の日本の対米自動車輸出自主規制（一九八一～九三年度）が考えられる。

このケースでは、カーター政権末期に国際貿易委員会（ＩＴＣ）がシロの判定を下し、それ故、米国は一九七四年通商法の枠内では対応措置が取れなくなったはずなのに、後を継いだレーガン政権は米国議会からの圧力を背景に、日本に（一方的な）輸出自主規制措置を取らせることになった。

そして、この自主規制は、結局、規制数量を増減させながらも、九三年度まで都合一一年間継続されることになるのだが、これだけ長く規制を継続させうる米国内法上の根拠は何だったのか……。おそらくは、大統領の外交権限以外、説得的な根拠の提示は難しいだろう。

もう少し、この点を、米国通商法上のセーフガード条項の場合を深掘りしながら、見てみよう。

同条項は、GATT一九条と整合を保っていると論じられる。

しかし、七四年通商法のセーフガード条項は、救済の与えられる期限を原則五年に限定（ただし、三年間の延長は可）しており、この限定はGATT一九条の精神を体現したもの。それ故、純粋に法的観点に限定し、日本の対米自動車輸出自主規制が〝仮に〟セーフガード条項に則った形で発動されていた（現実には、そうでなかったこと前述の通り）としても、五年目を超えた期間（三年の延長可能性を加味すれば、八年目以降の期間）の部分の、日本の輸出自主規制根拠が、米国側のどこにあるのか、全くわからなくなってしまうのである。

結論を先取りすれば、この場合でも、五年目以降（最長八年目以降）は米国側に根拠はない。それ故、超過期間部分の、現実の日本の対米自動車輸出自主規制の性格は、文字通り日本側の〝一方的〟自主規制だ、となるわけである。

また、このケースが、米国自動車産業に実際の被害が発生し、ITCの勧告により大統領が輸入救済を施す場合だったとしても、当該被害産業が輸入競争に対し、積極的調整を行ったか、さらには、救済措置が継続される場合、救済措置の結果、消費者に打撃を与えていないかが、大統領の措置を正当化できる理論的根拠のはずなのだ。

ところが、〝日本の対米自動車輸出自主規制〟の三年目以降になると、米国産業の状況から判断する限り、そうした根拠は米国内にはどう考えても見出せない。

米国の自動車メーカーは多額の利益を上げ、乗用車価格は上昇し、その分、消費者は高い車を買わされ続けていたからである。それが規制期間三年目以降の米国自動車市場の実情であった。この点からいっても、三年目以降は、米国の措置は通商法を根拠には説明し得ないことになる。

だからこそ、米国は、八六年度以降は、もはや、自主規制を求めないという立場をとり（一九八五年三月のレーガン大統領声明）、後は、あくまでも日本の、文字通りの自主的措置、という姿勢に終始することになるわけだ。

そして、こういう姿勢をとれば、米国の政権は、自国の通商法に違反しているとの非難を免れ、その際の規制継続は日本の責任、という線で押し切れる。自動車輸出自主規制の背景にあった、米国の政治メンタリティーとは、おそらくは、こういうものだったであろう。

いずれにせよ、前記のような実態を許容していたＧＡＴＴ規定は、一九九五年に発足した世界貿易機関（World Trade Organization: WTO）の下では、もはや、許されなくなる。

ＷＴＯでは、その紛争処理了解において、第二三条で、ＷＴＯ協定違反の認定及び対抗措置の決定は紛争処理了解の手続きに従わなければならない、と定められた。

また、米国通商法三〇一条に代表される一方的措置は実質的に禁止された。

さらに、第一一条で、それまでセーフガード協定に基づく形で容認されてきた輸出自主規制も、明示的に非合法化されたのであった。[3]

3　ＭＯＳＳ協議

一九八〇年代に入り、米国の貿易赤字、とりわけ対日赤字基調が顕在化し、対して、日本の貿易黒字、とりわけ対米黒字基調が定着する。

そうなると、米国と日本の間では、個別産業間の軋轢の要素に加え、両国の産業構造、さらにはもっと広範に、経済構造の違いが、通商摩擦の交渉テーマとなっていく。

一九八〇年代の半ば以降、個別産業の問題が、何度交渉して解決が図られても、再び摩擦の種となって再浮上してきてしまう。その一方、マクロ政策だけでは個別の産業摩擦は解消されない。

だから、時間が経るに従って、摩擦の根源として問題視される範囲も自ずと拡大され、通商交渉の範囲も、個別産業の軋轢への対処と合わせて、双方の国の構造調整を指向する方向に変質していくのである。

さらに加えるに、こうした方向性が出てくる場合、攻める国（この場合は米国）のほうが相手国（日本）の産業・経済構造をより具体的に問題視し、守る国（この場合は日本）のほうが、相手国（米国）に具体的なことを要求しにくい、という情勢も生まれる。なぜなら、具体的に困っているのは攻める国のほうであり、守るほうの国は、交渉の基本性格において受身的にならざるを得ないからである。

いずれにせよ、以上のような背景の下、日米産業間の軋轢を緩和するための交渉は、同時並行的にいくつもの分野を扱う形のものになっていく。そして、両国の政権が何代か交代していく中、日米間の通商交渉も、個別産業間問題と日米両国の経済構造問題の双方を、それぞれに協議し合うものに、次第に変貌していくのである。

そうした形への変貌の端緒となったのが、一九八五年一月の日米首脳会談で開始が決められたＭＯＳＳ（Market Oriented Sector Selective：市場指向・分野選択型）協議であった。

レーガン、中曽根両首脳が、それぞれ二期目の政権を発足させた直後に、忌憚なく意見交換をする場を持つのは有益、との理由付けで設定された、この首脳会談がＭＯＳＳ協議を生み出すことになる。(4)

ＭＯＳＳ協議は、巨額の貿易赤字に悩むレーガン政権が、米国議会とも連動する形で、日本の市場開放を一層強く求め、それに対し、急台頭する経済力を背景とした日本が、それ故にこそ、円滑な対米関係を指向して、米国の要求に応ずる形で開始が決定されたもの。

だから、この協議の基本性格は、あくまでも日本市場へのアクセス拡大を目的としており、その意味では、米国から日本への一方的要求を実現させるメカニズムと解された。

一説には、このフォーマットは、これに先立って実施に移されていた日米円ドル委員会（円・ドル・レート、金融・資本市場問題特別作業部会：一九八三年一一月、竹下大蔵大臣とリーガン財務長官の間で創設合意）の手法に倣ったともいわれ、ホワイトハウス内での提唱者はリーガン財務長官（当時）だとされる。

いずれにせよ、繰り返せば、こうした形で日本市場の開放（その前提には、当然、日本市場が閉鎖的である、との認識があったはず）を協議すること自体、米国の貿易赤字の主因が米国自身の経済政策や産業構造に起因する、との日本側の主張と相容れないことは自明であり、それでも、この種協議の着手に日本側が同意したこと自体は、間違いなく、日本側の対米配慮、あるいは、米国側の対日政治圧力増大、の結果であったと言えるだろう。

かくして、ＭＯＳＳ協議によって、電気通信、エレクトロニクス、医薬品・医療機器、林産物の四分野の日本市場の開放が、同時並行的に協議されることとなる。これら四分野は、米国企業が競争力を持ち、それでも対日輸出が伸びないのは、日本側の構造に問題があるからだ、とレーガン政権が見なしていた分野であった。

協議の結果は、一年後の一九八六年一月、日米共同報告書の形でまとめられ、公表された。

その共同報告で、ＭＯＳＳ交渉の成果は次のように総括されている。

「……安倍外務大臣とシュルツ国務長官は……ＭＯＳＳ協議の結果として……日本の市場アクセス面で多くの積極的変化がもたらされた、との認識で同意した。……これらは、米国その他の外国企業にとって新しい市場機会を創り出すもので、……ＭＯＳＳに於いて、日本の輸入が増大することが、我々双方の努力の成果の重要な試金石となるだろう……MOSSは特定の分野での案件を処理して行く上で価値のある枠組みであり、（両大臣は）そのプロセスを継続することでも合意した……」[5]。

共同報告は、前文で、以上のように意義を強調しているが、各分野の〝実施済み〟、あるいは、〝今後実施される事項〟を一つ一つ見ていくと、実に細かい内容のものとなっている。

その細かさを説明するため、電気通信分野に関する合意事項を、少し長くなるが、共同報告の中から、参考までに以下に列挙しておこう。

「……MOSS電気通信分野における努力は、日本の電機通信端末機器及び電気通信サービス市場、並びに、無線通信機器及びサービス市場の自由化を目的として、協議の過程で提起された全ての問題を実質的に解決し、著しい成功を収めた……」。

「……実施済み事項は以下の通り……」。

「……電気通信端末機器市場については、（1）製造業者作成データの受け入れ及び認定マークの自己貼付、（2）端末機器技術基準を〝ネットワークへの損傷〟防止に必要なものにまで削減、（3）管理面で利害関係者を除外した端末機器の中立的指定認定機関の設立、（4）第一種電気通信事業者により電気通信役務の一部として提供されるものを含む、あらゆる端末機器を対象とする中立的指定認定機関の設立、（5）申請審査の標準的事務処理機関を含む端末機器認定手続きの簡素化……」。

「……電気通信サービス市場については……（6）第二種電気通信事業者に対する外資規制の撤廃、（7）登録及び届け出手続きの標準的事務処理期間の設定、（8）外資系企業の代表も参加するPROA資格に関する研究会の設置……」。

「……無線通信機器及びサービス市場については……（9）第一種電気通信事業者がKuバンドで運用する米国製通信衛星を調達できるようにするための用意、（10）日本の自動車電話市場の自由化を念頭に於いて自動車電話の技術基準を検討するための用意、（11）米国製ポータブル・データ・ターミナルの市場アクセスを容易にするための利用可能な周波数の提示、（12）無線通信機器の技術基準適合証明の標準的事務処理期間の設定……」。

「……その他の事項については……（13）電気通信プロトコールの作成を含む電気通信の主要な案件に取り組むための米国のTI委員会と同様の独立、且つ、中立の基準策定機関の民間による設立、（14）電気通信審議会及び電気通信技術審議会の委員などに在日外資系企業代表も任命、（15）電気通信技術審議会に技術水準の制定、または、改正に関する諮問を行う場合のパブリック・ノーティスの実施、（16）不認可となった申請及び電気通信事業法の実施に関する苦情をレヴューするため外務省が議長となり、郵政省及び在日米国大使館員により構成されるアド・ホック委員会の設立……」。

「……今後、実施される事項は以下の通り……」。

「……（1）将来のデジタルサービスに於いて、第一種電気通信事業者によって提供される宅内機器と伝送サービスとの約款上の関係、（2）一般第二種電気通信事業及び特別第二種電気通信事業の区分、並びに、登録及び届け出の要件の区分を含む規制手続き、（3）外国人及び全額外国出資の団体が各種陸上移動無線業務の無線局を開設する機会の拡大、（4）技術基準適合証明及び任意型式検定に於ける製造業者提出データの受け入れ及び技術基準適合証明のラベルの自己貼付、（5）無線通信機器の技術基準を原則として、他の利用者への混信の回避及び周波数の効率的利用に必要なものにまで削減、また、削除される受信機技術基準の米国TI委員会に準じた民間の基準作成委員会で作成する任意基準への移行、（6）無線通信機器の認証機関の中立化、（7）技術基準と周波数について必要な情報を入手し、相談を受けるため及び必要な手続き開始のための窓口設定、（8）十分なる資格を有する外国人無線従事者の受け入れ、（9）新規参入者に機会を拡大することとなるような自動車電話の技術基準の設定及び周波数の分配……」。

「……継続案件は以下の通り……」。

「……（1）貿易に影響を与える可能性のある調達に関する商習慣についての検討、（2）放送衛星を含む通信衛星調達に関する日本政府の政策の明確化……」。

以上は、あくまでも、MOSS協議四分野のうちの電気通信分野のみの記述だが、これ以外に、医薬品・医療機器、エレクトロニクス、林産物の三分野があり、それら分野でのいずれにおいても、事細かな日本国内でのルールや手続きが協議の俎上に乗せられていたわけである。

かくして、一九八六年以降も継続されることとなったMOSS協議の枠組みに、一九八六年五月、自動車部品も組み込まれることになっていく。

4　MOSSからSII（Structural Impediments Initiative: 日米構造問題協議）へ

自国の貿易赤字の恒常化を前に、米国は、それが自らの経済政策や産業構造の弱体化の結果とは位置づけず、あくまでも競争相手と化した日本の市場の閉鎖性、あるいは、米国とは異なる異質の産業慣習などによる、と見なしがちであった。

それ故、米国は、既存四分野で十分な成果をあげ得た実績に背中を押される形で、それまでに解決しきれなかった自動車部品を巡る摩擦をも、MOSS協議の場で取り上げようとするに至る。同様に日本側も、自動車部品を巡る米国議会の議論の中で、ローカルコンテント法案が頻繁に取り上げられていた当時の状況を鑑みて、この問題をMOSSでの協議事項とすることに、渋々同意する。

おそらく、米国側としては、数量制限や関税などの国境措置を撤廃しても、自動車部品の日本市場への浸透度が増すとは思えず、むしろ、その浸透度の低さは、日本市場の基礎にある構造や制度、ビジネス慣例などに起因するものとし、この問題を日本政府の権限が及ぶ範囲で、日本自身の手で問題を解決させよう、と考え始めたのだろう。

このように、両国が共に、自動車部品をＭＯＳＳ協議の対象に加えることに同意した、とはいっても、その動機は同床異夢ともいうべきであって、そもそもこの協議の場で、自動車部品分野のどこに焦点を当てるかさえ、当初には合意がなかったし、実際に協議入りしても、初期の期間は、協議のアジェンダそのものを何にするか、の協議で時間を取られる始末であった由[6]。

米国側には、日本市場での米国製品の浸透度を高める方向に焦点を当てるか、あるいは、対米進出を本格化させた日本の自動車産業への、米国内での米国製部品購入を増やさせる方向に焦点を当てるか、の二つの選択が有り得ただろう。

もっとも、よくよく考えてみれば、後者は、米国に進出してきた日本の自動車メーカーが困るかもしれないし、それがひいては、日本の自動車メーカーが米国内で創出するはずであろう雇用の増加すら、実現を制約してしまうかもしれない。とすると、米国側は、当面は前者でいくのがベター、と考え始める。

一方、日本側は、ＭＯＳＳ協議は政府による規制が米国製品の日本市場参入を阻害しているかどうか、検討することが元々の導入趣旨であって、自動車メーカーと部品サプライヤーの関係は民間企業の商習慣たるべき分野であり、そうした分野にまで、政府間の協議が介入することはやるべきではないし、やれることではない、と主張していた。

結局、そうした双方の事情故、ＭＯＳＳ協議を通じて自動車部品摩擦を調整しようとした際、日米両国が焦点を当てることになったのは〝米国製部品の対日輸出の促進〟であり、具体的に取り上げたのが、日本独特の車検制度の問題と自動車メーカーと自動車部品サプライヤーとの間の系列関係の問題であった。

ＭＯＳＳを通じての自動車部品協議は、とりわけ系列問題に関しては、双方の議論が応酬されるなど、白熱はしたものの、〝米国製部品の日本市場における販売増大〟といった尺度からすると、米国側に、あまり大きな成果を生み出さなかった。大山鳴動ネズミ一匹の感が強い。そして、こうした反省がおそらくは、後日、クリントン政権が日米包括経済協議を開始するにあたっての心構えとなり、前代未聞の数値目標の発想へとつながっていったのではあるまいか……。

このような状況下、ＭＯＳＳ協議は進展していたが、肝心の米国の対日貿易赤字幅は一層増大し、それ故、レーガン政権内でも、これまでのような個別産業分野のみを問題視していたのでは埒が明かない、との認識も深まってくる。一九八六年四月、シュルツ国務長官と中曽根内閣の安倍外務大臣との間で、両国間の構造的問題に関する日米構造対話を行う合意が成立したのは、主に米国側のそうした認識（問題の根は両国のマクロ経済構造の違いに起因する）の故であった。

この構造対話は、一九八六年一〇月、八七年三月、同一〇月、さらに八八年四月、同一〇月と会合が重ねられた。この間、一九八七年八月には、ＭＯＳＳ協議の最終報告書がまとめられている。

いずれにせよ、マクロ経済問題を扱うこの日米構造対話が、一九八九年七月の宇野首相・ブッシュ大統領間の首脳会談で、より発展的に解消される形でのＳＩＩ（日米構造問題協議）として、新たに交渉開始が決定されるのである。[7]そして、このＳＩＩでは、マクロ経済構造問題に加え、個別の産業摩擦問題も、同時並行的に取り扱われることになる。

日本側は当初、こうした米国側のマクロ・ミクロ併用のアプローチに必ずしも賛成していなかった。日本側には、米国側の貿易赤字は、米国内の財政赤字を含む需要過多に主因があり、その是正なくしては根本的問題の解消にならない、との認識があったからである。

それにもかかわらず、結局、日本が米国からの提案に応じたのは、前述しておいたように、日米貿易赤字が拡大し続け、日本経済の台頭が続く中、米国議会の対日強硬姿勢が冷却化せず、通商法の改正でスーパー三〇一条なる規定が導入され、その行使をブッシュ政権に強いる状況が現出し、これに対し、ブッシュ政権側が、このスーパー三〇一条の枠外での日米構造問題対話という形式を日本に提案してきたからであった。

また、この提案フォーマットであれば、日本から米国に要求することもできる、そういった意味で、双方向性が担保されると、日本が考えたからだとされる。

かくして、米国側から日本に対して協議を申し込んできた六項目（貯蓄・投資パターン、土地利用、流通、排他的取引慣行、系列関係、価格メカニズム）、並びに、日本側から米国に協議を申し入れた七項目（貯蓄・投資パターン、企業の投資活動と生産力、米国の競争力強化、企業ビヘイビア、政府規制、研究開発、輸出振興、労働力の教育及び訓練）のそれぞれについて、一九八九年九月から九〇年六月にかけて、都合五回の協議が行われたのであった。

SIIの最終報告書は、一九九〇年六月の第五回会合に提出され、公表されたが、その後もフォローアップ会合が初年度に三回、次年度から二年間に渡り、それぞれ年二回ずつ開催されることになる。

そして、これらプロセス全体に関する、第一次報告書が一九九一年五月、第二次報告書が一九九二年七月に、それぞれ取りまとめられている。

SIIには、結果として、実に多くの官庁が、日米双方で動員された。

当初は、日本側は外務審議官が中心になり、それに大蔵省（現財務省）の財務官、通産省（現経済産業省）の通産審議官、この三人が代表となって、米国側の通商代表、財務省代表、商務省などが入って議論するはずだったという。

ところが、蓋を開けてみると、米国側の問題提起が多岐に渡り、それに応じて日本側の関与官庁も労働省や法務省、公正取引委員会など拡散する一方で、最終的には、総合調整のため、総理官邸がかなりの関与を余儀なくされた由。[8]

それ故に、交渉過程の内実を吟味すれば、日本側、米国側で、それぞれに身内の足の引っ張り合いも多かったのであろう。たとえば、当時、財務省大臣官房企画調査課長だった久保田勇夫は自著『日米金融交渉の真実』（日経BP社、二〇一三年）の中で、次のように記している。[9]

「……日米構造問題協議における争いは、実は日本と米国との間の争いだけではなく、我が国の財政当局と公共事業を担当する官庁との争いでもあった……（事後的にわかったことだったが、）公共事業を担当する官庁の人々が、支援

（外圧）を求めて様々な形で米国関係者とも接触していたらしいことを知った……この人達は、当時の政権政党のキング・メーカーとも呼ばれた政治家とも密接に接触していたという……そして、この有力政治家が、我々（大蔵省）に対して、『米国を怒らせてはいけない。米国がそういうなら仕方がないだろう。（事務的に詰めていた公共事業の規模四〇〇兆円に、）三〇兆円以上の上乗せしろ』と指示を出した……」云々。

久保田は続ける。

「……我々は、日米構造問題協議を発足させた両国首脳の共同宣言にいうが如く、『国際収支不均衡の削減に貢献して行くとの目的の下に』、『両国で貿易と国際収支の調整の上で障害となっている構造問題を識別し、解決していく』ために、この構造問題協議を行っていたつもりであった……ところが、（上記のような実態であるのならば、）それは、日米の争いに名を借りた、あるいは、それを好機とした、公共事業の支出の拡大を目指した、日本国内の勢力と財政当局との争いでもあったということになってしまう……さらに言えば、本来国内で解決すべき国内問題を外国の手を借りて、または、外国との交渉の場を借りて、自己に有利になるようにしようという試みということになる……」。

久保田の憤懣は続く。

「……本来、国家間でやるべきでない行為は、米国の側からも行われていた。当時の米国の一部の外交官は、我が国の野党にも働きかけていたのである……米国の外交官が、時の野党の政治家に対し、おそらくは与党が賛同しないような内容について、根回しをしていたのである……（これらはいずれも、）当時の日米の様々な分野での確執は相当のものであり、幾つかの、通常では考えられないような『仁義なき戦い』が国境を越えて展開されていたことを示すものだった……」。

5 SIIの成果

では、この日米構造問題協議は、実際、両国にどのような成果を残したのだろうか？

本来は、この協議は、米国の貿易赤字の削減に資して、初めて大目的を達した、と評することができる性格のものだったはず……。

ところが、米国の交渉戦略が、日本市場の構造改革に過度に集中されたがため、日本国内では大きな成果、あるいは、大きな影響が残ったが、肝心の米国には、それほど大きな成果というか、影響を残せなかった、のではなかろうか……。逆に言えば、その分、日本側の対米要求が実効的に受け入れられなかった、ということになるのではなかろうか……。

そして、こうした成果の、〝日本に大きく、米国に小さかった〟、という意味での片務性は、実は、米国政府の交渉スタイルからも派生しているように思われる。

米国の権力構造には、極めて単純なところがある。最高権力者である〝大統領に近いかどうか〟、で全てが決まる。日米交渉においても、米国側の提案を誰が中心になって書いているのか、そうした実態を見ていくと、大統領に近い、あるいは、政策ではなく政治的配慮で、A長官ではなく、ホワイトハウス内のBロビイストが担当している、そんなケースが多々見られる。

本書の繊維の項でも概観したように、対日繊維要求を当初描いたのは、選挙の際の側近転じて商務長官になった人物だった。[10]それ故、彼の本来の関心は、政策指向ではなく、ニクソン大統領（当時）の選挙中の誓約をどう達成するか、であった。つまり、日本の繊維製品の対米輸出を抑制させる、という目的は鮮明だが、その結果、米国の繊維産業をどう立て直すか、そんな観点での政策効果を最初からあまり重視していないのだ。

久保田勇夫も前記の書で次のように書いている(11)。

「……日本や欧州の国々では、一国の提案ということとなると、それを相手国側に提示する前に、部内で相当慎重な検討が行われる……ところが米国の場合、必ずしもそうではない……まだ『生煮え』の段階の案が簡単に相手方に提示される……その提案の作成者が政治的任用にかかる高官である場合には、(特に)そうした可能性が高い……」。

要は、この記述が示しているのは、米国の政権内で、交渉に向けた指導権を握るためには、換言すれば、アジェンダの方向性を規定する大きな動きを作り出すためには、何をすれば良いか、の秘訣なのだろう。

その答えは、対応策をタイミング良く打ち出し、ホワイトハウス内をその方向に誘導する。つまり、その方向に〝動きを作り出していく〟。それに成功したほうが、ホワイトハウス内での影響力を強め得る、ということのようなのだ。くどいようだが、指導力を発揮するためのイニシアティブを取る〝座〟そのものを確保すること、それが、米国の政権内部での影響力確保競争のゴールとなるのだ。こう見ていくと、かつての日本が米国から批判されたと同じような権力構造――権力を行使すべく期待される立場の人間、たとえば行政府の長官と、実際の政策の方向性を決める立場の人間、たとえばホワイトハウス内の大統領補佐官、との権力の二重構造は、米国の場合、全てのケースに適応できないまでも、争点が政治化すればするほど、その種の表面権力と裏権力の発生する可能性が高く、その限りでは、米国内にも、やはり、権力の二重構造は存在するのではなかろうか。

話がまた回り道をしたので、本筋に戻す。

こうした対外提案の練られ方や、交渉者たる座を手中にする、その方法の日米間での違いが、米国案が往々にして〝生煮えのままのもの〟となり、結果として、日米構造問題協議の両国への成果普及の度合い、つまり〝日本に大きく、米国に小さく〟、という相違をもたらすことにも通じてくる。

〝日本には大きく〟、と強調したが、畠山通産審議官（当時）は、その著「国益を巡るドラマ」の中で、日米におけるSIIの成果について、次のように記述している[12]。

「……日米構造問題協議は、その後二回に渡って行われたフォローアップ協議も含めて、日本の構造問題の改革に画期的な成果をもたらした。日本の貯蓄投資バランスを改善して貯蓄を減らし、投資を増やす面では、公共投資基本計画が一九九〇年六月に閣議了解され、一九九一年度から二〇〇〇年度までの一〇年間に概ね四三〇兆円の公共投資を行うことが決められた……」。

「……流通の分野では、大規模小売店舗法の大改正が九一年五月に行われ、新店舗の開設のための出店調整処理期間を一年以内に短縮するとともに、従来、とかく地元商店街の狭い利益だけを守ることに傾きがちだといわれた商業活動調整協議会を廃止して、調整は大規模小売店舗審議会で行われることとなった……」。

「……特許の審査期間の短縮についても、ペーパーレスシステムを推進しつつ、毎年審査定員の増員を行うなどにより、SII開始の前年の一九八八年に三七カ月であった審査期間を、九三年には二八カ月へと短縮するのに成功した……」。

「……独占禁止法の分野でも、九〇年六月のSII最終報告を受けて、九一年四月の法改正で、同法違反の場合の課徴金を、流通業は二倍に、製造業は三倍に、流通・製造業以外は四倍に、それぞれ引き上げた……」云々。

もちろん、同じ役所の関係者といっても、米国側の要求に日本側が応じたことを、必ずしも納得した気持ちで受け入れられない人達もいただろう。たとえば、前述の久保田は、公共事業規模の誓約について、前記の著作の中で次のように書いている[13]。

「……（米国が）他国の将来の公共事業の支出額を、経済情勢がどうなるかわからない現在の時点で、約束せよ、とはとんでもない話だと思った……そこで、この約束には、将来、困ったことにならないために三つの安全弁が組み込まれた……第一に、この支出額（一〇年後の公共事業支出の総額四三〇兆円）は名目金額であり、実質金額ではない。将来、物価が上昇すれば、それだけ、この目標は達成し易くなる……第二に、この公共事業の支出額には土地代を含むものとされた……土地代を含むことで、計算される金額は多くなり、目標の達成が楽になる……第三は、期間が一〇年と長くなっている……対象期間を一〇年とすれば、その間に、景気の山もあろうし、谷もある。つまり、景気変動が目的達成に与える影響の程度も減少するはず……」。

こうした苦労話を、現時点から振り返って読んで見ると、同じ日本政府内部の人達の間でも、それぞれの立場の違いで、交渉を巡る感想がかなり違ってきている。特に政治家が絡んできた場合の評価には、複雑な思いが漂っているように見えるのは、読み間違いであろうか……。

もっとも、立場が異なるからといっても、長期的に見て、交渉の成果が日本の経済や産業構造の改善に役立った、と評価する見方では関係者には共通認識があるように思われる。

では、こうした日本国内への影響とは裏腹に、米国がどのような改善を行ったか、という点になると、日本側の見方は辛辣なものになりがちである。

考えてみれば、それは当然であろう。元々が、米国側の要求で、かつ、大元は米国側の必要で始まったのに、肝心の米国では改善が進んでいない、と認識されたからである。

再び、畠山の著作から引用させていただこう(14)。

「……米国の財政赤字削減に関しては、計画は常に美しく描かれるが、現実に赤字が醜く膨らんでいった。ブッシュ政権の財政収支均衡目標年度は逃げ水のように先へいき、しかも現実の赤字規模が拡大していった……」。

「……ミクロ面での改善もはかばかしくない。メートル法の採用の問題が、その一例だ……一九九五年はメートル条約成立一二〇周年である。同条約を通じて、ヤード・ポンド法だとか、尺貫法とか、世界でバラバラになっていた計量単位をメートル法に統一しようという努力がなされてきた……」。

「……日本もこの条約に一八八五年に加入し、計量法を施工し、古くから馴染んできた尺貫法を苦労してメートル法に変えた。米国は当初からこの条約を批准していたにもかかわらず、未だにヤード・ポンド法を放置したままだ……つまり、米国がメートル法を採用していないために、単に中小企業を中心とした米国からの輸出ができないだけでなく、米国へ外国から進出してきた企業への販売も難しくなり、必要の無い輸入まで行われているのだ。米国政府は一方では、事あるごとに現地部品の使用比率を上げよ、と米国への進出企業に圧力を加えているのに、この始末なのである……」。

「……日本側は、米国に対しメートル法の採用を強く要請した。これに対し、米国側は、政府調達部門では、九二年度末までにメートル法に切り換える計画があり、そうなると民間部門も政府への物品納入を通じて間接的にメートル法利用に切り換わるだろう、との見通しを明らかにしたが、肝心の民間部門自体のメートル法採用については……『商務省は民間セクターがメートル法の使用を大幅に拡大、増加するための方途について引き続きスタデイを実施する』という官僚作文に終わっている……」。

いずれにせよ、SIIは、これまでの通商交渉の歴史の中でもあまり類を見ない、相互に相手の構造に文句をつけ合うフォーマットを採用し、表向きは〝双方向性〟を唄うものだった。

しかし、そのうち実は、日本の対米輸入のあり方についての米国の要求と、米国の対日輸出増大に向けての日本の要求（妙な位置づけではあるが……）という、内容的に見た場合の実態は、必ずしも相対性の無いものとなった。言いたいのは、こうした要求の方向性の違いを内包したままでは、日本の輸入構造にせよ、米国の輸出構造にせよ、結果としての貿易分野での裨益は、全て米国側が享受することになっていた点である。

正確な意味での双方向性を言うのなら、米国が日本の輸入構造に文句をつけ、逆にまた、日本も米国の輸入構造に文句がつけられる（消費抑制、輸入抑制に向けて）、そういったものであるべきではないのか……。もっとも、そもそものＳＩＩの発想は、米国の対日貿易赤字を是正するためのもので、しかもそのフォーカスは、米国の輸出面のみ、つまり輸入増加の方には〝目をつぶる〟というものでしかなかった。

つまり、焦点は、明らかに日米双方の国の経済構造の違いの中でも、米国側が〝問題〟とする箇所のみを対象とし、その〝問題〟部分（米国の輸出増大）のみの是正を図る、それ故にこそ、その日本名も、日米構造〝問題〟協議であったのだろう。

6　新しい構造協議のフレーム（日米包括経済協議）へ

政権が変わると、同じ方向を向いた政策であっても、そこに何らかの新しさを加えようとする力が働く。政治とはそんなものなのだろう。

一九九二年一一月の大統領選挙で、民主党のクリントン候補が共和党現職のブッシュ大統領を破った。第一次湾岸戦争に勝利し、一時は国民の高い支持を得たブッシュ大統領に挑戦者クリントン候補が勝利できたのは、ひとえに経済的要因であった。実態的には、選挙期間中、米国経済は回復軌道に入っていたと、経済アナリストたちは事後には言うのだが、選挙期間当時は、米国経済はなお、低迷を続けていると見られていた。

そんな状況下、国防で実績を上げたブッシュ大統領に対抗するため、挑戦者クリントン陣営が前面に出したのが〝It's Economy, stupid〟つまり、所詮は経済なのだ、とでも訳すべきスローガンだった。

かくして、当選したクリントン新大統領にとって、〝表立っては〟いまだ低迷している米国経済をいかに立て直すか、それを実現することこそが彼を選出した有権者の信託だ、と見なすことになる。

そんなクリントン新大統領に、米国産業界は貿易赤字の削減を迫る。そして、貿易赤字といえば、最大の元凶は日本、ということになるのであった。

たとえば、クリントン政権発足直後、今後、海外諸国とどういった通商交渉を行うか、産業界からの意見を求めるために新設されていた通商政策・交渉諮問委員会（Advisory Committee for Trade Policy and Negotiations: ACTPN）は、相手国の市場開放の進展度を測る指標の導入を提言、通商交渉の成果は、そうした指標で測られるべきだ、との考え方を提示した。

そこには、同委員会の座長を務めたロビンソンＡＭＥＸ会長の金融的発想（数字で成果を測る）に加え、先行の日米半導体協議で採用された数値目標方式、しかも、そうした方式が奏功しているとの認識、さらには、当時、なお、未決着であった日本の自動車メーカーの米国製部品購買計画目標の未達成という現実があった。

自動車部品問題が絡んできたので、ここで、極簡単に、その概要を解説しておく。

一九八九年九月から開始されたＳＩＩでは、交渉分野の一つとされた「排他的取引慣行」項目の中で、自動車・自動車部品が取り上げられた。しかし、事務方を通じての自動車分野議論は、論じれば論じるほどに問題領域が拡散し、事務的話し合いではけりがつかず、決着は、一九九二年一月の日米首脳会談（宮沢・ブッシュ）にまで持ち越されていた。(15)

この間の経緯を説明し始めると、詳細には入らざるを得なくなるが、それら経過はここでは省略し、結果だけを述べておこう。

首脳会談では、最終的に、米国製自動車部品の日本メーカーによる購買増加問題が焦点となり、結論として、日本の自動車メーカーの自主的努力目標としての購入拡大計画が、ACTION PLANとして合意の中で謳われることになった。

その主な内容は、一九九〇年度には約七〇億ドルであった日本の自動車メーカーの米国現地工場での現地調達額を、九四年度には約一五〇億ドルにまで倍増させることを、日米両国が、日本の自動車メーカーの達成すべき努力目標、ということで共通認識を得たというもの。

このACTION PLANにはさらに、米国製自動車部品の日本への輸入額も、一九九〇年度の二〇億ドルから九四年度には四〇億ドルに増加する旨の、日本側の予想も付記されていた（上記二つの合意によって、九四年度の日本自動車メーカーによる米国製部品の購入合計額は一九〇億ドルとなる）。

このような合意の仕上げ方には、日米双方にとって都合のよい前提が想定されていた。それらは、日本メーカーの米国内での完成車生産の大幅な増大を、米国製部品購入増大の大前提として設定していたこと。また、この大前提を置くことで、導き出された一九〇億ドルという数字が、その基本性格において、あくまでも推計額であることを間接的に示したこと、であった。

こうした前提を置くことで、結果として導かれる米国製自動車部品購入額の推計値の数字では、日米双方が同意できることになる。つまり、この種の前提の置き方そのものが、交渉を合意させる秘策でもあったわけだが、しかし、こうした合意テクニックが、次なる軋轢の原因となっていく。

日本側は、そこで打ち出した数字を〝あくまでも日本メーカーの努力目標（Goal）〟と主張し続けたのに対し、米国側が後日、一九〇億ドルという数字を、米国の輸出を増加させる方向での、日米両国政府の目標、つまりは〝政府間の約束上の〟民間企業に実行させる目標（Target）だ、[16]との認識を示したからである。そして、この一九〇億ドルを、日本側が結果として、達成できない状況となる。

はたして、一九〇億ドルは、日本が主張しているように、単なる民間企業の購入目標なのか、米国側が主張しているように、〝日本政府による約束を前提にした〟民間企業の購入目標なのか……。後者であれば、日本政府はあくまでも民間企業に目標達成を迫らなければならなくなる。しかし、日本は、民間の購買を政府が介入して強制することは無理、との立場を崩さず、一九〇億ドルはあくまでも目標であって、約束ではない、と突っぱねる。

こうして、この自動車部品購入問題は、結局、一九九三年四月の日米首脳会談（宮沢・クリントン）の場での新規合意――ＳＩＩに代わる新たな日米協議の枠組みとしての、日米包括経済協議の創設――に結び付いていくのである。

では、九三年四月の首脳会談の場で、〝新しい協議の枠組み〟に関連して、どのようなことが話されたのか、クリントン大統領は会談後の記者会見で次のように述べている。(17)

「……私は宮沢首相に、日本の拡大を続ける経常収支及び貿易黒字を懸念していること、そして、米国産品・米国投資家に対する不十分な日本のマーケットアクセスについて、深い懸念を強調した。……マクロ経済上の措置だけでは十分ではない。（同時に、）日本市場はもっと開放されねばならない……米国企業は高品質で競争的な価格で品物を供給できる……日本市場は、米国産品をもっと引き取るべきなのだ……日米両国は、構造的、業種別問題に対処すべく、新たなフレームワーク（日米包括経済協議）を作らなければならない……」。

しかし、このフレームの成果を測る尺度に関し、後日の日米両国間の解釈の違いの根源が、実はこの会談の席上からすでに始まっていた。前記の畠山の著作は、本人自身が直接その場にいたわけではないことを明記の上で、次のように記している。(18)

「……大統領はこの記者会見で、目標とか成功の測定とか数値目標に繋がる発言は行わなかった……それでは、この首脳会談で、数値目標的な話は出なかったのか。出たのである……」。

「……それは、首脳会談に出席した米国政府高級幹部が会談後に行った背景説明で明らかにされている……彼は次のように述べた……『大統領は個別部門の目標の問題は提起しなかった。日本政府は市場シェア指標や数値目標には合意できないと述べ、大統領と他の米国政府関係者は、全員、結果に繋がる意図のない合意はできないこと、成功の測定方法こそが我々の求めているものだ』と主張した……」。

「……大統領は、フレームワーク協議の過程で業種別問題と構造問題を検討し、その結果行われる合意の成果を測ることが重要だと述べた。……他方、宮沢首相は、数値問題に関しては反対だと強調した……」。

このように見ていくと、スタート時点から、双方の主張には、〝目標と成果測定の性格・意義付け〟に関し、大きな溝があったわけだ。しかし、それでも首脳会談での総論的合意が、事務方の詰めの作業を進めさせることになる。

かくして、新しい構造協議に向けた事務方の準備会合で、米国側は次の三点の具体案を持ち出してくる。

それらは、①日本の経常貿易黒字を、ＧＤＰ比で、一九九二年の三・二％から三年後の九五年までに二％以下に削減すること。②日本、製品輸入の比率を、ＧＤＰ比で、九二年の三・五％から九五年までに四・七％程度にまで引き上げること。③五分野での個別協議（１：日本の政府調達、２：日本の規制緩和、３：自動車・自動車部品問題、４：日米経済統合〔対日投資、系列問題など〕、５：既存協定の順守問題〔半導体、ＳＩＩなど〕）で、複数の尺度を設定して交渉を進めること。

7　数値目標を巡る攻防

この提案に対し、とりわけ目標数字の設定に関し、また、複数の尺度を設定しての交渉について、日本側は猛烈に反発する。再び、畠山の著作からの引用である[19]。

「……第一に、数値目標の設定には、ミクロのみならず、マクロでも反対である……米国側五分野提案に含まれる複数尺度も、それが数値目標であれば受け入れられない……経常収支や黒字幅の圧縮にしても、数値目標であれば拒否する……そもそも、こうした数字は、自由市場経済下では、政府がコントロールできない……」。

「……第二は、日米包括経済協議合意は、米国の通商法三〇一条（違約に対する報復条項）の適用除外とすべし……

この了解なしに、包括経済協議のフレーム下で合意すれば、即それが、米国側に三〇一条適用の口実を与えてしまうことになる……」。

「……第三は、協議の対象は、政府の手の届く範囲に限られるべきである……」。

「……第四は、少なくとも議論される項目については、日本側の制度などだけではなく、米国側のそれも対象にされるべき（双方向性の確保）である……」。

「……第五は、協議の結果は、日米だけではなく、他国にも広く適用さるべき（最恵国待遇原則の確保）である……」。

これら日本側の反論に対し、米国側の対応はおおむね以下のようなものだった由[20]。

第一に関しては、日本側の拒否を受容しなかった。つまりは、双方の言い放し。

第二に関しては、通商法三〇一条の適用除外は、米国側交渉者の権限外の話だとして、日本側の主張を受け入れなかった。この件を、畠山の本は次のように記している。「……この木で鼻をくくったような（拒絶の）理由の裏に……一方的措置を背景に数値目標の実現を日本に強制しようとの、隠された意図があることは明白であった……そうであればなおさら、数値目標の合意などできるわけがない、という日本側の思いは強まって行った……」。

第三に関しては、米国側は一応、日本側の言い分を受け入れた。

第四に関しても、米国側は受け入れたが、しかし、そもそもの協議対象が、日本側の構造改革についての、米国側の提案した五分野だったのだから、日本側がいくら双方向性を確保したからといって、それは、日本側の改革・改善を促進するために、それと関連した米国側の措置に限定される、という片務性から抜け出てはいない。

第五は、米国側も受け入れている。

事務方の議論の対立は、その後も継続され続ける。

そして、こうした事務方の対立を収束させたのは、またも政治であった。

国会で不信任案を可決された宮沢首相は、東京サミットを花道に退任が決まっていたが、おそらくは、それまでに日米包括経済協議への道筋をつけようと思ったのであろう。一九九三年七月、栗山駐米大使を通じクリントン大統領に宮沢親書を伝達する。

その内容は、マクロ経済分野では対米黒字の削減に努力する（数値目標なし）。ミクロの構造問題では、数字は「達成目標や対外的公約にはしない」との条件付きで、しかし、参考指標としての導入なら容認する、といったものであったという。(21)

いずれにせよ、米国側はこの宮沢提案に乗り、かくして、東京サミット時に併催された一九九三年七月六日の宮沢・クリントン会談の開催に至るわけである。

しかし、当該会談でも、米側は構造・分野別協議への参考指標導入提案に一定の評価を与えたものの、日本側に一層の妥協を求める姿勢を崩さなかった。東京大学の谷口将紀は、この間の経緯を次のようにビビッドに描写している。

「……（この会談を受けて）宮沢首相周辺は、事務方に一層の妥協案の模索を指示、具体的には、政府調達分野での外国製品購入目標など、政府が約束出来る分野での歩み寄りが議論に上った。これに対し、事務方は、『政府調達は内外無差別とするGATTの原則に反する』（通産省通商政策局）と抵抗を崩さず、調整作業は難航する。九日夜の第二回日米首脳会談までに歩み寄るどころか、都内ホテルのロビーで外務・通産両省員が揉み合いを演じるなどのエピソードを生みながら、漸く七月一〇日になって合意に至り、『日米間の新たな経済パートナーシップのための枠組みに関する共同声明』が発表された……」。

問題は、発表された共同声明中のセクター別協議、及び、協議成果の評価に関する件の部分であろう。そこには下記のような記述があった。

「……両国政府は、この枠組みの下での……セクター別・構造分野で取られる措置、及び、実施状況を評価する。この評価は、両国政府により評価される関連情報ないし関連データからなる一連の客観的な基準に基づいてなされる……これら基準は、達成された進展を評価する目的で使用される……」[22]。

このような、宮沢首相周辺からの政治イニシアティブの発揮のされ方について、前述の久保田は、その著書で次のように書いている[23]。

「……米国のクリントン大統領と我が国の宮沢首相が、両国で、お互いに相手国に対して協議する場を設けようということに合意した……それも『包括的に』(comprehensive)ということであり、字義通りに何でも要求していこうということであった……」。

「……(しかし、各種協議の実情を見れば、)形は双方向であっても、実体は米国に要求の場を提供するものに他ならない……(それ故、)米国と、いわば、『何でも』交渉しようとする場を設けようとすることの成り行きは明らかであった……ところが、サミットを控えた六月一八日に可決されていた内閣不信任案を受けて衆議院を解散し、自らをレームダックと考えておられた我が国の首相は、本提案に前向きであった。外務省を含め、ほとんどの政府関係者が反対する中、首相と米国大統領は、この話を、寿司をつまみながら進められた、と伝えられている……」。

「……(両首脳の)合意があろうとなかろうと、米国は要求すべきことは要求してくるだろうから、政治的な協議開始の合意は、大した問題ではない、との見方もなくはない……しかし、国益を背負った者としては、そういうこととなる芽を少しでも摘んでおく、というのが筋であろう……また、先方が我が国の国際収支の黒字について、数値目標を設定する事を強く求めたので、それを避けるためにそうしたとの見方もあるが、数値目標云々は公務員同士の交渉やアカデミズムを巻き込んだ議論に任せるべきものであろう……」。

こうした文章を読んでいると、言外に、政治指導者の、しかも、自らレームダック化していると認識している指導者の、政治的判断で、事後、日本側交渉当事者が苦しみぬくことになる、そんな軌道を敷かれたことへの怨念のような気持が滲み出ている、そんな気がするのは、〝少し捻くれすぎた〟深読みであろうか……。

谷口も、前述の著作の中で、七月一〇日の両国首脳による共同声明を花道に、宮沢内閣は総辞職、この〝置き土産〟を巡って、以後二年間に渡る日米自動車協議（谷口の著作は日米自動車協議に関するものなので、こういう書きぶりになっているが、他分野の協議も、同時に開始されていること、は言うまでもないことだろう）が始まった、と記述している。(24)

いずれにせよ、経緯はともかく、日米包括経済協議は、その取り扱う分野の多さ故、日米両国ともに、先例ともいうべき日米構造問題協議ＳＩＩの場合と比べて、遥かに大掛かりな陣容を要する交渉となった。

交渉のフレームワークとしては、年二回開催されることになった首脳会談の下に、両国の次官級全体会合が位置づけられ、その下で、三つの大きなテーマの議論、もしくは協議――マクロ経済、分野別協議、地球規模での協力――、が行われる仕組みとなっていた。

ここでは、以後の論述との関係で、もっぱら分野別協議にフォーカスを当て、日米双方の取り組み体制を概説しておこう。(25)

対象となった分野は五つに分かれていた。

それらは、政府調達、規制緩和・競争力、その他主要セクター（具体的には自動車・同部品）、経済的調和（直接投資、知的財産権、技術へのアクセス、企業間の長期的関係）、既存協定（日米構造協議：ＳＩＩ、紙、板硝子、林産物、半導体）の五分野である。

まず、政府調達については、電気通信や医療機器、コンピューター、スーパーコンピューター、人工衛星などが取り上げられ、米国側は通商代表部次席が、日本側では外務審議官が、それぞれに議長を務めるとされた。もちろん、それぞれの議長の下には、両国の関係省庁の担当部局が顔を並べることになる。

次いで、規制緩和・競争に関しては、金融サービス、保険、競争力政策・流通、輸出振興・競争力が対象とされ、米国側は財務次官が、日本側は財務官が、それぞれに議長を務める体制であった。

経済的調和に関しては、対内投資、知的財産権、技術へのアクセス、それに企業間の長期的関係が俎上に上がり、米国側は国務次官が、日本側は外務審議官が、それぞれに議長役を務めることとされ、その指導の下に、米国側は商務省、日本側は通産省（現経済産業省）が、もっぱら、それぞれのカウンターパートを相手に、議論を仕切ることになった。

既存協定に関しては、通商代表部次席と通産審議官が、それぞれの側の議長役となり、米国側の通商代表部と日本側の外務省や通産省の担当部局が、議論を行う仕組みだった。

そして、問題の自動車・同部品分野の取り組み体制だが、この分野の議長は、米国側が商務次官代行、日本側は通産審議官であった。

8　ノーと言った日本

自民党宮沢政権の後を継いだのは日本新党の細川首相であった。

その細川首相が、一九九四年二月のワシントンでの、クリントン大統領との首脳会談で、日米包括経済協議の妥結を求める米国側に、「ノー」と言ったのである。

包括協議で優先三分野と定められたのは、政府調達（とりわけ、電気通信と医療機器）、金融サービス（とりわけ保険）、その他分野（自動車・同部品）であった。

そして、この三分野を巡って、事務方の協議がこの首脳会談までに決着せず、いわば、暗礁に乗り上げた状況であった。従来ならば、この段階まで来ると、日米関係への政治的配慮から、日本側が政治判断で降りる形で決着がつく、というのが半ば公式化された想定コースであった。ところが、細川首相は、そうした前例を「ノー」と言って、いとも簡単に破ってしまう。

会談の後の両首脳揃っての記者会見で、クリントン大統領は次のように述べた[26]。

「……（両国首脳は、）一九九三年七月……広範な問題に取り組む枠組みについて合意した……我々は、客観的基準を含む枠組みについて合意した……この進展を評価するため、毎年二回首脳会談を行うことに合意した……そして、本日が、その第一回目の会談であった……しかし、残念ながら、（優先分野の）いずれについても、我々は合意できなかった……形式を整えるために意味の無い合意を取り繕うぐらいなら、合意しないほうがましだ……日本は、他のG7諸国のいずれよりも、市場開放度が低い……我々は、日本市場の開放を求め続ける……」。

対する細川首相の言葉は、淡々としたものだった。

曰く、「過去、日米間では、このような場合、その場を誤魔化すような玉虫色の決着を図ってきたが……それが往々にして、その後の誤解の種となってきた……しかし今日では……できないことについては、それを率直に認めよう……それが成熟した日米関係であり、新しい時代の、大人の関係であると認識している……」。

細川首相は、記者会見の中で、記者の質問に対し、以下のようにも述べた。

「……我々は、数値目標が独り歩きするのを見たことがある……半導体の時もそうだった……客観的基準に数値目標が含まれると、数値によって成果が評価されるようになるため……結果として管理貿易に繋がるものであり、規制緩和を推進している私の内閣の基本的なスタンスに反するものなのだ……」。

こうして、日米包括経済協議は中断されることになる。

しかし、このような状況になると、米国の交渉姿勢が一層露わになってくる。

米国は、「交渉は、強い立場で行ってこそ、成功する」（Negotiation through strength ）との思い込みが強く、今回も、包括協議中断という新事態を迎え、改めて対日圧力を、明らかに意図的に賦課し始めることになっていく。

まず、首脳会談決裂直後の一九九四年三月、クリントン大統領はスーパー三〇一条を一九九四〜九五年の二年間に限り、復活させる大統領令に署名する。

元々、このスーパー三〇一条は、一九八八年通商法の中で、臨時措置として採用されたもので、一九九〇年末で失効していたが、クリントン大統領は大統領選挙公約の中で、その復活を公約として唱えていたもの。しかし、少なくとも、一九九四年三月までは、その公約をアクションに移してはいなかった。

それが、日米首脳会談決裂という事態に、ある意味、便乗して、自らの選挙公約を〝想定外の〟行政命令の形で実現させ、併せて、日本への強烈なメッセージとして使ったのであった。このタイミングでの行政命令の発出については、対日強硬姿勢を貫く議会にとっても好ましいもので、それ故、議会側の行政命令への抵抗はほとんどない、と読んだ上での決定だと解された（スーパー三〇一条は、その後、ウルグアイ・ラウンド関連法の中に正式に組み込まれ、議会が採択、その時点で、行政命令という性格から正式の立法措置へと変質、要するに、後々法的問題が派生しないように、形式的に、正規の法律の形に仕上げ直されたのである）[27]。

このような準備体制を整えた上で、クリントン政権は日本の首をジワリジワリと締め始める。ターゲットとされた日付は、通商法の規定によれば九月末。この締め切りは、通商代表部が、日本の自動車部品（補修部品）を差別的措置が行われている分野かどうか、その検討に着手する時期から自動的に導き出されてくる日程であった。

嵩にかかってくるのも米国流である。

同じ九四年七月、通商代表部はまた、日本の政府調達制度を、通商法第七章の対象となるかどうかの検討に入る旨の決定を下す。

米国が、この分野での日本のやり方を差別的だと認定すれば、通商代表部が直ちに日本と交渉に入り、協議開始後六〇日以内に、その差別的措置が撤廃されない限り、自動的に制裁措置が発動される仕組み。この締め切り期限もまた、計算上、九月末となる。

要は、いくつかの通商法適用事例で、関連の締め切り期限を、いずれも九月末に意図的に集中させてきた、というわけだ。

畠山は、この政府調達に関した米国の通商法第七章適用の動きを、著作の中で極めて辛辣に皮肉っている。[28]

「……日本は、例によって米国通商法第七章に基づく協議は拒否したが、日米包括経済協議の事務交渉は続けていた……しかし、米国側は、第七章アプローチという姿勢を取ったため、かえって矛盾する立場に自らを追い込んでしまった……というのは、第七章が求めているのは、公正な、差別の無い手続きである。ところが、包括協議で米国が求めているのは、外国製品への特別配慮である。これでは、一方で入試を公正な競争試験でやれ、と大学に要請しておきながら、他方では、自分だけはコネで入れろ、といっているようなものなのだ……」。

一方、日本側事務方も、首脳会談決裂の傷を癒すべく、日米包括経済協議の正式な再開に向けて動いていた。二月の首脳会談決裂までに、事務方レベルで合意に達していた一部（自動車電話や自動車部品の自主的輸入拡大など）については、協議中断中といえども、日本側が一存で独自の市場開放策に取りまとめ、そうした動きを米側に示し、かつ、それへの同意を得ることで、協議再開の機運を醸成しようとしていた。そして、事務方のこの動きは、細川首相の指示でもあった。

他方、米国側にも協議再開を必要とする理由があった。

米国経済が軟調にある中、日米包括協議の決裂で、ドルが安くなり、株式や債券市場も低迷する。そんな状況下、仮に日本の対米債権投資家が、米国に流入させていた資金を、これ以上の為替差損を回避するため、日本に還流させ始めると、米国経済はさらなる打撃を受けかねなかったからである。

この面からも、対外経済関係を上手くハンドリングしないと、結局、米国経済にその咎めが回ってくることになりかねない、と米国側が認識し始めたわけだ。そうした意味で、この場合も、It's Economy stupidなのであった。

以上のような、日米双方の国内事情や、交渉再開に向けた事務方のやり取りの後、一九九四年五月、次官級非公式会議が開かれ、この場で日米包括経済協議の再開が合意される。首脳同士が痛み分けたので、事務方同士で再度仕切り直そう、となったのである。

再開にあたっては、改めて、客観基準の何たるか、での日米間でのコンセンサスづくりが試行された。そして、この点での、双方の同意は以下のようなものであった。

① 客観基準は数値目標ではない。

② 評価尺度には、定量的基準と定性的基準の両方を使う。

③ 市場開放の度合いの評価に関しては、単一の尺度ではなく、あくまでも、複数の基準を設け、それらを駆使して総合的に判断する。

そうこうするうちに、米国側が一方的に設定した九月末が近付いてくる。

しかし、残された重点三分野の交渉は、それぞれにテンポと達成度が異なっていた。だから、日米間で、この締め切り期限にどう対処するかが、再び相談というか、交渉というか、の対象となる。一度決裂しているが故に、二度目の決裂はそれだけ大きな意味合いを持つ。それ故、二度目の決裂は避けねばならない。それが事務方の政治的判断というものであったのだろう。

その結果、米国が一方的に設定した締め切り期限の到来に、どう対応するか、を日米両事務方が話し合う。これも、考えてみれば、面白い構図ではないか……。

9　取り残された自動車・同自動車部品協議

米国通商法上の締め切り期限九月三〇日を前に、日米の事務方は妥協を探る動きを加速させる。まずは、米国側がメッセージを送ってくる。

それは、「九月の交渉を優先三分野に集中する。金融サービスのうち、保険は合意が可能、政府調達も大筋で合意可能、自動車分野では部品を優先させる」というもの(29)。

この示唆に、日本側事務方も大筋では同意する。具体的に解すると、九月末の締め切り期限を、全分野での決着ではなく、合意できる分野・項目での部分合意で乗り切る、という事務方合意で、これを大臣レベルの意思決定者が承認するのである。

かくして、一九九四年五月末に再開が決まった日米包括経済協議は、米国通商法で設定された締め切り期限を前にした九月、重点三分野の、しかも、妥協可能な状況にまで話が煮詰まっている項目に絞って、集中交渉されることになる。

しかし、比較的妥協が可能と米国側が見なしていた政府調達分野でも、客観基準概念を巡る日本側の防御が硬く、米国側は一時、この政府調達課題での交渉難航を以って通商法を発動することすら真剣に考慮したとされる。

ところが、この段階での、想定外分野での通商法発動は、包括協議全体の交渉を再びストップさせてしまう。その意味では、米国側もまた、自分の設定した通商法のトラップに嵌った、というべきであろう。兎にも角にも、米国としても、包括協議を脱線させることなく、九月末を無事通過させねばならない。

三分野での締め切り直前の交渉は、鮮烈を極めたが、兎にも角にも、一〇月一日、当初の大筋想定通り、日米包括経済協議は、政府調達、保険、さらに板ガラス（五月末の協議再開に際し、急遽、重点分野に追加されていた）分野での合意を仕上げ、最難関の自動車・同部品分野での妥協は、これまた当初想定通り未達成、という線で、一応は乗り切ったのであった。

九月末を通過してしまえば、話しは再び振り出しに戻る。

一〇月四日、米国通商代表部は日本の補修用自動車部品を対象に、通商法三〇一条を発動することを発表、一年後の一九九五年一〇月一日を、これまた通商法上の制裁発動期限に設定したのであった。こうした交渉テクニックは、「また来た道の繰り返し」であることは言を要すまい。

この措置に対し、通産省（現経済産業省）は猛反発する。

ある意味において、日本経済の台頭に併せて、日本の自動車産業は、常に米国自動車産業と軋轢を繰り返してきた。それ故、日本の通商当局も、米国の手の内を熟知していた。

また、一度結んだ輸出自主規制協定を抜けることがいかに難しいか、通産省はよく知っていた。加えて、日米半導体協定の苦い教訓も組織内には染みついていた。

さらに、後日の一九九五年には、ＷＴＯが誕生、国際通商ルールにも大きな変更が加えられることになる。米国通商法三〇一条のような一方的制裁発動が原則禁じられ、輸出自主規制措置も許容されなくなるのである。

そんな状況下、米国が一九九四年一〇月、またしても同じような措置を講じてきた。日本側は反発を強めるばかり。

こうした経緯を踏まえた上で、九四年一〇月以降、自動車・同部品問題に通産省がどのような姿勢で取り組んでいったか、同省自身が取りまとめた「日米自動車交渉の軌跡」から、少し長くなるが、その基本姿勢を抜粋しておこう。[30]

Ａ：一九九四年九月、橋本大臣は週に二度の訪米という厳しい日程をこなし、カンター通商代表と断続的に交渉を行った。

「……自動車・同部品協議においては、日本側は合意できる部分から合意していこう、との考えで交渉に臨んだ……交渉の席では、①米国側は、我が国の自動車メーカーが九四年三月に自主的に公表した外国製自動車部品購入計画について示した、具体的な数字の大幅な上積を求めてきたが、日本側からは、米国提案は『日米で合意した数値目標は求めない。包括経済協議の対象は、政府の責任の及ぶ範囲の事項に限る』との原則と相容れず、包括協議の枠外の問題であると主張した……」。

「……米国側は、本件は民間の経営判断の問題であり、政府が介入すべきものではないということを認めるに至ったが、それでも引き続き『数値目標』の要請を繰り返す場面があり……日本側は、政府が民間の経営問題に介入することは不適当である、などの理由から、その都度、対応を断った……」。

「……②他方、補修用部品については、運輸省の全面的な協力を得て、日本側から安全面に配慮しつつ、可能な限りの規制緩和を検討する用意がある、との姿勢で交渉に臨んだが、米国側は安全性に関する国民意識の差を無視した性急な規制緩和を求めてきたため、合意に至らず決裂した……」。

Ｂ：その後、橋本大臣はジャカルタで開催されたＡＰＥＣ閣僚会議の際、カンター代表、及び、ブラウン商務長官と相次いで会談した。

「……カンター代表との会談では、日本側立場による三条件を橋本大臣が明確に表明し、当該条件を前提として次官級レベルで再開のタイミングを模索することで合意。しかし、ブラウン長官との会談では、時間の制約もあり、ブラウン長官の十分な理解が得られないまま会談は終了……」。

「……日本側が協議再開のための三条件としたのは、①部品購入計画は企業の自主的なものであり、政府の責任の及ぶ範囲外の事項であり、包括協議の対象外であることは勿論、政府間協議の対象ではないこと……②ディラー・シップ問題についても、同様の理由から、将来のディラー数に関わる議論はせず、日本提案をベースとして議論を進める……③補修部品問題は通商法三〇一条の下ではなく、包括協議の場で協議……の三つ」。

C：一九九四年一二月二七日、ロンドンで、協議再開を模索するために次官級同士が会談し、その結果、次のような結論に至った。

「……①三分野（補修市場の規制緩和、ディラー・シップ、及び、OE部品の購入）すべてについて、協議を再開……」。

「……②数値目標や政府の責任の外の事項は協議の対象としない。したがって、ディラー・シップに関わる将来数字、及び、自主的部品購入計画は交渉の対象とはしない……」。

「……③ディラー・シップについては、将来の数字ではなくてよい。OEパーツについて交渉の対象となるのは、業界間の良好な関係の構築に関してのみ……」。

「……④補修市場の規制緩和については、通商代表部ではなく、商務省が議長となり、日本側は通産省の他、運輸省が共同議長となる……」。

「……以上の結果、将来の購入計画については、交渉の対象から明確に外されることとなった……結果、米国側が、直接、日本企業と議論することとなる……この米国の方針に対しては、米国政府の、日本企業、または日系企業との接触が、差別的であったり（日本企業のみを対象としたり）、強制するものである場合には、通産省として、明確に反対する、という考え方を纏めた……」。

かくして、米国の通商法三〇一条に基づく調査の開始決定で中断するようになっていた、包括協議は再開されることになった。

D：一九九五年一月末、ワシントンで次官級会議が行われた。席上、米国側は民間のボランタリー計画は、政府の権限外のことであり、協議の対象とならないことを認めつつも、自動車・同部品協議を合意するためにはボランタリー計画の改訂・上乗せは不可欠との矛盾した立場に改めて固執、協議は再び暗礁に乗り上げた。その後、米国は、この固執に、文字通り、こだわり続ける。

E：一九九五年五月、カナダのバンクーバーとウィスラーで、四極貿易大臣会合が開催された。その際、日本側は以下の基本姿勢を固持して交渉に臨んだ。

「……①包括協議の枠外だと合意されたはずのボランタリー計画の改訂・上乗せが米国の重要交渉事項の一つであり、米国側が、この件の合意なくしては交渉全体の合意はない、と最後まで求めたことが、合意を困難にした……②『政府の責任の範囲内』の事項、即ち、ディラー・シップに関わる競争政策上の問題、及び、規制緩和の問題については、日本側は最大限対応した。米国側がボランタリー計画の改訂・上乗せに固執しなければ、十分、合意は可能……③仮に、米国側が一方的措置の候補リストを発表すれば、日本側はマルチの枠組みに則った対応に移行する方針（即ち、WTO提訴）……」。

F：四極貿易大臣会合の場を借りた、日米の大臣会合は、結局、妥協に達せず、そのため、一九九五年五月一〇日、カンター通商代表は記者会見を行い、一方的措置に関わる候補リストを近日中に公表する旨述べるとともに、日本の自動車・同部品市場の閉鎖性をWTO違反として、WTO協議を約四五日後に要請する旨発表。

さらに、五月一七日、カンター代表は再度記者会見を行って、以下のような決定を発表。

「……日本の補修部品市場に関する日本の行為、慣行、及び、政策が不正であり、かつ、米国の商業利益を制限している……それ故、米国通商法三〇一条に基づき、日本製高級車一三車種の輸入に対し、一〇〇％の従価税を課す……」。

「……さらにカンター代表は、最終決定は六月二八日に行うが、関税当局に対し、五月二〇日午前〇時一分時点でリストの対象となっている自動車の通関に対する清算を止めるよう要請、引き上げ後の関税率が実効になれば、同関税率については五月二〇日時点で施行する旨主張、また、当該高級車の一九九四年の輸入額は約五九億ドルであると説明……」。


Ｇ：このカンター発表の内容は、ＷＴＯルールに明白に違反する。それ故、一九九五年五月一七日（日付の関係で、カンター記者会見の翌日に相当）、日本政府は米国に対し、ＧＡＴＴ第二二条に基づく申し入れを行い、ＷＴＯにおける紛争処理手続きを開始。

「……日米包括経済協議の枠内での自動車協議を二年近く続け、なお、交渉が妥結しなかったのは、米国が二つの数値目標を求め続けたからであり、一方的措置による威嚇の下で数値目標の実現を強制しようとすることは、民間の企業活動に対する政府介入に他ならず、自由貿易システムに対する重大な挑戦である……」。

「……米国政府が、日本の自動車市場が閉鎖的だとしてＷＴＯに協議を申し入れたことに関しては、日本としては、米国が一方ではＷＴＯを無視し、他方ではＷＴＯの協議を求めるという、米国の矛盾を指摘、日本の自動車市場についての誤解を解く良い機会であり、日本市場が開放されたものであることを、世界に説明する努力を行う、との方針を固めた……」。

10　対決のピークから妥協へ

Ｈ：問題解決の場がＷＴＯにシフトしたことで、米国のやり方の是非についての世界の見方が大きな影響力を増すようになる。再び、前掲の通産省通商政策局米州課の資料からの引用である[31]。

米国が一方的措置に関わるリストを発表し、日本政府がＷＴＯに基づく紛争解決手続きを開始した後、主要国の閣僚レベルが初めて一同に会した会合となったＯＥＣＤ閣僚会議では、日米自動車・同部品問題が大きな話題となった。席上、橋本大臣は、いかなる保護主義にも反対し、一方的措置の発動、数値目標の設定、民間の企業活動への政府の介入を排すべきことを主張した。

「……以上の日本側努力の結果、ＥＵ各国の助力もあり、①いかなる保護主義的傾向にも反対、②ＷＴＯルールに整合的でない、いかなる措置も回避すべき、③ＷＴＯの多角的な紛争処理システムを尊守・利用するとともに、このシステムを妨げ、弱体化する行為を回避すべき……などに閣僚がコミットする案文を日本が作成、一国を除く賛同が得られた……その一国は、最後まで右趣旨の記述に反対を続けたものの、日本側主張の根幹部分はコミュニケの中で確保された……」。

Ｉ：橋本大臣のイニシアティブで、自動車問題は、一九九五年六月二一～二三日、ＧＡＴＴ二二条協議を、ジュネーブで開催するとともに、並行して、日米自動車問題を解決するための次官級会合もジュネーブで開催することが決定された。

また、一九九五年六月一五日、カナダのハリファックスでのサミットの際に開催された日米首脳会談でも、村山首相からクリントン大統領に「一方的措置に関わるリストは早期に撤廃してほしいと要請」。

J：九五年六月二二日に協議が開始されてから、六月二八日に橋本大臣とカンター通商代表の間で妥結に達するまで、ジュネーブで、日米の閣僚級、次官級、専門家会合の各協議が、昼夜を問わず継続的に、時には並行して開催されるなど、話し合いは持続戦の様相を呈した。最大の焦点は、依然として、数値目標を巡る駆け引きであった。

交渉は真摯なもので、関係者の誰もが妥協の見通しを立てられなかった、というのが実情であり、そうした状況が打破されたのは、二八日早朝に開かれた橋本・カンター会談である。その後、次官級レベル、専門家レベルで基本合意の内容詳細が詰められ、二八日夕刻の両大臣共同発表で、約二年を費やした自動車・同部品協議は漸く終結を迎える。

この長期の交渉を通じて、日本側にとっての最大の収穫は、数値目標の設定自体が自由貿易の原則に反し、かつ、政府の責任の及ぶ範囲外の問題であるとのポジションを貫徹するなど、国際ルールを尊守し、自由貿易の原則を確保した点である。

文字通り最後に、一九九五年六月二八日に発表された橋本・カンター共同声明を、一部抜粋引用しておきたい(32)。

「……橋本大臣は、自動車分野における国際情勢に取り組む民間分野の努力のための指針となる四つの原則、即ち、世界化（グローバリゼーション）、現地化、産業協力、及び、透明性を主張し、カンター大使は、それぞれの原則に同意した……この点に関し、橋本大臣、及び、カンター大使は、日本において、そして日本の進出企業を通じて、競争力ある外国製部品の購入を増加させるために、一九九〇、九二、九四年に日本の自動車会社によって発表され、及び、すでに採用されている計画に留意し、且つ、同計画を評価した……両大臣は、この計画の下での購入の増加を歓迎する……」。

「……両大臣はさらに、完成車、主要部品、及び、サブ・アッセンブラーの海外生産を増大し、部品の調達を一層現地化し、並びに、組み込み部品、及び、補修部品として、日本において使用される、競争力ある外国製品の購入をさらに増加する計画を、日本の自動車会社が最近、追加的に発表したことを歓迎する……日本の自動車会社は、また、部品の購入に関する透明性を確保し、及び、その購入が、資本関係に基続いたものではなく、供給者に対して差別的ではないことを確保する、と発表した……」。

「……橋本大臣とカンター大使は、米国の自動車会社が、日本において競争的な製品、価格、及び、サービスを供給することにより、日本市場におけるプレゼンスを拡大する計画、及び、意図を表明する声明を発表したことを喜ばしく思う……両大臣は、米国、または、日本の企業によって新たに発表された計画が約束ではなく、何れの国の貿易の是正に関する法律の対象でもないことを認識し、理解する。これらの計画は、市場の状況、その他の要因に関する研究に基づく企業の経営上の予測、及び、意図である。両大臣は、市場の状況の変化が、これらの計画の達成に影響を与えるかもしれないことを認識し、理解する……」。

「……両大臣は、包括協議が、日本の補修部品市場に影響を有する整備工場の規制緩和などの、両国政府によって取られる『措置』と呼ばれる数々の政府の行動を、扱っていることを再確認する……」。

「『措置』の実施状況の評価は、達成された進展の評価と並んで、安定的、及び、定量的基準の、総合的な検討に基づく。これら基準は、たとえば、自動車・同部品の貿易、在米日系進出企業による部品調達、為替レートを含む市場の状況、競争的な供給条件で競争的な製品を提供するための米国市場・同部品製造業者の努力など、を扱っている……」。

一九九五年六月のジュネーブ協議を受け、一九九六～二〇〇〇年まで、年一回の点検会合が開催されることになる。その第一回会合は、九六年九月にサンフランシスコで開かれたが、これにＥＵが強い関心を抱き、実質的には日米に加えEUも参加することになる。さらに、EUの参加に触発され、カナダやオーストラリアもオブザーバー参加するに至る。その結果、この第一回点検会合は、自動車・同部品を巡る多国間レベルの協議へと変貌したのであった。

また、この第一回点検会合では、米国が再び数値目標論を持ち出すのではないか、と懸念されていたが、その心配も杞憂に終わる。会議の性格が、二国間から多国間に変貌するに従い、米国が日本に対して数値目標を持ち出してくる素地が失われてきたのは明らかであった。EUの参加は、こうした点で日本にとって利の多いものとなった。

一九九九年一二月、九五年協議の結果たる措置が二〇〇〇年末で終了するのを前に、日本側から米国側に、〝グローバル化などの環境変化を踏まえ、日米間での新たな対話の場の創設〟を提案、これに対し、米国側からは、九五年措置の拡充・延長、または、一年間の暫定延長案が提起された。

しかし、両国の主張は平行線を辿り、結局、一九九五年日米自動車協議による措置は、何ら継続措置を講ずることなく、二〇〇〇年末に期限切れを迎えたのであった。

注

（1）今野秀洋論文「二つの鉄鋼交渉物語」（フェローコンテンツ）、経済産業研究所、二〇〇二年一二月一六日。http://www.rieti.go.jp/users/trade_friction/001_1.html

（2）本稿での輸出自主規制とGATT19条との関係論は、神戸大学の小原喜雄教授の論文（『貿易と関税』一九八九年二月号）に寄っている。この欄を借りて謝意を表しておきたい。

（3）前掲、今野論文参照のこと。

（4）鷲尾友春著『20のテーマで読み解くアメリカの歴史』ミネルヴァ書房、二〇一三年、二九八頁。

（5）日本政治・国際関係データベース、日米関係資料集一九四五～九七年「MOSS協議に関する日米共同報告、分野別討議に関する日米共同報告」、東京大学東洋文化研究所、田中明彦研究室、一九八六年一月。

（6）小尾美千代著『日米自動車摩擦の国際政治経済学』国際書院、二〇〇九年、一三九―一四一頁。輸送機器分野をMOSS協議の新た

な対象とすることが決定された時､具体的なアジェンダが特定されていなかったと言われる。さらに､アジェンダ設定そのものについて、事前協議が為された際には、米国製自動車部品の購入拡大が主たるテーマとして設定された。この、本来は民間の手で決せられ、政府が関与すべきでない（半導体協定の教訓としても）分野を取り上げたこと自体が、間接的ながら、米国の主張のダブルスタンダードが垣間見られるような気がする。つまり、表立っては、日本の当該産業の構造改革を求めながら、本音の部分では日本製部品の対日市場進出を図りたいという、二重の立場がそれである。

(7)　米国という国は、こうした交渉事になると、欲深くなる傾向がある。ＳＩＩというフレームの中だけでの交渉に集中するかと思いきや、ちゃんとＳＩＩとは別に、個別の問題についても話し合う場を、ＳＩＩと並行した形で、設定してくるからである。これは、現在進行中のＴＴＰについても同様のようである。米国は、ＴＰＰ本体での交渉と、個別の日米交渉との、実質的には二本立てでＴＰＰ交渉を進めようとしている。

(8)　御厨貴・渡邊昭夫著『首相官邸の決断――内閣官房副長官石原信雄の２６００日』中公文書、二〇〇二年、六〇―七〇頁。

(9)　久保田勇夫著『日米金融交渉の真実』日経ＢＰ社、二〇一三年、九四―九七頁。

(10)　Ｌ・Ｍデスラー・福井治弘・佐藤秀夫著『日米繊維紛争』日本経済新聞社、一九八〇年、五二―五五頁。

(11)　久保田勇夫著、前掲、九九頁。

(12)　畠山襄著『通商交渉、国益を巡るドラマ』日本経済新聞社、一九九六年、三四―三五頁。

(13)　久保田勇夫著、前掲、九二―九三頁。

(14)　畠山襄著、前掲、三六―三九頁。

(15)　小尾美千代著、前掲、一九六頁。

(16)　小尾美千代著、同上、一九八―一九九頁。

(17)　畠山襄著、前掲、五六頁。

(18)　畠山襄著、前掲、五七―六一頁。

(19)　畠山襄著、前掲、七二―七四頁。

(20)　畠山襄著、前掲、七四―七七頁。

(21)　谷口将紀著『日本の対米貿易交渉』東京大学出版会、一九九七年、一五八頁。

(22)　谷口将紀著、前掲、一六〇頁。

(23)　久保勇夫『日米金融交渉の真実』日経ＢＰ社、二〇一三年、一一八―一一九頁。

(24) 谷口将紀著、前掲、一五八—一六〇頁。
(25) 独立行政法人通商産業研究所編、『通商産業政策史　一九八〇〜二〇〇〇　第二巻』経済産業研究所、二〇一一年、八九—九五頁。
(26) 畠山襄著、前掲、八四—八七頁。
(27) 畠山襄著、前掲、九五頁。
(28) 畠山襄著、前掲、九六頁。なお、通商法第七章によると、大統領は毎年、議会に対し、当該分野で相手国が米国を差別的に取り扱っているかどうか、報告することになっており、差別されている旨の報告があると、通商代表部は直ちにその国と協議を開始し、協議開始後六〇日以内にその外国の措置が撤廃されない限り、対抗措置を講じるというもの。本件の場合は、日本の政府調達が米国に差別的だ、と判じたわけだ。
(29) 谷口将紀著、前掲、七六頁。
(30) 通商産業省通商政策局米州課編『日米自動車交渉の軌跡』通商産業調査会、一九九七年、七一—七五頁。
(31) 通商産業省通商政策局米州課編、前掲、七六—八〇頁。原出所は、『通産ジャーナル』一九九五年一二月号、一九九六年一、二、四月号。
(32) 通商産業省通商政策局米州課編、同上、一七二—一七三頁。

第６章　広域経済圏創出と域内通商関連ルール設定競争（終章に代えて）

米国の対日通商交渉目的・形態の変遷とその到達点としてのＴＰＰ

１　商品・産業保護、並びに、国家安全保障への配慮

本書では、第二次世界大戦での敗戦から、世界第二位の経済大国に上りつめるまでの間に、日本が米国との間で経験した各種通商摩擦を概観してきた。

もちろん、通商摩擦は、ここまでに取り上げたもののみ、には限られない。

それ故、以下では、これまでに言及しなかった商品・産業・項目の摩擦を取り上げ、補論として紹介しておきたい。と同時に、後半では、これまで言及してこなかった新しい形での通商関連ルールの設定という視点から、地球各地に誕生しつつある広域経済圏創出に着目、その延長線上の動きとしての環太平洋パートナーシップ協定交渉（ＴＰＰ）についても観察の目を向けることにしたい。

そうした過程では、米国側の対日強硬姿勢の理由付けの変質に焦点を当てることにする。米国経済の競争力が、時代と共に低下し、その変化と波長を合わせるがごとく、米国が日本に対処を求めてくる商品・産業、そして分野が拡大し、また、その際の対日強硬姿勢を正当化する理由も、多様化してきたからである。さらに、後半では、米国の目的

が、自国産業保護から相手国市場の開放へ、しかも、それを二国間から多国間に押し広げ、加えて、広域経済圏創出という新しい手法によって、域内に自国に有利になるよう、グローバル化の大義名分を旗印に、通商関連ルールを普及させる。ここでは、そんな流れにも着目して論を進める。

一九六〇年代後半から七〇年代半ばにかけて、これまで本書では取り上げなかったが、テレビが日米間での大きな争点となった(1)。

日本のエレクトロニクス産業が世界市場で台頭し、それに反比例する形で米国の同産業が衰退していく、そんな過程でこの摩擦は発生している。発生の過程や、摩擦激化の過程も、本書で取り上げてきたパターンを、ほぼ踏襲したものだった。

日本製白黒テレビの対米輸出は、一九六〇年から開始されている。

ところが早速、その一九六〇年に、米国電子工業会（ＥＩＡ）が、日本製テレビに対するダンピング提訴を行ってくる。安値輸出だというのである。

カラーテレビに対しても、事情は似たようなものであった。

一九六八年、同工業会は日本のカラーテレビ・メーカー一一社に対しダンピング提訴を仕掛けてくる。そして、七一年、一一社の内、ソニーを除く一〇社にダンピング認定が為されるのである。

当時、米国のテレビ・メーカーは、規模の小さな中小企業が多く、彼らで組成された業界団体はそれこそ、利用可能なあらゆる通商関連法を最大限に活用し、日本からの輸入品が米国市場に進出してくるのを阻もうとしたのであった。

逆にいえば、米国のエレクトロニクス商品製造業は、トランジスタ・ラジオや白黒テレビで、日本メーカーにやられ続け、それだけ切羽詰まっていた、ということでもあったのだろう。

かくして、米国企業、あるいは、エレクトロニクス関連の企業群からの保護を求める声が高まり、議会がそれに反応する。連邦議会の議員たちは、自らの選挙区、もしくは、選挙基盤からの要請を受ける形で、議会内でテレビ業界保護の声を上げる。

こうした保護圧力増幅の過程で、米国通商法が活用されるのも、輸入品からの保護を求める他のケースで共通に見受けられたものだった。

個別企業が、あるいは、当該業界が、通商法の保護を求めて提訴に走る。通商法は、関連機関が一定の判断を、一定の時期までに下すことを定めており、その判断がまた、行政府に一定の行動を取らせる仕組みとなっている。

そして、業界からの提訴が一度為され、米国国際貿易委員会（ＩＴＣ）などの判断が仮にクロと出れば、後は、保護主義圧力、裏を返せば、当該競合商品の輸出国への政治的圧力が自動的に増幅されていく、そんな仕組みが存在していた、ということだろう。

もちろん、もっと正確に表現すれば、現実は、このようなメカニズムが機能しやすいように、通商法が次第に整備されてきた、あるいは、議会が通商法のメカニズムを整備することにより、行政府に、議会が望むような行動を取らせるように仕向けていった、と表現すべきであろうが……。

そこには、多くの先行研究が示唆するように、米国企業・業界からの保護圧力→米国議会での保護主義増幅→米国政府から日本政府への輸出抑制要請・交渉持ちかけ→日本側の譲歩による交渉入り→日本政府の対応措置（政府→業界指導）、といった共通パターンが出現する。

識者は、この一般化した交渉過程を、外圧として、あるいは、日米間の相対的力の差を背景に、米国が日本を押しまくる、そうした政治劇として、描くのが一般的である。そこにはまた、冷戦構造下、最終的には安全保障を供与してくれている米国への、経済分野での日本の譲歩、という構造が定着していた。

こうした構図は、後年の、工作機械を巡る日米摩擦の際にも、一層鮮明となる。

ただし、米国業界の保護を求める理由が異なった。

工作機械摩擦の発生と顛末は、以下のようなものであった(2)。

一九八三年、全米工作機械工業会が、通商拡大法二三二条に基づいて、米国向け工作機械輸出が急増している国々からの、輸入規制を求める提訴を行う。

問題は、その際の理由であった。

通商拡大法二三二条は、国防条項と称され、「商務長官が、国家の安全を脅かすような状況の下、当該輸入が行われている旨報告し、大統領がこれを認めた時は、大統領は、当該輸入を調整する必要な措置を講じることができる」、と規定している。「商務長官が……」という点が味噌であり、この規定の仕方にこそ、経済分野での現象と国家の安全保障との接点が設えられている。

全米工作機械工業会の提訴は、この安全保障への懸念を理由としていた(3)。

結果、時のレーガン政権は、一九八六年、日本、台湾、西ドイツ、スイスの四カ国・地域に、対米輸出自主規制を要請するに至る。

各国への要請に際しては、レーガン政権は必ずしも、国家安全保障を表面には出さなかったが、摩擦の端緒が、業界の国家安全保障への懸念の表明であったことから、工作機械摩擦が、同じく安全保障への懸念から惹起された、後日の半導体摩擦の先例になった感は拭えない。

いずれにせよ、このレーガン政権の要請に基づき、日米間で交渉が行われ、一九八六年一一月、日本政府は米国が実施する工作機械産業活性化措置に協力する形で、一九八七年一月から五年間、米国向け工作機械（マシニングセンター、NC旋盤、非NC旋盤、フライ版など六品目）の輸出を自主規制することになるのである(4)。

と同時に、ここでは、こうした摩擦が、極めて便宜的、世俗的なものであったことも付記しておくべきであろう。つまり、極端なことを言えば、米国内の当該業種が日本との競争に敗れて、いわば、淘汰されてしまえば、国内に抵抗がなくなるので、摩擦も解消されるというわけだ。

早い話、米国にテレビ・メーカーが無くなった後は、もはや、摩擦は生じない。

あるいは、工作機械メーカーが、米国市場で日本メーカーと住み分けができて、しかも、その住み分けが安定的に維持され始めると、摩擦の発生頻度も少なくなる、といった按配である。そして、住み分けの安定化の中身としては、日米業界内の個別企業同士の連携強化といった、協力ネットワークの濃密化が随伴される。

いずれにせよ、一九八〇年代半ば、米国内の国家安全保障を理由とする産業保護の動きは、工作機械に始まって、その後の、半導体へと、引き継がれていくことになる。

工作機械は資本財生産分野の商品であり、半導体はハイテク時代の基礎的資本財部品であった。要は、時々の、産業の〝コメ〟と目されていた商品が、国家安全保障を名目に、対日通商摩擦の槍玉にあげられたわけだ。

そして、そうした事象の背景には、その種分野での自国の競争力低下への懸念、あるいは、危機感が、米国内に色濃く漂っていた、という時代の空気が存在した。折から拡がり始めていた、〝ジャパン・アズ・ナンバー・ワン〟のイメージが、そうした米国内の危機感を一層増幅させていた。

2　米国での輸入抑制論から日本への輸出自主規制要求へ

一九八〇年代半ばまでの日米通商摩擦は、個別商品摩擦から、次第に、個別産業摩擦へと、裾野が拡大してきつつあった。

問題は、当時、世界最大の経済大国、自由主義陣営の盟主と自負していた米国内に、本音は自国市場を輸入品から保護したいのに、国内・国外政治への配慮故、表立って輸入抑制を打ち出しにくい、そんな雰囲気が強かったことだろう。

自由主義を標榜し、共産主義・計画経済のソ連を〝悪の帝国〟だと、口を極めて非難していた米国にとって、一部の自国企業・自国産業が苦境に立っても、そう易々とは自由主義経済尊重の旗を降ろせるものではない。

だから、特定の商品の貿易収支が赤字化したからといって、当該商品の輸入規制を米国自身の責任で打ち出すのは憚る。それ故に、勢い、対応策は、米国内の強い輸入抑制の声を保護主義圧力と決めつけながら、当該輸入品を急増させている相手国たる日本に、その責任で輸出を自主的に規制させようとする。これは、いわば、自国での対応義務を相手国の対応義務に転嫁する、究極の政治劇であった。⑸

これまでに取り上げてきた、繊維、鉄鋼、自動車などは、いずれもこうした典型例といえようか……。

そして、そうした際、日本側に要求する事項が、政府の権限内のものであるうちは、米国の力技で日本を押し切ることもできたのであろう。

しかし、こうした、相手国に米国企業に裨益させる措置を取らせる要求も、政府の権限を超え、本来ならば民間企業の自主判断で決まる領域にまで広げすぎると、収まるものもスムーズには収まらなくなる道理。仮に、そうした力攻めで、協定が結ばれるに至っても、その協定の当該産業に与える影響は、歪なものになる可能性も大きい。

おそらく、既述の半導体協定などは、交渉の結果、その内容が市場経済領域を超えての、管理貿易的色彩が極めて濃いものとなり、その分、競争を抑制し、そうした協定の枠外にあった韓国や台湾企業に、日本の目から見て、漁夫の利を得さしめることとなってしまった例と見なされるだろう。

もっとも、そうは記しても、このような総括をするのは日本側のみであって、米国側はおそらく、この協定は、時間を稼ぎ、米国半導体業界が次世代の星と考えていた新領域に、業界の研究・開発努力を傾注させた、そうした意味で、素晴らしい成果を生んだ成功例、と映っていたに違いない。交渉というものは、立場が変われば、結果の良し悪しの尺度も変わる。所詮、そんな性格から逃れられないものなのだ。

いずれにせよ、一九八〇年代半ば以降、米国の通商交渉目的は、相手国、つまりは日本の対米輸出自主規制を求めるものから、日本市場を、米国品に対して開放させる方向のものへと、大きく変貌していくのである。当時、日本異質論が米国内で盛んに論議された背景には、こうした米国の通商交渉目的の変貌故の、当該の通商政策を正当化する必要、つまりは、日本社会こそが異質なのであり、その異質性を矯正するという、政治的大義名分要請があったと解すべきではなかろうか……。

そして、この方向性は、その行き着くところ、日本市場への米国品の浸透促進、そのための日本側特別措置の要求へと、次第にエスカレートしていくわけだ。

そんな例を二、三紹介しておこう。

典型例としては、一九八〇年代半ば、関西国際空港建設の入札に際して、米国が公正、かつ、内外無差別のルール適用を要請してきたケースがあげられる(6)。

この場合、米国は当初、入札の公平性を強く前面に出した姿勢で臨んできたが、交渉が進むにつれ、「米国企業が建設に参加できるよう」、もっと直裁に記述すれば、「米国企業が裨益できるよう」に入札手続きを改正すべしと、〝公正さ〟をかなぐり捨てて、自らの要求を、より直裁・具体的に行うようになってきたのであった。

同じような例は、同時期に問題となったスーパーコンピューターについても言えよう(7)。

一九八六年末、米国政府は、スーパーコンピューター（当時の、超高速の科学技術計算用コンピューター。それまでは米国メーカーの独壇場であったが、この頃になると、日本メーカーが急速に競争力を増していた）の対日市場アクセスに問題がある、とりわけ、政府関係機関の調達に問題がある、との理由を上げて、日本政府に協議を申し入れてくる。

その結果、この申し入れを、当時進められていたＭＯＳＳ協議のエレクトロニクス分野の一環として、取り扱うことになる。

交渉は難航したが、結論は、日本が公共部門でスーパーコンピューターを導入する場合に、透明性を図るため、米国側も同意できるガイドラインを作成する、という線に落ち着く。と同時に、折から策定された緊急経済対策予算を使用しての、政府調達に際しては、日本政府は、米国製スーパーコンピューターの購入をも検討することになったのである。

こういう結末を振り返って見直すと、米国の要求は、日本の公共調達プロセスの〝内外企業間の公正さ〟を求めるものだったが、実質的な外国供給者は米国メーカーしかなく、結局は、〝公正さ〟なるものを推し進めていけば、米国からの購入を増やすことにつながるのであった。

日米通商摩擦の発生頻度を改めて眺め直すと、一九八〇年代半ばに、その主だった案件が集中している様が明瞭となろう。

その理由は、八〇年代半ばこそ、米国経済が大きくその構造を変化させた、いわば、過渡期に当たり、他方、日本経済が大きく世界に飛躍した時期であったからである。少し、この間の事情を概説しておこう(8)。

一九七〇年代、米国経済は、フィリップス曲線の上昇傾向に悩まされていた。失業率と物価上昇率の組み合わせが、年々、上方にシフトする。今から振り返ると、その理由はおそらく、七〇年代の前半と後半、二度に渡って生じた石油ショックが大きく効いていたのだろうが、はっきりしているのは、人々の生活水準が、それだけ悪化していたという簡単な事実であろう。

こうした状況下、一九八〇年の大統領選挙で、「貴方の生活は四年前と比べて良くなっているか」と有権者に問いかけた共和党のレーガン候補が、現職民主党のカーター大統領を破って、当選を果たすのである。

レーガン新大統領は、俗に言うレーガノミックスを実施、歳出削減、減税、そして、予見可能な金融政策を指向、また、規制を緩和していく。

その結果、インフレ基調だった経済は、マネーサプライの伸びを一定の率に抑えられ、さらに財政をも締められ、一気に冷やされてしまう。つまり、米国は第二次世界大戦後最悪の不況に突入、財政の赤字は資本市場でのクラウディング・アウト現象を生み、結果、金利は上昇、そのため、海外から米国内の高金利を求めて資金が流入し、ドル高が常態化するようになる。

このマクロ経済政策がもたらした経営環境の激変（不況、金利高、ドル高）に、米国企業は必死に適応しようとする。国内の不況、換言すれば、需要の急落、に合わせて、供給能力を削減したのである。工場閉鎖、レイオフ、企業の一部分離と当該部分の売却等など。そして、どうしても必要な投資は、折からのドル高を活用する形で、海外で実施する。

企業経営の、こうした激変は、米国製造業を一気に空洞化させる。

加えて、さらなる不運が米国を襲う。

戦後最悪の不況は、一九八二年一一月を底に、今度は戦後最長の好況に転じたからである。しかし、国内の供給能力は削減してしまっている。

そんな時、海を隔てた太平洋の彼方日本は、米国とは逆のコースを辿っていた。米国が国内で供給能力を削減していた頃、日本では、投資を積極化させ、生産能力を飛躍的に上昇させ、工場を近代的な施設に変貌させていた。

かくして、一九八二年一一月以降、米国の景気が回復し、米国企業が増大し始めた国内需要に対応できない状況下、その需給ギャップを日本の製造業が埋め始める。日本の対米貿易黒字の急増であり、米国の貿易赤字、とりわけ対日赤字の急拡大である。こうして、日米通商摩擦が頻発する構造が定着したのであった。

3　不公正貿易慣行是正、及び、市場開放

米国の対日貿易赤字が恒常化し、そうした状況の中で、米国と日本の産業軋轢が多様な分野で発生するようになる。かくして、日米間で、自動車や半導体を巡る交渉、あるいは、市場重視型個別分野協議（ＭＯＳＳ協議）などが、次々と行われる。もっと厳密に言うと、米国が日本に、各種分野で次々と交渉開始を求めてくる。そして、日米関係の緊密化を大義に、日本の政治が、米国の交渉開始要求に応じることになってくる。

そうした場合、米国側は、個別分野を対象とする場合には日本側の不公正貿易慣行を、経済や産業の構造を対象とする場合は日本の産業構造の閉鎖性や規制環境を、それぞれ問題の根源だとして批判、当該障壁の是正を求めてくるのが要求提示のパターンであった。さらに言えば、こうした論拠に、日本社会異質論を据えていたことは、再度、言及するまでもあるまい。

そして、このような論理構成を踏まえ、ある特定分野の交渉で、米国の要求に日本が妥協すれば、米国は同じような妥協を求めて、別の分野でも日本に同様の要求を仕掛けてくる。つまり、ある要求が一カ所で成功すると、その成功した方式を、米国は、他の分野の対日交渉にも応用しようとするのであった。

その具体例としては、一九八三年九月、米国が急に持ち出した円・ドル為替レート問題（安倍外相とシュルツ国務長官の会合で初めて提起されたが、外務省ルートでは取り上げられず、その後、案件は大蔵省と財務省との間で交渉されることになる）や、それとの関連での日本の金融・資本市場開放問題を、担当役所同士で協議する場として設置された日米円ドル委員会という方式が、米国レーガン政権内のホワイトハウス・ポリティックスの力学によって、ＭＯＳＳ協議での他分野交渉に際しても応用・採用されるに至った例をあげておけば十分であろう。

米国政府の対日要求を、歴史的に見ていけば、そこにはいくつかの変貌が見受けられる。再度繰り返しておけば、それらは、まず、時代と共に、そして米国産業の競争力が弱まるとともに、輸出自主規制を求めるものから、米国製品の日本市場進出を促す、つまりは、日本側に米国製品購買を促すものへと変質していったこと。

そして、こうした、米国の交渉目的の変化の背景には、ＧＡＴＴからＷＴＯへの国際機構の変貌も影響していた。ＷＴＯ下では、相手国に輸出自主規制を求めるやり方が禁止されるに至っていたからである。

次いで、日本に要求する内容も、政府の権限の及ぶ範囲の、たとえば日本国内の制度やルールの変更を要請するに留まっていた段階から、次第にエスカレートして、本来なら民間企業の決定に属する分野にまで、日本政府に行政指導で介入させ、以って米国品の購入を増やさせる、そんな性格のものにまで、米国の要求が増幅されていったこと。

ＷＴＯの誕生で、輸出自主規制という手法を禁じられ、それ故、政府間協定によって、相手国に義務を課し、以って、相手国に行政措置を取らせる。そうしたやり方が主流となる中、規制の対象が、本来なら市場に任せ、あるいは、民間企業が自身の責任で対応すべき分野にまで、相手国の政府権限を及ぼさせ、米国にとっての要求を果たさせる。米国の要求がここまで変貌してくると、明らかにダブル・スタンダード的色彩が濃くなってこざるを得ない。なぜなら、米国は、国内では、市場尊重を旗印に政府の介入を排しながら、海外では、相手国に市場への介入を強いるのだから……。

だから、そうしたダブル・スタンダードを強引に持ち込むために、日本社会こそが異質なのだ、との強弁を導入しなければならなかったのだ。そして、結局、名目的にはともかく、実質的に日本は、この要求に乗っていくのである。

話が婉曲化したが、日米半導体協定や自動車部品を巡る構造協議には、そうした、過大な、あるいは、限度を超えた米国側要求が色濃く滲み出てきている。

さらに、前記のような、際限のない米国側の要求は、必然的に、日本の経済や産業の変革を目指すまでに膨張されてくるようになったことである。すでに、本書で何度も触れてきたMOSS協議やSII協議、あるいは、包括経済協議などが、米国側がそうした要求を持ち出す場となった。

この最後の種類に属する、米国の対日要求の矢面に、最も厳しく立たされたのが、おそらく、日本の大蔵省（現、財務省）だったのではなかろうか……。

そうした交渉の場では、経済理論が米国の対日攻撃の武器として使われ、また、そうした理論での日米間のやり取りも、最終的な結論は、政治力学によって決着がつけられることになる。そして、その日本の政治といえば、対米配慮を優先考慮するものだった(9)。

ここでは、その種の事例として、上記の円ドル委員会での日米間の議論と最終報告書の発表に至る経緯（一九八四年二月～八四年五月）を、当事者の著作などを引用する形で、詳細に迫るのは無理としても、せめて雰囲気だけでも紹介しておきたい。

円ドル委員会設置に至るそもそもの発端は、一九八三年初頭、当時、ドル高・円安で、日本製トラクターとの競争に苦戦していたキャタピラー社のモルガン会長が、円は不当に安い、とのキャンペーンを始めたことだった。日本政府が円安・ドル買いの為替市場介入を行っている、というのである。

このモルガン会長の主張は、日米両国の通貨当局によって否定されるのだが、それでも同会長はキャンペーンを止めない。むしろ、主張を補強するため、新たに、外部のコンサルタントを雇い、「ドル・円の不整合─問題の所在と解決策」と称するレポート（ソロモン・レポート）を発表させる。

レポートを執筆したのは、著名なマネタリスト、スタンフォード大学のエズラ・ソロモン教授。そこで導き出した結論は、①日本は外国からの資本流入に規制を課している、②円レートが安いのは、日本の金融・資本市場の自由化が不十分な故、だから、③日本は金融・資本の自由化をもっと進めるべし、というもの[10]。

このレポートが、レーガン政権のリーガン財務長官を動かし、一九八三年一一月の日米首脳会談（中曽根・レーガン）の席上、レーガン大統領の口から日本側に、円安是正や日本の資本市場自由化問題を検討する提案が正式に為されたのだった。

もちろん、中曽根首相は、この米国側の、日本の資本市場の制度運営や諸慣行が円高の誘因だとの説を否定、ドル高・円安は、むしろ、米国の高金利を反映したものにすぎない、と反論している。

が、しかし、中曽根首相は、会談後の首相談話で、為替レートや金融・資本市場を協議する場を創設すること、そのこと自体には、同意する旨を発表したのであった。

かくして、日本の大蔵省と米国の財務省との間の協議が設定され、これら提起された問題を巡って、都合六回の正式会合が持たれ、両国の通貨当局者たちが激しい討論を続けることになる。

さらに、もう一言付記しておきたい。

米国側がこのタイミングで、日本の金融や資本の自由化問題を提起してきたのも、この時期の米国金融業界が中南米向けや不動産向け融資などの失敗で打撃を受け、対して、日本の金融機関の対米進出が目覚ましく、米国金融業界が日本勢の台頭に危機感を抱き始めていた、という事情があった、という点である。

さて、円ドル委員会での討議だが、その詳細を伝える情報も知識も、筆者は持ち合わせていないので、ここでは、当時、財務官室長として協議の渦中にあった久保田勇夫の著作から、経済理論との関連で、理解に適切と思われる個所のみを引用させていただこう。

「……米側代表はスプリンケル次官……かの有名なシカゴ学派の経済学者であった……我々は協議の席上、あらゆる規制や恣意的な措置は悪であり……自由化しさえすれば、マーケットが上手く調整してくれる云々の、マネタリストの主張を聞かされることになる……」[11]。

「……争点の一つである円ドル相場の問題の原因については、日本側は、米国の高金利によるものであり、その遠因は米国の財政赤字であるので、その財政赤字の削減を図るべきであるとした……米側は、それは日本の金融・資本市場が自由化されていないために円の潜在的な力が発揮されていないからであり、その自由化が大切であるとした……」[12]。

「……米国は、金利はマーケットが決めるものであり、政府は適正な金利を判断する立場にはなく、したがって、政府がその時々の経済情勢に応じて金利政策を行うべきではない、と主張した……日本側は、金利は大切な政策手段であり、政府が時々の情勢に応じて金利を変更するのは当然だと考えている、と主張した……」[13]。

要は、現状認識にあたり、双方の認識そのものが基本的に違っていたのである。こんな状況での交渉の困難さは、想像するに余りあろう。

4　日米の交渉スタイルの違い

米国側の交渉者が置かれている状況も、日本側のそれとはかけ離れていた。

米国では、政権が変われば、それまでの主張をかなぐり捨て、全く別の争点を、全く別の論理で展開してくることは、むしろ常態である。

ところが、日本側はそうではない。

それまで政権交代をしたこともない、そんな特異な状況の下、日本側の交渉当局は、これまでに展開してきた論理や争点に、どうしてもこだわって、いわば、これまで取ってきた立場との一貫性に縛られてしまう。

早い話、前記のスプリンケル次官の、円ドル委員会でのマネタリスト論理にしても、その後の、日米構造協議などでは、米側交渉責任者が変わり、それ故、用いられる経済論理や現状分析手法も、全く異なってくるのであった。そんな場合でも、日本側は、自分たちが過去の協議で展開した論理からは、おいそれとは離れられない。

おそらく、そうした日米の交渉に際しての、過去の論理に囚われる度合いの違いは、両国の政権交代経験の違いや、国内議論の在りよう、さらには、官僚制の相違などに由来するものであろう。

筆者の経験した例では、一九八〇年代の始め、民主党のカーター大統領から共和党のレーガン大統領に政権が移行した際、レーガン政権が発布した最初の大統領令が、カーター政権が退場するに際し、発出した行政命令の効力を凍結する内容のものだった。

それ以降も、レーガン政権は、何かにつけ、カーター前政権の施策を次々と否定し続ける決定を行っていくのだが、米国政治の外にあった筆者などは、こうまで自分の施策を否定されるとは、「カーターさんも気の毒に……、勝てば官軍という言葉は、米国の政治にこそふさわしい」と、思わずカーター前大統領に同情したものだった。

国内議論の在りように関しても、日本の場合、交渉責任者の対外発言がメディアなどを介して国内に伝わると、それが即、国会などで「国内向けの説明と違う」とか、「これまでの説明を逸脱している」とか、国内政治の場で糾弾の対象とされがちである。

この点に関し、日本国内には異論が跋扈する余地が少なすぎる、のも気掛かりである。

米国では、一つの主張に対し、必ず異論の一つや二つ、国内から発信されている。そして、機会が来れば、それら少数派の異論が、急に主流派の議論の中に登場してくる。そんな場面に多々巡り合う。

しかし、日本国内では、一つの国際交渉中に、国内から異論が発出されるケースはあまりに少ない、との印象が強い。もちろん、交渉によって被害が出るセクターからの交渉反対の声は上がる。しかし、その反対論も、悪影響論が中心で、それが必ずしも理論武装の域に達していない。要は、日本社会では、論理や主張が社会を引っ張る域にまで、中々、昇華されないように見える、のである。

さらに、日米の官僚制度の違い[14]にも、交渉の困難さの一因が根差していたようだ。米国の場合、交渉当事者の立場には、往々にして政治任命された高官が就く。そんな場合、前述のスプリンケル次官の場合のように、自説にこだわる度合いも強まるし、またある人の場合には、自分を任命してくれた上司への、実績誇示の気持ちが強く働き、その分、成果達成を焦るようにもなりがちである。そして、そんな場合にも、交渉の席上で自説を開陳することにより、自身の交渉成果に結び付けたがるのである。〝自分の論理〟が、それほどまでに重要なのだ。

もう一点、ここで特記しておくべきは、日米両国での交渉スタイルの違いであろう。

米国では、そもそも交渉とは、立場が異なる故にこそ為さねばならぬもの、との認識から出発している[15]。つまり、立場が異なるからこそ、話し合いをするのだし、だからこそ、最初に双方の対立点を明らかにしておかねばならない。言い換えると、まず、交渉の全体像の構図を明確にして、その全体像の中で、どの個所が具体的に問題なのかを特定し、そこに交渉の重点を充てるよう図っていく。そして、そのためには、あらかじめの交渉上の戦術検討が必要となってくる。要するに、米国での〝交渉〟の仕方とは、そういった手順に則る、ある意味でのゲームなのだ。

ところが、日米通商交渉が、多様な課題を巡り、いろいろな分野で本格的に始まった一九八〇年代半ば頃までは、日本側の交渉スタイルは、米国側のそれと全く異なっていた。

おそらく、その頃まではいまだ、日本側には、交渉とは一種のゲームだ、との感覚がなかったのではあるまいか……。つまり、換言すると、米国側の交渉スタイルを十分に理解しないまま、交渉現場に臨んだ日本の担当者たちも、かなり多くいたに違いない……。少なくとも筆者には、そう思われてならないのである。

日米の交渉スタイルがどう違っていたのか、佐久間賢はその著『交渉論入門』の中で、次のように記している。長い引用をお許しいただきたい。

「……日本人はまず、相互に共通している部分を議題にして、合意点を探そうとします。そして、意見の異なる問題はなるべく後に回そうと試みます……米国人は、交渉は対立から始まるのが当然と考えているので、①日本側の主張が如何に間違ったものであるか、また、②自分たちの提案が如何に正当であるかを、攻撃的に主張するのが普通です……」。

「……これには日本側が当惑します。即ち、日本側は意見の一致する共通な部分を積み上げる作業をし、理解を深めながら合意に達しようとするからです……その結果、交渉の途中において、米国側から（強い）反対意見が出されると、日本側は交渉の前途に悲観的な見通しを抱くことになります……」[16]。

往々にして、こうした交渉経緯から、場合によっては、この段階で日本側は譲歩を内々検討し始める。一九七〇年代や八〇年代前半の日米交渉では、こうした経過を辿ったものも結構あったはずだ。

再び、上記佐久間著からの引用である。

「……一般に、日本側は、交渉に当たり事前の予備折衝を重視します……予備折衝は、会議が始まる前に双方の意見の類似点を積み上げる作業です。これに対し、米国側が重視するのは、交渉の場における議論の進め方です……そのため、米国側は、相手を打ち負かすためのシナリオが用意されます。即ち、発言者の役割分担とそのうち容が決められ、相手の出方に対応して〝脅し役〟や〝なだめ役〟があらかじめ決められるのです……」[17]。

だから、日米交渉において、米国側は攻撃的姿勢を鮮明にすることが多く、日本側は知らず知らずに受け身に回る。その結果、米国の強硬姿勢が鮮明になり、それがマスコミ報道などを介して日本国内に伝わる。

加えて、米国議会などが、応援団よろしく強硬姿勢で米国側交渉当局を後押しする。それを、一九八〇年代には、日本のマスコミが大げさに日本国内に伝える。こうなれば、日米関係を重視する日本の〝政治〟が、対米妥協を考え始める。交渉の勝負は、すでにこの時点で決しているわけだ。

この著で、佐久間は以下のように記す。

「……欧米人は、交渉でよく〝脅し〟を使います。これなどは、交渉をゲームとして考えている典型的な例といえます……即ち、〝駆け引き〟を一つの手段として考えているので、交渉目的を達成するために必要となれば、当然に〝脅し〟を使います……(18)」。

「……しかも、米国側は、『日本側も国際交渉のこのようなやり方(ルール)を理解している』との前提で、彼らなりの交渉戦略を進めてくるのです……日本側が、このような国際交渉のルールを理解していない場合(筆者注：おそらくは、一九七〇年代後半から八〇年代前半には、日本側は、こうしたルールを余り理解していなかった、のでは……)、議論がかみ合わず、日米間のギャップは大きくなるばかりです……(19)」。

かくして、往々にして、交渉の途中に、日本側交渉者の口からは、「米国側に日本の立場をもっと理解してもらう必要がある」云々のコメントが為される素地があった、というわけである。

ここで、再び前記の久保田の著作から、その一部を引用させていただこう。日米円ドル委員会の件の記述である。

「……日本側は国際交渉を、国内交渉と同様のやり方と論理で運ぼうとしがちであった。米側は何かにつけ、日本の仕組みは自国のそれと同じだろうという考え方を採った。たとえば、日本の官僚制度を、米国と同じように、『政治的任用制度』に拠ることを前提にした。要するに、『文明』ならぬ『文化』の衝突が、議論のスムーズな展開を妨げた面も少なくなかったのである。そして、これらは、それ以降の日米交渉においても、程度の差はあっても同様であった……(20)」。

要は、交渉するにあたって、主張の論理の構成も、交渉スタイルも、意思決定メカニズムも、現状認識においても、さらには、国内利害関係者の強い反対姿勢の中で、全く立ち位置を違える相手と、日本側(「円ドル委員会」の場合は、大蔵省)は、国益を守るため、米国側の攻勢的議論に立ち向かい、最後には、〝良好な日米関係〟を第一義に考える日本側の〝政治からの風圧〟を受けながら、米国と交渉しなければならなかった、というわけだ。

5　広域自由貿易圏（Free Trade Agreement: FTA）を通しての共通ルールの創設へ

一九八〇年代〜九〇年代、米国と日本は世界の第一位と第二位の経済大国であった。それ故、この二大国の通商関連協定に、世界の国々も無関心ではあり得なかった。日米の二国間協定、たとえば、日本の対米自動車輸出自主規制や日米半導体協定も、当初は日米二国間に適用されていたのが、何代にも渡って延長され始めると、当該対象商品の主要生産国、つまり、自動車の場合の欧州諸国、半導体の場合の欧州諸国や韓国、台湾などが、日米取り決めを延長していく過程で、そうしたスキームに次第に参加してくるようになる。要は、日米間の取り決めが、次第に他国をも含めた、実質的な国際ルールと化してくるのである。

一方、同じ一九八〇年代半ば、二国間協定とは異なる方式、つまり、多国間協定の形式で、通商関連の共通ルールを創出する試みも活発化し始めていた。

本書では、これまで、広域的な自由貿易圏・経済圏を構築し、そうしたルートを通じて、域内に通商関連の共通ルールが創設されるケースを取り上げてこなかったので、ここでは、以下に、補論的意味合いを込め、その詳細を説明しておこう。

このような試みはまた、交渉を主導する国の通商交渉の目的が、相手国市場の開放に加え、発展する周辺諸国の経済を自国市場に取り込み、併せて、協定加盟国間での通商関連ルールを共通化すること（その際には、出来得れば、自国ルールを受け入れさせる）にまで、拡がったことを示すものであろう。

この新しい方向への震源地は、またしても米国であった。

米国は、自国経済の相対的競争力が低下していくのを、二国間、多国間、そしてＧＡＴＴ、それぞれの場を最大限活用して、通商政策を展開、以って、自国の経済や産業の活性化を図っていこうとするようになる。

こうした、新しい通商戦略の背景には、競争力が低下したからといって、自国市場を閉ざす、そういった意味での保護主義をとる余地が、世界最大の経済大国で、かつ、自由主義陣営の盟主たる米国には、〝実質的にはなかったのだ〟という、時の国際政治の現実が色濃く反映されていた。言い換えると、米国は、自国市場を閉鎖するよりは、自国の経済領域を国境線の外にまで拡大する、そんな方向性を明確に指向し始めたのである。

そして、視点をこのようにとると、現在、アジア太平洋諸国の間で交渉が進む環太平洋パートナーシップ協定（Trans Pacific Partnership: TPP）交渉も、究極的には、米国主導で、太平洋岸東西の諸国を含む広域地域に共通の（できれば米国流の）通商関連ルールを設定しようとする試みであることが、一層鮮明となるはずだ。

では、なぜ、ＴＰＰは、現在のような広域経済圏創出の試みの流れの中から浮上するようになったのか……。逆にいえば、各地域の広域経済圏創出の流れは、いかなる沿革を経て、ＴＰＰなる概念に辿り着いたのか……。

いうまでもなく、そこには、関係国の、政治・経済の諸々の要因が作用し、それらの結果、地球規模で広域自由貿易圏協定の締結、ひいては、広域自由経済圏創設に向けた競争とでも呼べるような状況が大きく作用している。

このような潮流を理解するためには、話を一九八〇年代半ばから始めなければならない。

当時、ＧＡＴＴの場では、東京ラウンド（一九七三〜七九年）の後の新しい関税引き下げ・市場開放交渉を、どのような中身のものとするかに関し、加盟国間で、中々、合意を生み出せないでいた。

そんな状況下、米国とカナダが、今でいう広域経済圏形成の試みに着手する。

米国にとって、北境のカナダにまで自己の市場経済圏を拡大したいのはわかるとして、では、カナダがなぜ、米国との自由貿易協定締結に熱心になったのか？

当時、米国経済はレーガノミックスの悪影響で第二次大戦後最大の不況に突入しており、それ故、カナダのトリュード自由党政権内では、米国内での保護主義の高まりへの懸念が広まっていた。一九八〇年代初めから、米国はカナダ産品に対し、反ダンピング法や相殺関税法を積極的に適用し始めていたからである。

かくして、トリュード政権下、米加自由貿易協定に向けた交渉の可能性が模索され始めたのだが、その後、カナダで政権が代わり、それまでの野党進歩保守党のマルルーニ政権が誕生、同政権が、一九八五年三月、米国のレーガン大統領との間で、米加自由貿易協定交渉入りで合意することになる。[21]

野党時代には対米自由貿易協定交渉入りに反対していたマルルーニ首相が、政権を握るや一変、同協定交渉促進派に一八〇度姿勢を変える。政治家の毀誉褒貶、これに過ぎるものはあるまい。しかも、交渉の実際段階では、同首相は、本協定案批准のために総選挙まで行ったのだから……。

筆者には、〝対米自由貿易協定批准〟という政策課題を、総選挙に絡めたことで、マルルーニ首相が、この争点を国内〝政局〟操作のための好材料、と見なしていたことが傍証されているように思われるのだ。

いずれにせよ、結局、交渉には二年という期間が費やされ、米加自由貿易協定は一九八八年一月、成立することになる（批准を経ての発効は一九八九年一月）。そして、この二国間自由貿易協定が後日、メキシコを取り込んでの北米自由貿易協定（North American Free Trade Agreement: NAFTA）へと発展していく。

そして、このＮＡＦＴＡには、関税率の引き下げから、投資や金融の自由化、知的財産権保護、紛争処理メカニズム、さらには労働基準や環境基準など、経済に関連した広範な社会規範が盛り込まれている。要は、北米地域に共通な通商関連ルールが設定されたわけだが、その実態は米国ルールが主流であり、それ故に、これをカナダやメキシコから見れば、ＮＡＦＴＡは米国流の制度やシステムが自国内に持ち込まれてくる、主要幹線経路ともなったのである。事実、当時のメキシコのサリナス大統領は、〝ＮＡＦＴＡがメキシコの社会改革努力後退への歯止めとなることが期待される〟とさえ、述べた程であった。

では、将来は北米大陸全域にまで拡大されることになる、そんな自由貿易協定の原型たる米加協定交渉入りを、米国・カナダ両国は当時、どのような論理で全世界向けに正当化していたのだろうか……。

結論を記せば、それは、「米国とカナダが自由貿易協定交渉に入ることで、ＧＡＴＴの場での新ラウンド交渉に向けた、側面からの圧力が強まることになる。また、結果として、ＧＡＴＴ交渉が進展する場合には、多国間協議の内容を一層自由貿易指向の方向に導くことができる。要するに、米加二国間の自由貿易交渉とＧＡＴＴの交渉は、補完的関係にあるのだ」というものだった。

一方、欧州でも、広域経済圏拡大の機運が盛り上がっていた。折からのソ連崩壊で、旧東欧圏諸国の間では、市場経済の中心地と密接な関係を築くことなくしては、将来の経済発展はない、との神話が広まっていたからである。

かくして、大西洋の東に、米国を軸にカナダ・メキシコを抱合した北米自由貿易地域（ＮＡＦＴＡ）が、大西洋の西には、拡大するＥＵが、それぞれ広域経済圏を形成、世界経済を二分する状況が生じてくる[22]。

こうなると、そうした動きに取り残されたアジアでも広域経済圏創出への動きが出てくるようになる。主導権を取ったのは日本であった。

一九九〇年代末、日本はいまだ、世界経済の三極を占め、それが故に、米欧がそれぞれの広域経済圏を形成する中、アジアも一つになるべきではないかと、この地域での広域経済圏形成を試みることになっていく。

しかし、そのためには、アセアン（ASEAN: Association of South East Asian Nation）各国の一つ一つに日本との二国間で包括経済連携協定（Comprehensive Economic Partnership Agreements: EPA）締結を説いて回らなくてはならない。そんなことをすれば、結果として、アセアンとしてまとまっている国々から反発されるのではないか……。そんな心配が日本側関係者の頭を悩ませていた。

ここで筆者の経験談に移るが、一九九〇年代の始め、シンガポールで開催されていたアジア版ワールド・エコノミック・フォーラムの席上、日本側の心配をよそに、時のタイの首相が、「タイは二国間の自由貿易協定交渉に入る用意がある」と発言するのを聞く機会があった。さらに、その折の別の機会に、我々がシンガポールの副首相を訪問した際、同副首相が「本年末、ゴーチョクトン首相（当時）が訪日し、日本の小渕首相に正式に二国間の自由貿易協定交渉開始を提案する予定である」と述べるのを聞く機会もあった。

つまり、アセアンの側にも、アセアンという枠組みとは別に、個別二国間で日本との自由貿易協定を締結しようとの希望も膨らんでいたわけだ。米欧での自由貿易圏拡大の動きが、アジア各国の心理にもそれなりの影響を与えていたのである。

もう一つ、余談を付記しておけば、同じ機会に、日本側要人と中国の貿易大臣の面談に陪席する機会も得たが、席上、中国の貿易大臣が日本側要人に、「自由貿易協定とはどのようなものか」と、真顔で聞いてきたことがあった。言い換えれば、当時の中国のＦＴＡ認識はその程度のものであった。

ところが、その後、そんな中国が、急にアセアン各国とのＦＴＡ締結に熱心になる。何が中国の姿勢を急変させたのか……。

おそらくは、その直後に発生した米国との対立、つまり、〝台湾海峡危機〟を契機に、米国が中国をいろいろな手段で攻囲（Contain）するのではないか、との懸念が中国政府内で高まり、そんな懸念への、万が一の対応策として、経済分野での近隣アセアンとのつながり強化、そのための手段としてのＦＴＡ締結促進へと、一気に舵を切ったのではないだろうか……。

さらに余談を続ければ、中国にとってのＦＴＡは、日本にとってのＦＴＡとは、少し趣を異にする。ＧＡＴＴ24条によって、先進国と途上国とでは、ＦＴＡ締結条件としての、自由貿易度の水準が違っているからである。

先進国がＦＴＡを結ぶ場合、より高い貿易自由化率が義務付けられている。つまり、中国もアセアン各国も、ＧＡＴＴ上での定義は、いまだ途上国であり、そうした途上国同士のＦＴＡは、自由化率も相対的に低くてすみ、それだけ国内経済への影響度合いも和らげ得るわけで、その分、自由貿易協定締結へのハードルが低くてもよい(23)。

加えて、中国のような一党独裁の国では、ＦＴＡへの国内の抵抗を押さえ込むに際し、政府中枢に権力が集中されているだけに、反対を封じ込めやすく、中国政府がその気になれば、一気にＦＴＡ締結に舵を切ることもできる道理であった。

いずれにせよ、このような国際情勢の激変を契機にして、アジアにおいて、日本と中国がそれぞれにイニシエーターとなって、アセアン＋３（中国、韓国、日本）、あるいは、アセアン＋６（上記三カ国に加え、インド、オーストラリア、ニュージーランド）といった、アセアン・ハブ型の広域自由貿易協定締結への動きが急に盛り上がっていくのである。

6　アジアにおけるＦＴＡ締結競争とその背景

二〇〇〇年代に入ると、世界経済に大きな構造変革が発生する。

それに先立つ一九九〇年代、米国で金融経済化が深化し、折からのブッシュ政権の通商政策――相手国に金融市場の自由化を迫る――に後押しされる形で、もっぱら金融分野のグローバル化が、欧州先進国を舞台に進んでいくのである。これは、米国の財の貿易赤字を、金融資産の対欧州圏向け輸出で補填しなければならないという、米国にとっての必然性に裏打ちされた動きでもあった。

そして、このような金融グローバル化（含む、米国低金利の欧州への伝播）は、実態的には、米国流の金融ルールの欧州諸国への波及を意味していた。

かくして、二〇〇〇年代前半には、米国の低金利に即発された形で、欧米諸国の金融は軒並み緩み、その結果として、生み出された過剰資金が、当然のことながら、途上国にも流入していくことになる。

しかし、過剰資金の先進諸国内での流通と、途上諸国、とりわけ、俗にいうＢＲＩＣｓ（ブラジル、ロシア、インド、中国）への流入とでは、その後の資金の使われ方が違っていた。

先進諸国では、資金は金融資産の購買に回り、ＢＲＩＣｓ、とりわけ中国やインドでは、アジア通貨危機からの教訓などもあって、流入資金は為替管理で長期投資用資金に限定される傾向が強く、したがって、それは即、実体経済の投資に転嫁され得たのである。

つまり、二〇〇〇年代に入っての、先進諸国こぞっての金融緩和によって生み出された過剰資金は、一方では、先進諸国の一層の金融経済化（証券化商品などの多様な金融資産の登場）を促し、他方では、途上国、とりわけＢＲＩＣｓ諸国の実体経済面での投資促進↓輸出生産能力の増幅をもたらすことになったわけだ[24]。

そして、こうして急増したＢＲＩＣｓ諸国の輸出能力は、金融経済化で潤う欧米市場向け輸出増で、容易に能力過剰を露呈せずにすんでしまう。このようにして、中国に代表されるような、投資と輸出に牽引されての経済の高成長が、途上国の供給能力アップと先進諸国の需要増大の組み合わせという構図の中で、実現していくのである。

さらに、前記のような環境下、アセアン各国が、近隣中国の高成長市場向けと金融経済化で潤う欧米市場向けの輸出を軸に、俗にいう輸出主導型経済による高成長を享受する。そして、高成長を続けるアジアには、いつの間にか、日本や韓国、アセアンから部品が中国に輸出され、中国で組み立てられた完成品が北米やＥＵ等の大市場圏に輸出されるという、〝アジア域内での製造工程間分業〟と〝完成品の対米欧輸出〟をマッチさせたメカニズムができあがってくるのである。世界経済において、二〇〇〇年代の〝世界の製造工場としてのアジア〟の誕生・急浮上であった[25]。

そうなると、東アジアに渡って広く構築されたサプライチェーンをカバーする経済連携の実現が重要な課題となる。つまり、この基礎土壌の上に、前記したような、日本や中国が提唱するアセアン・ハブ型の広域自由貿易圏創設の動きが始動・加速されていくのである。

そして、一度こうした動きが顕在化すると、そこに関係諸国の様々な政治的思惑が絡み、それに伴う形で自由貿易構想の種類も多様化してくる。アセアン（ASEAN）＋3（日本、中国、韓国）や、アセアン（ASEAN）＋6（日本、中国、韓国、インド、オーストラリア、ニュージーランド）、さらには、環太平洋ワイドのFTA等などが、そうした概念の代表例である。

いずれにせよ、このような混沌としたFTA締結競争とでも呼べる状況の中から、次第に姿を現してきた、アジアを舞台とした各種FTA構想（それが進化しての、関係国間の実際の交渉）の方向性を整理すれば、おおよそ、以下のようなものとなるであろう[26]。

①　アセアン・ハブ型の広域経済圏指向（〝アセアン＋6〟の発展形としての東アジア地域包括的経済連携：RCEP。二〇一二年一一月のアセアン関連首脳会談で、RCEP交渉立ち上げを正式に宣言）。

②　アジア太平洋全域をカバーする広域経済圏指向（APECワイドでの自由貿易圏を作ろうとの構想：FTAAP。現状はいまだ、APEC首脳会議で構想を承認した段階止まり）。

③　日中韓FTA締結指向（三カ国の間では、交渉入りでは合意。しかし、実質的交渉はなかなか進まず）。

もちろん、理念やアイディアだけで、この種の広域経済圏ができあがるほど、現実は単純ではない。前記①〜③にしても、私見では、一番ダイナミックに推進されているのが①であり、そのダイナミズムは、地域での政治的影響力確保を目指す日本や中国の随所での鞘当が生み出したものでもあった。

具体的には、アセアン＋３を推進しようとする中国と、③の構図の中の中国と韓国、それに日本が拮抗する構図の中で、韓国が何かにつけ中国寄りの姿勢を取り、また、アセアンの個々の国が、結局は中国に引き寄せられがちである現実を見据え、中国が主導する形になるのを嫌った日本が、対中牽制の意味合いを込めて、インドやオーストラリア、ニュージーランドにまで締結国の範囲を拡大する、いわゆる、アセアン＋６を提唱したことなどは、この種の鞘当の典型例のように思われる。

しかし、これまた前述したように、一九九〇年代末から二〇〇〇年代にかけて、中国やアセアンの経済成長は目ざましく、とりわけ、二〇〇八年九月のリーマン・ショック以降、世界経済が低迷する中、いち早く大規模な財政発動で金融危機の打撃を最小限に抑えきった中国を軸に、アセアンなどの東アジア経済は依然として高成長を記録し続ける。

そうなると、米国や欧州は、東アジア経済との結びつきを強めようと知恵を絞ることになる。そうした中、リーマン・ショックで未曾有の金融・経済危機を経験した米国が考え出したアイディアが環太平洋パートナーシップ（Trans Pacific Partnership: TPP）の活用であった。

経済成長を享受するアジアを、どうすれば米国は取り込めるか？

地理的に見て、米国は太平洋の東側に位置し、どう詭弁を弄しても、その米国をアジアの国というには無理がある。それ故、太平洋の西で進みつつある、アジア・ワイドの広域経済圏に米国が入ることはできない。

だとすれば、上記概念では②に相当する、太平洋の西と東を包含するＡＰＥＣワイドの広範な自由貿易構想を推進するのが一番理想的だろう。しかし、概念としてはともかく、その種の広域経済連携協定を一気に結ぼうとしても、現実的ではあり得まい。

しかし、放っておくと、アジア・サイドの広域経済圏創設のほうは、着々と進んでいく。では、現実問題として、どのような対応策を講じるべきか？

かくして、米国の通商当局は、既存ではあったが、目立たない存在だったTPPに目をつけることになる。TPPに自らも加盟意思を表明し、以って、アジア・サイドの主要国にも働きかけて、加入交渉を大掛かりに開始する。つまり、このようにTPPを拡大強化することで、その先のAPECワイドの広域自由経済圏創設への一里塚としようというのである。

さらに、こうしたTPP拡大戦略を取れば、アセアンを軸に進んでいるアジア・サイドでの広域経済圏創設にも、かなりの程度、楔を打ち込める。米国という国は、どこまで行っても戦略思考の国なのだ(27)。

元々のTPPは、二〇〇六年に発効している。原加盟国はシンガポール、ニュージーランド、チリ、ブルネイの四カ国。それぞれの国の経済規模は決して大きくはないが、TPPの大きな特色は、自由化率が断トツに高いことであった。このTPPに米国は目をつけたのであった。

折しも米国では、リーマン・ショックでの経済混乱の中、民主党のオバマ政権が二〇〇九年一月に誕生、輸出振興を基軸の一つとする経済再生を打ち出すことになる。そして、輸出増進と言えば、アジア圏向けの輸出拡大であった。

かくして、二〇一〇年三月、原加盟国四か国に、米国、オーストラリア、ペルー、ベトナムを加えた八カ国で、既存TPPの拡大と内容更新交渉が開始される(28)。

同じ年、日本の管首相（当時）が「TPP協定交渉等への参加を検討する」旨発言、二〇一一年には野田首相（当時）も「交渉参加に向けた関係各国との協議を開始する」と一歩踏み込んだ発言をしたものの、実態上、日本の動きは止まったまま。

その間、二〇一〇年にマレーシアが交渉入りを決定。その後も、二〇一二年にメキシコ、カナダが交渉入りを決め、TPP交渉参加国は一一カ国に拡大する。

二〇一二年一一月、東アジア・サミットの際に開かれたTPP首脳会議で、「二〇一三年中の交渉妥結を目指す」ことで合意が成立、そうした国際政治の風圧が、二〇一三年三月、安倍首相の「日本も交渉に参加する」旨の発言につながっていくことになる。

ここから先は余談だが、ＴＰＰ交渉に、世界第一位（米国）と第三位（日本）の経済大国が参加したことの、世界の国々へのインパクトは大きいものだった。

日本のＴＰＰ交渉参加は、中国や韓国を刺激し、上記範疇の③日中韓ＦＴＡ交渉に新たな熱を注入することになったし、そうしたＦＴＡ締結交渉熱は、米国とＥＵとの間でのＦＴＡ交渉（ＴＴＩＰ）開始への道をも開くことになる。中国がＥＵとＦＴＡ交渉に入ることを決めたのも[29]、韓国がＴＰＰ交渉に参加の意思を表明したのも[30]、こうした広域経済圏推進ムードとは無縁ではないのである。

さらに、このような巨大経済圏創出につながるメガＦＴＡ交渉多発を目の前に、低迷していたＷＴＯでの交渉にも弾みが出てくる。

二〇一三年一二月、ＷＴＯ加盟の一五九カ国の代表よりなる公式閣僚会議は、一〇年以上に渡り停滞していた多角的通商交渉（ドーハ・ラウンド）の内、貿易の円滑化、農業補助金、開発問題、の三分野での合意を盛り込んだ閣僚宣言を採択したのである[31]。背景には、世界各地で進む、先進国主導のメガＦＴＡ締結の動きに、〝取り残され感〟を強めた途上国側の焦りがあった、と推測されている。

7　ＴＰＰ交渉で決まる、共通ルールの内容

ＴＰＰは、アジア太平洋に位置する国々の間で、広域自由経済圏を創出しようとの雄大な構想である。こうした構想はまた、グローバル時代の申し子のような性格を備えている。

グローバルなるものの基本性格の一は、経済活動を阻害する可能性のある国境の壁をできるだけ低めようとする点である。

二は、域内共通のルールを導入しようとする点である。その意味では、〝いまだ共通化していないルールを、共通化しよう〟というのだから、その努力の基本性格は〝未来志向〟と言ってよいだろう。

三は、ある経済的に優勢な地域で広域経済圏を創設しようとの動きが始まると、そうした動きが、対抗上、他の地域での経済圏創出の動きを誘発する、そんな傾向を持つ点である。下手をすると、こうした動きは、第二次大戦以前のブロック圏創出競争に墜ちてしまう可能性があるが、そうした弊害を避けるため、自由貿易・自由経済拡大・拡充の旗印は降ろせない道理。そういった意味でも、やはりそれは、〝未来志向〟と言うことができるのではあるまいか……。

そういう目で見ていくと、現状、各広域経済圏結成の主たる動因は、自由経済圏を志向したものに限定されている。あくまでも、現行の広域経済圏創出競争は、〝自由市場〟のための広域経済圏創出、という前提条件付きなのである。

ではなぜ、グローバルな性格を持つ広域経済圏を、米国が主導して作り上げようとするに至ったのか？

答えはすでに自明であろう。

経済大国米国の地位の相対的弱体化が、そうした通商政策変質の背景事情だということである。もっと具体的に記すと、そうした広域経済圏で導入される共通ルールを、自国に有利なものにすることができれば、何物にも代えがたい優位な地位が確保できるからである。つまり、今や、通商政策は、広域自由経済圏創設に際して、そこで採用されるルール設定を軸とする、国益丸出しの政治ドラマと化しているのだ。

こうした現実を、少しシニカルに見るならば、自由な市場を軸に各国が貿易競争を行う場合、単純に財取引だけでの優劣を競っていた当初の段階から、次第に、そうした財貨を生産する際の比較優位環境を考慮するものへと、さらには、競争を検討する分野が、ついには、基礎ルールの設定そのものに及んでいった、そんな過程の最終段階にきている、と解することができるわけである。

振り返ってみれば、米国の通商政策は、第二次世界大戦後から少なくとも一九七〇年代末頃までは、建前も本音も自由貿易指向であった。国内の各種経済関係セクターの多くは、程度の差こそあれ、自由貿易から何らかの裨益を受けていた。大企業、中小企業、農業インタレスト、労働組合、それらが立地する地方住民等など、彼らは皆、それぞれの特殊利害を異にしながらも、自由貿易の旗印の下に結集していた。

つまり、一つ一つのグループを取れば、それぞれに少数派なのだけれど、それら少数派が〝自由貿易〟という一つの旗の下に集まって、いわゆる、少数派大連合を形成していたのである。言い換えると、それほどまでに、当時の米国産業の競争力は世界経済の中で群を抜いていたのであった(32)。

ところが、一九六〇年代後半以降、最初は繊維、次いで鉄鋼、さらに、その後はテレビや自動車などの分野で、米国は海外諸国、とりわけ、日本の追い上げを受けるようになる。

そうなると、競争力が劣化した、米国内のそれらセクターの関係者は、議会や政府の保護を求めるようになり、保護主義色を鮮明にし始める。それとともに、かつては大同団結していた米国内の〝自由貿易〟を旗印とする少数派大連合も綻んでくる。

しかし、米国の大企業はすでに多国籍化し、いまさら、国内市場を閉鎖するような動きには、海外諸国の報復可能性等を考えれば、断固反対の姿勢を取らざるを得ない。

こうした、内にあっては保護主義の台頭、外に対しては自由貿易の尊重、という二重の要請に対し、米国の〝政治〟は実に都合のよい立場を開発する。それこそが、自由貿易維持を旗印に、国内の保護主義に対抗するために、貿易相手国に協力を強いる、つまり、相手国（日本）に輸出〝自主〟規制措置を取らせるやり方であった。

この辺になると、再びの、くどい記述になるので憚られるが、それを承知で、この間の経緯だけを繰り返させていただきたい。

米国経済の相対的な弱体化は止まらず、立場悪化が進むに応じて、[33]一九八〇年代半ば以降、通商政策はさらなる変質を示すようになる。

それは、自国市場を閉鎖する、という方向性から、相手国政府の手で、いわば、〝二国間協定〟という公然たる形式で、自国製品を相手国市場に浸透させる、そんなやり方への変更であった。そして、この変質には、折からのWTO誕生も大きく関わっていた。GATTからWTOへの変質の中で、それまでは可能であった、相手国に輸出〝自主〟規制を強いるやり方が通用しなくなったからである。

しかし、一九八〇年代後半以降、米国の通商政策はもう一段の変質を示すようになる。産業構造がハイテク化し、また、サービス経済化が進展するにつれ、米国の通商政策の重点が、第二次産業分野から第三次産業分野に急速にシフトするようになるからである。世界的規模での金融グローバル化は、そうした米国の通商政策の変化の産物であった。

と同時に、米国は、〝ものづくり〟をも含んだ、各種経済活動を律するルールを、もっと自由市場的、もっと開放経済指向的なものに変えさせるため、周辺諸国の経済を抱合する広域経済圏創出を試行し始める。これもまた、経済成長する米国の周辺国を、自国市場として取り込もうという、戦略的発想に基づくものであった。

さらに、そうした米国の広域経済圏創出努力は、ライバルの経済大国からの連鎖反応を生み出すようになる。EUや日本等が、同じような動きをするようになり、何時とはなしに、主要経済国を軸にして、地球的規模での広域経済圏創出競争が現出するようになったからである。

その結果、世界は今や、「メガFTAに時代[34]」と称される局面を迎えており、そこでは、例外はあるとはいうものの、ある地域での広域経済圏で採用された通商関連ルールが、最恵国待遇的考え方に従って、当然に、他の地域での広域経済圏創出の際にも援用されていくことになりがちとなる。

要は、ＴＰＰ交渉も、以上述べてきたような、広域経済圏創出競争の基本性格の延長線上で理解さるべきもので、唯、他の広域経済圏構想と異なる点は、それが一層高度な自由化率の達成と、最終的には太平洋の東西沿岸地域を抱合することが目指され、併せて、より広範な分野をカバーする方向性が提示されている点にあるわけだ。

ＴＰＰ交渉での対象分野は、二一分野。

経済産業省の資料(35)によると、それら二一分野は下記の通りとなっている。

(a)　物品市場アクセス（作業部会としては、農業、繊維・衣料品、工業）……物品の貿易に関して、関税の撤廃や削減の方法などを定めるとともに、内国民待遇など物品の貿易を行う上での基本的なルールを定める）。

(b)　原産地規則（関税の減免の対象となる『締約国の原産品（＝締約国で生産された産品）』として認められる基準や証明制度等について定める）。

(c)　貿易円滑化（貿易規則の透明性の向上や貿易手続きの簡素化等について定める）。

(d)　衛生植物検疫（ＳＰＳ：食品の安全を確保し、動物や植物が病気に罹らないようにするための措置に関するルールについて定める）。

(e)　貿易の技術的障害（ＴＢＴ：安全や環境保全等の目的から製品の特質やその生産工程等について、規格が定められることがあるが、それらが貿易の不必要な障害とならないように、ルールを定める）。

(f)　貿易救済（セーフガード等：ある産品の輸入が急増し、国内産業に被害が生じ、あるいは、その恐れがある場合、国内産業保護のために当該産品に対し、一時的に採ることのできる緊急措置『セーフガード措置』について定める）。

(g)　政府調達（中央政府や地方政府等による物品・サービスの調達に関して、内国民待遇の原則や入札の手続き等のルールについて定める）。

(h) 知的財産（知的財産の十分で効果的な保護、模倣品や海賊版に対する取り締まり等について定める）。
(i) 競争政策（貿易・投資の自由化で得られる利益が、カルテル等によって害されるのを防ぐため、競争法・政策の強化・改善、政府間の協力等について定める）。
(j) サービス：越境サービス（国境を超えるサービスの提供《サービス貿易》に対する無差別待遇や数量規制等の貿易制限的な措置に関するルールを定めるとともに、市場アクセスを改善する）。
(k) サービス：一時的入国（貿易・投資等のビジネスに従事する自然人の入国及び一時的な滞在の要件や手続き等に関するルールを定める）。
(l) サービス：金融サービス（金融分野の国境を超えるサービスの提供について、金融サービス分野に特有の定義やルールを定める）。
(m) サービス：電気通信（電気通信の分野について、通信インフラを有する主要なサービス提供者の義務等に関するルールを定める）。
(n) 電子商取引（電子商取引のための環境・ルールを整備する上で必要となる原則等について定める）。
(o) 投資（内外投資家の無差別原則《内国民待遇、最恵国待遇》、投資に関する紛争解決手続き等について定める）。
(p) 環境（貿易や投資の促進のために環境基準を緩和しないこと等を定める）。
(q) 労働（貿易や投資のために労働基準を緩和すべきでないこと等について定める）。
(r) 制度的事項（協定の運用等について当事国間で協議等を行う「合同委員会」の設置やその権限等について定める）。
(s) 紛争解決（協定の解釈の不一致等による締約国間の紛争を解決する際の手続き等について定める）。
(t) 協力（協定の合意事項を履行するための国内体制が不十分な国に、技術支援や人材育成を行うこと等について定める）。

(u)　分野横断的事項（複数の分野にまたがる規制や規則が、通商上の障害にならないよう、規定を設ける）。

8　ＴＰＰ交渉への視点

本稿最終執筆時点（二〇一四年四月中旬）、ＴＰＰ交渉はいまだ決着してはいない。

進行中の交渉の結果を、この段階で予測すること等は到底できない。

それ故、ここでは、本章の〝締め〟として、そもそものＴＰＰ交渉を、どのような視点から眺めて評価すべきか、その際の尺度となるべきポイントを六点指摘しておきたい。

まず第一は、第二次世界大戦以降の、米国を基軸に進められてきた自由貿易体制の確立・深化の過程と、その延長線上の動きとしての評価である。

この点については、すでに前項までで、何度か言及してきたので、繰り返しは避けるが、要は、米国が、対外的に自由貿易推進を旗印にしながら、国内的な保護主義の台頭にどう対応してきたか、その視点からの分析が必要だと思われる。

つまり、通商政策の目標が、国内市場保護→相手国市場への浸透→周辺の高度成長経済を自国市場に取り組む（広域経済圏創出）、へと変貌してきた、その過程として見ていくべきだ、と強調しておきたいわけだ。

第二は、交渉での、〝守り〟にはいろいろな含蓄がある、という視点だ。

マスコミの報道を引用する形で、ＴＰＰ交渉に際しての〝攻め〟と〝守り〟の実情の輪郭に触れておこう。[36]

「……（農産物を中心とする）聖域を守ることが交渉目標であるかのような錯覚に、日本全体が陥っていないだろうか。交渉の中身に目を凝らせば、ＴＰＰの本丸が別の場所にあることがわかる……」。

「……国有企業を規制するルール作りは、その代表例だ。出資や融資保証等の優遇禁止や、価格設定の自由を制限する案が机上にあるという。日本国内でこの流れを最も敏感に察知していた経営者は、日本郵政の西室泰三社長だろう。ＴＰＰで国有企業と認定されれば、経営の手足を縛られ、企業として成長が望めなくなる。先手を打って国有企業の枠から逃れる必要があると、危機感を抱いたはずだ。そのためには株式上場の前倒ししかない。上場を果たすためには、国内だけではなく、海外の投資家から『稼ぐ力がある』と看做される必要がある。西室社長が敵対関係にある米アメリカンファミリー生命保険（アフラック）と、水面下で提携協議を進めた真意は、ここにある……」。

「……国営企業の定義はＴＰＰ交渉で決まる。日本郵政が規制対象となるかどうかは、協定に記される文言次第だ。安倍政権が同社の経営安定を望むとすれば、無事に自立できる形で協定の中身を詰める作業が『守り』の交渉目標となる……」。

「……（他方、）〝攻め〟の一例には、電子商取引がある。無法地域と呼ばれるネット上のビジネスに、国際ルールのひな型を描くのがＴＰＰ交渉だ。たとえば、米アップルのサービスを利用して、日本の消費者が米国から音楽をダウンロードする場合、その行為は貿易の輸入と同等か。それとも国境を越えたサービスの購入なのか、知的財産権の使用なのか……日本のベンチャー企業が世界に羽ばたく土俵を築くのも、（こうしたルール設定を、自国に優位なものにしておく、そんな意味での）『攻め』の仕事なのだ……」。

第三は、交渉を複眼で注視しておく必要性である。

早い話、「物品市場アクセス分野の一つ、農産物」をとっても、攻める一方のイメージのある米国にも、実は「守り」の側面が結構ある、とされる。

長くなるが、ジェトロの報告からの引用をお許し願いたい(37)。

「……関税分野では農産品、中でも砂糖と酪農品において、米国は過去のＦＴＡ交渉でもそうであったように、『攻め』と『守り』の両側面を持つ……砂糖については、米国内では食品加工業界は安い原材料投入が可能になるとして、輸入拡大を歓迎するが、生産者は、そのような立場は全く取っておらず、既存ＦＴＡの線上で『守り』に徹することを主張する……」。

「……酪農品については、ニュージーランドの攻勢を食い止めつつ、カナダ、日本への輸出を増やす、というのが米国の課題である……特に、米国下院で貿易問題を所管するヌマス議員（共和党）の選出区のカリフォルニア州の主要産品は酪農品だ。酪農品は、議会が満足するような交渉を行うことが、殊更必要な分野なのだ……」。

さらに、複眼の必要性に関連して強調すべきは、ＴＰＰ交渉の結果誕生するはずの関税率が、その全てが、必ずしも対全加盟国に共通なものに仕上がらない、そんな可能性をもあらかじめ視野に入れておくべきだ、という点であろう。米国は、これまでにＦＴＡを結んでいない国々とは、ＴＰＰ交渉に際しても、個別に関税率引き下げ交渉をしていると言われる。その結果、同じ製品でも、かつ、ＴＰＰ加盟国であっても国が違えば、米国への輸入関税率が異なる場合も、場合によっては考えられ得る。この点を、前記のジェトロの報告は、次のように記す。

「……たとえば、酪農製品について、米国に輸出攻勢をかけてくると想定される、ニュージーランドからの輸入関税は高く保ったまま、それら製品を生産しない国からの酪農品輸入関税は低くする……」。

こうした可能性が現実のものとなるかどうかは、ひとえに交渉の結果次第だが、仮に、こういう可能性が残ったままだとしたら、そこからはまた、想定上、より複雑な取引が発生する可能性、さらには、そうした可能性を排除する予防的ルール作りの必要性が生まれてくる。つまり、交渉はますます、些細な、しかし、抽象度の高い分野にまで波及していくことになるのである。再び、ジェトロ報告からの引用である。

「……仮に、ニュージーランド原産の酪農製品をマレーシアで加工して最終製品とした場合、原産地をある種操作することで低税率の恩恵を受けた製品が米国に入ってくる『裁定取引』の可能性が生じる。これを防ごうとして、米国はマレーシア向けに高い税率を押しつけようとするかもしれない……」。

第四は、交渉参加国に、非参加国と比べて、どの程度まで配慮するか、という点である。

原産地規則を巡っては、米国は、これまで結んだＦＴＡでは、一貫して、糸の紡ぎから最終縫製品まで、全てをＦＴＡ内で行った製品にのみ、協定税率を享受できるとする規則（ヤーン・フォワード原則）を盛り込んできた。

この拘りを、ＴＰＰに関連させて解釈すると、ヤーン・フォワード原則をどの程度維持し続けようとするかどうかは、中国製糸がＴＰＰにただ乗りすることを防ぐという対外的目的、米国内の繊維産業の保護という対内的目的、さらには、ＴＰＰ交渉に参加しているベトナム（自国繊維産業の対米輸出増加を狙う）に米国がどの程度まで特段の配慮をするかという、対ベトナムへの親密度誇示目的、それらが相互に交差した問題だ、ということになる。

こうした配慮の、何処を特に優先するのか、オバマ政権の真の姿勢が試されるのはこういう問題への対処姿勢なのだ。そして、こうした問題への対応が、ＴＰＰの交渉に委ねられることになっている、というわけだ。

第五は、それほどの繊細な政治案件を扱う、米国通商代表の政治センスの重要性であろう。マイク・フロマン代表のオバマ大統領との距離感、米国の業界利害をどう処理するかの基本姿勢、そして、多様な分野交渉の〝どれを重視するか〟といった優先順位付けの選好等など、米国通商代表の交渉センスや米国内政治のセンスが、ＴＰＰ交渉全体の成否に大きな影響を及ぼすこと、論を待つまでもないことがわかるであろう。

こうした問題意識からは、第六に、国の内外への戦略的思考がどこまで交渉妥協に入り込むか、という評価尺度の視点も不可欠となるだろう。

たとえば、米国の国内政局から見ると、労働法を相手国がどの程度整備しているかどうか、オバマ政権はＴＰＰ交渉に際し、この視点を無視しえまい。

労働組合が主要な支持母体である米国の民主党政権にとって、相手国に労働法を整備させ、出来得れば相手国労働者の賃金水準を引き上げて、低賃金労働を米国製品と戦う際の武器にさせないこと。それが、対外的に自由貿易を遂行する姿勢と、国内的に労働組合の支持をあてにしなければならない政権運営の、いわば、微妙な均衡を維持するための鍵であるからだ。

米国はまた、国営企業の競争上の扱いにも、何らかの規制を導入したい腹だ、と伝えられている。民間企業に比し、交渉参加国の国営企業が有利にならないような規則を導入しようというのである。

交渉参加国の中では、国営企業の比率が高いベトナムやマレーシアが、こうした規制で最も大きな影響を被るはずだろう。さらに、この問題提起は、今回の交渉には参加していないが、将来の中国のＴＰＰ参加を視野に入れてのものであることは間違いないだろう。

国営企業が絡む競争に関する米国の基本姿勢は、おおむね次のようなものであったとされる。

「……まずは、国営企業の定義としては、政府が議決権の五〇％以上を持つ企業をいい、そうした国営企業が外国企業を排除することや、自国企業と優先的に商取引することを禁じる等など……こうした状況を整えるために、国営企業改革のための経過期間を五年程度とし、その後、内外無差別のルールに、当該国営企業が違反した場合は、国連の仲裁機関を通じて提訴される仕組み。ただ、当該企業が国営である特殊性故、民間企業が受け入れ国を訴えるＩＳＤＳ条項（受け入れ国家と投資家の間での紛争解決条項）は適用されない云々……」[38]。

そして、過期間を五年程度確保するとの案は、ベトナムへの配慮だと強調されている。もちろん、交渉の最終段階まで、国営企業条項が上記のようなものに落ち着くかどうか、現時点では全くその保証がない。それ故、交渉経過を熟視しておく必要があるのだが、こればかりは交渉当事者にのみしか実情を知る術がないのである。

9　終節に代えて　すでに出始めているTPP交渉の影響、及び、交渉への政治の対応

TPP交渉の経済への影響は、交渉が終わらなければ現れない、といったものばかりではない。交渉そのものが、すでに交渉後の世界をあらかじめ予見し、準備を進めておかなければとのムードを生み出し、関連の産業関係者や企業などは、そうした事態に備えて、着々と行動を起こし始めているからである。

日本のTPP交渉参加を決めた直後の二〇一三年、安倍内閣の菅官房長官は、ジャパン・ラウンド・テーブルの席上、「安倍内閣の主要課題は経済の再生であり、その一丁目一番地はTPPだ」と語ったことがあった。その意を翻訳・解釈すれば、アベノミックスの第三の矢（イノベーションによる新産業育成）を実現させる基礎環境、かつ、起爆剤となる要因こそTPPだ、ということになるのではないだろうか……。

事実、日本経済に、TPP交渉参加がらみで、改革の芽がすでに出始めているようだ。

たとえば、全国の農業法人の四割近くが生産物や加工品の輸出を実施済み、もしくは、検討し始めた、とのこと。[39]農業分野の輸入障壁が縮減されるのは時間の問題。そんな危機感からか、全農の代表者から日本経団連への協同可能性を模索するアプローチもあった由。従前なら考えられない事態が起こりつつあるのだ。

こうした状況下、安倍政権は、これまでの〝コメの減反〟を見直す方向に正式に舵を切り、農地集約を進める姿勢を示し始める。[40]

TPP交渉参加で、農業分野の開放を迫られるのは必至。それ故、大規模農家を創出し、競争力を強化しなければならない。場合によっては、農業への企業の新規参入も促さざるを得ないかもしれない。おそらく、農業関係者の多くも、こうした方向への不可避感は持っているのだろう。安倍政権の農政見直しは、農業関係者の思考に大きな影響を及

ぼすことになるはずだ。

とはいっても、農家関係者の不安感や警戒感は、そう簡単に溶けることもなかろう。先行きに展望を待たずして、方向転換などできようはずがないからだ。ここでも、問われているのは、知恵と知力に裏打ちされた新しいビジョンの提示なのだろう。

改革とは、不可思議な政治行為である。

改革は、既得権益を打破する、そんな使命感に裏打ちされている。ところが、そんな改革は、皮肉なことに、成功すればそれだけ、既得権益を失った層からの恨みや反発を受けてしまう。つまり、改革推進者は、成功すればするほど、自らへの反対派を増幅させてしまうものなのだ。

二〇〇〇年代はじめ、米国民主党のクリントン大統領は〝変革〟を旗印にワシントンに乗り込んだが、二年後の中間選挙時までには、自らの〝改革派〟メージをかなぐり捨て、むしろ〝弱者の保護者〟役に、実に見事に衣替えを果たすことになる。

〝改革派〟のイメージは、折から下院で多数派に返り咲いた共和党ギングリッチ下院議長にさっさと譲り渡し、自らは全く違った〝弱者保護〟の役割を演じ始めるのであった。見事な変貌と言わざるを得ない。

こうした例を引き合いに、何を主張したいのかというと、政治指導者が成功するためには、どこかの段階で〝反対者増幅作用のある改革色を払拭しなければならない〟ということである。

前述の菅官房長官は、二〇一四年に入っても、「今年も最優先は経済」だと言って憚らない(41)。

その意味で、改革者の陥りがちな反対派の増幅を避け、なおかつ、日本経済の再生路線を直走るためには、農業政策に関しては、〝保護から輸出競争力強化へ〟という、政策課題のスムーズな転換を、安倍政権は是非成し遂げなければならないのだ。

別の話に移ろう。政治はまた、連鎖のゲームである。

世界第一位と第三位の経済大国が参加するＴＰＰ交渉が本格化すれば、そうした広域自由経済圏作りは、二つの方向に波紋を広げていく。

一つは、他地域での同様な動きを誘発すること。大西洋を挟んだ米国とＥＵが自由貿易協定交渉を開始する意思を表明し、日本とＥＵの自由貿易協定交渉も本格化する。

二つは、日中韓ＦＴＡへのモメンタムが強まり、また、中国とＥＵの自由貿易協定交渉も始まるという。さらに、韓国がＴＰＰ交渉参加の意思を表明し、台湾もＴＰＰへの将来の加盟を模索し始める。

三つは、そういったメガＦＴＡの周辺諸国同士の、いわば〝サテライト型のＦＴＡ〟（ジェトロ命名）締結交渉も活発化していく。たとえば二〇一三年だけで、マレーシア・オーストラリアＦＴＡ、韓国・トルコＦＴＡ、カナダ・パナマＦＴＡなど、実に多くのサテライト型ＦＴＡ協定が発効している。

こうして、世界は今、広域経済圏創出競争の時代に入り、そうしたフレームの中で、通商関連ルールの共通化が進んでいく。それ故、そこに導入される新しい通商関連ルールは、今後の日本企業の将来を大きく左右する可能性も生まれてくる。ここでは、そんな例を一つだけあげておこう。「原産地規則の累積制度」がそれである。

各種メディアによれば、ＴＰＰ交渉では、加盟国は、域内の複数の国にまたがって加工や組み立てをしても、製品に占める域内で生み出す付加価値の累計が五〇％以上であれば、関税をゼロとする仕組みを導入する見込みだという(42)。

ＴＰＰ交渉参加国の多くは、ＡＳＥＡＮやＮＡＦＴＡといった自由貿易協定に加入済みで、そこでは、この原産地規則の累積制度をすでに導入しており、そうした既存システムと整合を取り、また、ＴＰＰ活用のメリットを増幅させるためには、ＴＰＰでも、こうした累積制度は不可避なのだ、とされる。そして、こうした新制度は、もし導入が確定すれば、日本企業にとっても大きなメリットとなるはずなのだ。

つまり、ＴＰＰでは日本も加盟国となるわけで、累積制度が認められれば、日本企業は、高レベルの技術過程、つまりは付加価値の高い生産過程を日本国内に残したままでも、Made in TPPの原産地証明が受けられ、加盟国から輸入関税賦課を免除されることになる。これは、日本企業にとって、不必要な海外展開を避け、すでにアジア展開している子会社や取引先を有効活用して、そうして生産した製品を"Made in TPP"の原産地証明を付して、それ故に関税ゼロで、米国市場に輸出できるようになるのだから……。

最後に二点、重要と思われることを付記して、この節を終わりにしておきたい。

一つは、日本のＴＰＰ交渉参加には、全体交渉への参加と併せて、米国との二国間交渉が併設されている点である。米国通商代表部は二〇一三年四月一二日、以下のようなファクトシートを公表している。

「……米国政府及び日本政府は、以下に従って、ＴＰＰ交渉と並行して自動車貿易に関する交渉を行う。本交渉の成果は、ＷＴＯ協定に整合的なものとする。本交渉の成果は、両国政府の権限の範囲内のものとする。両国政府は、交渉の結果として合意される権利及び義務をＴＰＰ協定に付属される米日二国間の市場アクセスの表に組み入れ、したがって、これら権利及び義務は、ＴＰＰ協定の紛争解決手段の対象となる。また、この分野における現行のＭＦＮ関税を再び課すこと（スナップバック）ができる特別な紛争解決手続きも、交渉を通じて定められる……」。

「……自動車並行交渉は、以下の事項を取り上げ、これらの事項で意味ある成果を齎すものとする……（それら事項とは、）特別自動車セーフガード、透明性、基準、日本の輸入自動車特別取り扱い制度（ＰＨＰ）、環境対応車・新技術搭載車、財政上のインセンティブ、流通、第三国協力、その他……」。

「……米国と日本は、自動車部門における（上記）非関税障壁の交渉に加え、他のいくつかの主要な分野及び部門における非関税障壁措置に取り組むことに合意した……」。

「……（自動車以外の並行交渉としては、）米国は、日本市場に関して……日本政府及び米国政府が取り組むべき以下の事項を提起する……（それら事項とは、）保険〈日本郵政に関連する対等な競争条件〉、透明性〈パブリック・コメント手続き、及び省庁が設置する審議会へのアクセスの向上や利害関係者の意見表明機会の改善〉、投資〈取締役の役割、M＆A機会の促進〉、知的財産権〈著作権など知的財産権の保護強化〉、規格・基準〈国際基準に合わせ、規制に柔軟性と透明性を付与〉、政府調達〈入札過程の改善、談合防止〉、競争政策〈審査、仮決定、不服審査手続き〉、急送便〈日本郵便が提供する国際急送便サービスに関連しての公平競争確保〉、衛生植物検疫措置〈食品添加物関連のリスク評価、防かび剤、ゼラチンやコラーゲン〉……」（以上、いずれも経済産業省資料）。

二つは、主要な交渉相手である、肝心の米国側の交渉体制の整備状況や締結への意思が盛り上がってくる時期の見極め重要性である。その辺の事情を、二〇一三年末のマスコミ報道(43)から拾って、状況を窺う手づるにしてみよう。

「……（二〇一三年）一二月一日昼、ホテル・オークラの日本料理店で日米のキーパーソンが向かい合った……同席したのは日本側から菅官房長官や林農相、甘利経済財政・再生相ら、米側はフロマン代表、カトラー次席代表代行ら……午前一一時からの会食を首相側近の菅長官は途中で退席する予定だった……」。

「……それを知ったフロマン氏は急かすように迫った。『折角官房長官に来てもらったのだから、自動車問題を片付けよう』。米側の関心事項を押し出す呼び掛けに、菅長官は『自動車の前に農産品の五項目の話をしなければ自動車の話はしない』と突っぱねた。日本側はコメ、麦、牛肉など重要五品目と位置づけてきた一部の関税をなくすかは日本が決める、との案を固めていた。聖域の一部に手をつける極秘の譲歩だった。だが、フロマン氏は全ての関税をなくすよう繰り返し主張。妥協の余地は乏しいとみた甘利氏は『これ以上一センチも譲れない』と通告し、会談は決裂した……」。

「……一二月にTPP閣僚会議を開いたシンガポールでのこと……大江主席交渉官代理とカトラー次席が水面下で日米協議を続行。連日連夜、日米両政府の代表団の祝はき先を秘かに行き来して、合意案を模索した……しかし、『カトラーがイエスといっても、フロマンがひっくり返す』（日本政府代表筋）。大統領に近いフロマン氏のかたくなな態度は政治の意思に裏付けられ、カトラー、大江両氏ら官僚は近づけない領域だった……」[44]。

もちろん、この新聞記事がどこまで実態を描ききったものか、外部からは窺いきれないが、こうしたやり取りが示すのは、交渉妥協には時と状況の熟成が必要だ、ということだろう。

ここで、再び、前述の久保田の著作から、日米金融サービス協議が無事終了した後に役所内で開いた反省会の席上での、ある種の結論的な彼らの感想を引用しておこう[45]。

「(次長) 今回の協議の教訓はどういうところにあるのか……」。

「(B課長補佐) 米国は決着をつけると決意する時点までは少しも妥協しない。ところが一端、決着をつけると決めたら、その時点で一気に妥協する、というところではないでしょうか……」。

「(次長) その通りだな。米国では、決着をつけると決断することが、格別に大切らしい。決着をつけるとなると、それまでの主張や考え方は何のその、自分がこれまで主張していたことにもお構いなく結論を出してくる……」。

「(A課長) それは、米国にとっては、その背後にいる業界やそれに対する政治的配慮が、我々が想定する以上に大切だからではないでしょうか……その業界が、もうここまでならよいとか、ここまでしか我が国から取れない、ということになったら、ハイ、オシマイ、ということになるのではないでしょうか……」。

「(次長) 成る程……。業界の意向の影響力が格別に強いということだとすれば……我々としては、交渉を進めて行く際に、第一に、先方が妥協をしようと考えているかどうかのタイミングを的確に見極めること、第二に、背後の業界がどのように判断しているかを知ることが特別に大切だということになるね。逆にいえば、彼らが纏める気にならないうちは、こちらがいくら譲歩しても無駄だ、ということになる。いわば、取られ損だ、ということだ……」。

交渉妥結へのタイミングは何時か……。

米国と交渉する国々が皆不安に思っていた、オバマ政権がいまだ議会から包括交渉権限（ＴＰＡ：ファースト・トラック交渉権限）を授権されていない事態も、二〇一四年早々、ホワイトハウスと議会指導部との間で同権限授与法案の議会上程で合意が成立した。

そうなると、仮にこの法案が成立すれば、交渉の結果生まれるTPPを米国議会が批准する際、議会は個々の内容には立ち入れず、唯、諾否投票を行う機能しかなくなるわけだが、この法案の議会通過を促すためにも、米国政府はTPP交渉相手、たとえば日本から、こういった分野ではこの種の譲歩をすでに得られる、との議会説得材料が一層必要となる。

これを日本の立場から見ると、米国政府から、議会の反対を抑えるためにはもう一歩の譲歩が必要だと、さらなる譲歩を求められる材料が増えたということでもあるだろう。

この類の、交渉妥協に踏み切るに際して考慮しなければならない判断材料は、いたるところに転がっている。

二〇一四年一一月には米国の中間選挙がある。選挙に臨む与党民主党、あるいは野党共和党の議員たちが、TPPの交渉内容を自分たちの選挙にどう役立つと見なすか……。また、日本では消費税引き上げが四月にある。懐に増税の重みを感じるはずの日本の有権者が、このTPPの合意内容をどう評価するか、あるいは、拒否するか……。

以上、要するに、TPP交渉成立を指向する場合、妥協に踏み切るタイミング、交渉相手側の妥協機運の成熟度、相手国業界の受容度合い等など、譬えれば、連立方程式の式の数と未知数の数を読み切ることが、交渉責任者に不可欠の能力として求められているわけだ。

二〇一四年四月二三日夕刻から二五日午前まで、二泊三日の日程でのオバマ大統領の国賓としての訪日が実現した。この機会を活用して、台頭する中国という現実を前に日米同盟の強化を一層深めようとする安倍首相。

政権二期目に入り、しかも、大統領肝いりで議会を通過させたオバマケアーが、必ずしも当初の思惑通りの民主党の支持基盤強化に結びついていないなか、ロシアのクリミア併合などで動揺する欧州情勢に必ずしも有効に対処できていない、と大統領の指導性に疑問符がつき、二〇一四年一一月の中間選挙を前に国内支持率が低迷、下手をすると早々とレームダック化しかねないオバマ大統領。

日米両国の、この二人の指導者が濃密に話し合った首脳会談では、日米安保の尖閣諸島への適用問題とＴＰＰとが、本書第一章で取り上げた、繊維交渉と沖縄返還の場合と同様、またもや絡まる展開となった。

会談の意義を解説した日本経済新聞は次のように記した[46]。

「ＴＰＰと安全保障はがっちり連動している。前者の行方によって、他の合意の着地点も変わる……会談前、安倍政権の関係者はこうもらした……ＴＰＰは唯の貿易自由化ではなく、日米主導のアジア太平洋秩序に中国を組み込んでいく長期戦略だ。日米はその目標を共有しているが、実際の交渉は綺麗事ではすまない……来日を睨み、最初にカードを切ったのはオバマ氏だった……尖閣への日米安保の適用は、安倍首相との会談で必ず言明する…他の分野でそちらの要望に応じたのだから、何とかＴＰＰでは譲ってもらえないか……オバマ氏は会談前夜の寿司屋での談義で、口にこそ出さなかったが、こんな期待をにじませたとみられる……」。

筆者もその通りであろう、と思う。しかし、結果は、大統領訪日中のＴＰＰ妥結は実現しなかった。と記しても、だから米国は失望したのかと言えば、必ずしもそうとも思えない。

米国内の政治状況を勘案すれば、オバマ政権は議会からいまだ通商交渉締結権限（Trade Promotion Authority; TPA）を授権されておらず、中間選挙で不利を伝えられる与党民主党は、支持労組（特に、自動車労組）の反対や支持農村団体（豚肉生産業者など）の反対などのため、どう見てもＴＰＡの行政府への授権にこのタイミングで賛成するとは思えない。また、冷徹に米国の選挙情勢を分析すれば、ＴＰＰが民主党の得票に結びつくとも必ずしも思えない。

つまり、こんな状況での、中途半端な日米交渉の妥結は、成果となるどころが、むしろ負債を背負い込むことにもなりかねない。

だからといって、オバマ大統領としては、政策目標としての米国の輸出促進、アジア経済の取り込み、中国を睨んだ将来のフレームとしてのＴＰＰの必要性はよく理解している。要するに、日米首脳会談で両国首脳の信頼関係を確立しておき、ＴＰＰ妥結は、米国側が都合のよい状況が現出した際に、日本側が妥結してもらえばそれでよい。その時までは、お互いの国内政治状況を理解した上、ガッチンコ交渉を続けておこう。少し穿ちすぎた見方となろうが、交渉の政治シナリオとしては、このようなものであったのではないだろうか。

国際環境をふまえた米国の外交はもっと複雑、かつデリケートなものであろう。

オバマ大統領の今回のアジア歴訪を、ニューヨーク・タイムズは何本かの単発的記事で報じたが、それらを統合的に要訳すると、おおむね次のようなものとなる。

「……今回のアジア歴訪でオバマ大統領は訪問先の国々との安保を含む関係強化に成功した……だからといって、中国と敵対し続けたというわけでもない……各国との共同宣言などでは注意深く言葉を選びながら、オバマ大統領は中国に対しても、現状の急激な変更指向に釘を刺しながら、米中関係の安定を呼びかけている……オバマ大統領は、今回のアジア歴訪時、ウクライナと中東和平という二つの大きな問題とも同時に直面していた……それ故、歴訪各国の首脳と向かい合っていた際にも、大統領の目は常に中東欧や中東にも注がれていた……そうした目で、世界各国に発していたオバマ大統領のメッセージは……激的な軍事対立は生産的ではない。一歩一歩現実的なアプローチをとるしか他に方法はない。しかし、最終的勝利は国際法と民主主義のデリケートなバランスをとろうとする我々の側にあるのであって、中国は間違ってもロシアの側についてはならない（with a stick to a winner-side）」というもの……。

筆者は想うのである。こうした広範な視野の中で我々日本人は、ＴＰＰの位置づけもまた、このような広範な視野の中にキッチリと据えつけておかねばならないのだと……。

注

（1）内閣府経済社会総合研究所『日米貿易摩擦』一九八一年、四六頁。
（2）一九八〇年代前半の日米通商摩擦に関しては、筆者自身、ニューヨークからワシントンをウオッチしていた。日本の工作機械が米国業界から提訴されたこのケースでは、国家安全保障を理由としての提訴などのため、事情がよくわからず、知り合いの米国人弁護士達を訪問、通商法のメカニズムや考え方を教えてもらったこと等を今振り返ると、懐かしい思い出である。
（3）増田祐司論文「日米先端技術摩擦の現局面と日本経済の選択」、大蔵省『貿易と関税』（月報）、一九八七年一〇月、二一頁。
（4）佐藤佳男論文、「日米貿易個別事情」、通商産業省『貿易と産業』（月報）、一九八八年八月、三五頁。
（5）鷲尾友春『20のテーマで読み解くアメリカの歴史』ミネルヴァ書房、二〇一三年、二九四―三〇八頁。
（6）佐藤佳男論文、前掲、三三頁。
（7）佐藤佳男論文、前掲、三三頁。
（8）鷲尾友春著、前掲、二九四―二九五頁。
（9）松島令著『実録・日米金融交渉』アスキー新書、二〇一〇年、二三頁等。
（10）内閣府経済社会総合研究所、前掲、八二頁。
（11）久保田勇夫著『日米金融交渉の真実』日経ＢＰ社、二〇一三年、三四頁。
（12）久保田勇夫著、前掲、七五頁。
（13）久保田勇夫著、前掲、七五頁。
（14）久保田勇夫著、前掲、六二頁。
（15）佐久間賢著、日経文庫『交渉力入門』日本経済新聞社、一九八九年、一四五頁。
（16）佐久間賢著、前掲、一四五―一四六頁。
（17）佐久間賢著、前掲、一四八頁。
（18）佐久間賢著、前掲、一五一頁。
（19）佐久間賢著、前掲、一四九頁。
（20）久保田勇夫著、前掲、三三頁。
（21）この米加自由貿易協定についての部分は、当時のカナダ・トロント、米国・ニュヨークのジェトロ（日本貿易振興機構）事務所からの刻々の報告類を参照にしている。

(22) ここでは、広域自由貿易圏と広域自由経済圏という言葉を混同して使っているが、趣旨は、自由貿易協定……時間の経過と共に、それは包括的経済連携協定と呼び方も変わるが……を通じて、国境を越えた、できればシームレスな市場経済圏を創出しようとの試みを念頭に置いているため……。筆者は、交渉の形態は自由貿易協定（あるいは、包括的経済連携協定）だが、その指向する目的は広域市場経済圏の創出にあると見なしている。

(23) 自由化率については、算出方法が大きく分けて二つある。一つは、全貿易品目に占める関税撤廃した品目数を自由化率と見なすもの。二つは、貿易額ベースで見て関税撤廃した品目の貿易額を自由化率と見なすもの。日本の場合は、関税賦課の範疇の下に置かれている農水産品の品目数が多いため、品目数ベースでの自由化率はいまだ高いが、それを貿易額ベースでのものに直すと、自由化率は高くなる。

(24) 鷲尾友春著、前掲、三二八―三四三頁。

(25) こうした状況は、当時通商白書（経済産業省）等で随所に記述されている。

(26) 佐々木信彦経済産業省顧問（当時）の〝りそなアジア・オセアニア財団〟主催のセミナーでの講演、「TPPと日本の通商戦略」の際の配布資料、二〇一三年七月。

(27) このように、TPPを戦略的に見ていくと、本書執筆中（二〇一四年一月）のTPP交渉の在り方にも、筆者は若干の疑問を持つようになった。二〇一四年一月時点では、米国議会はいまだ行政府に包括的通商交渉締結権限（Trade Promotion Authority: TPA）権限を与えていない。この権限を米国の通商交渉当局者が事前に授権してもらっておかないと、交渉相手国にとっては、内容で妥協して交渉がせっかく成立しても、その米国議会批准の際、議会側の意向が入って、条項ごとの逐次修正すら有り得ることになるのだから……。

本書でもいくつかの個所で指摘したように、交渉が成立する際には、なによりも米国自身が妥協を急ぐ国内情勢が醸成されていなければならない。その意味で、日本の交渉当事者は当然のことながら、米国内の政治情勢に通じていなければならない。

米国の通商当局は、議会からTPAを授権してもらうに際し、すでに日本から「あれこれの譲歩を得ている」云々と説明して、議会を説得したいだろう。そう考えると、彼らはまず、日本からの一層の譲歩を引き出そうとするはず。

こうした際、日本側が徒に政治的判断から妥協を急ぐ、そうしたケースもあり得るだろう。しかし、米国内の政治情勢が、いまだ妥協への機が熟していないとするなら、日本側の政治的判断（妥協を急ぐ）も、結果、取られ損、に終わりかねない。

さらに、TPPサイドでの対米交渉が進まないなら、同時並行で進んでいるRCEPを戦略的に進めることで、米国側を焦らせる。そんな交渉テクニックをフルに発揮してもらいたいもの。また、中国を視野に入れると、RCEPは自由度の低い経済圏に、TPPのほうは思いきり自由度の高い経済圏に、それぞれ仕上げる戦略目標を設定しておく、そのようなやり方も「アリ」ではないだろうか……。現実には、交渉難航に際し、日本側はオーストラリアとの交渉を米国との交渉より優先し、以って米国に妥協させる戦術をとった。

(28) 佐々木信彦講演資料、前掲。

(29) 日本経済新聞二〇一三年一一月二二日。

(30) 日本経済新聞社二〇一三年一一月二九日。また、こうした脈絡では、台湾もＴＰＰ交渉参加を検討し始めたと伝えられる（『日本経済新聞』二〇一四年一月八日）。

(31) 『日本経済新聞』二〇一三年一二月七日、一二月八日。

(32) 鷲尾友春著、前掲、三〇三頁。

(33) 鷲尾友春著『パワーポートフォーリオ時代の日米関係』日本貿易振興会、一九九一年、四〇―九六頁参照のこと。

(34) 梶田朗論文「到来、メガＦＴＡ時代：世界はメガＦＴＡ時代入り」『ジェトロ・センサー』二〇一三年一二月号、四―七頁。

(35) 佐々木信彦氏講演資料、前掲。

(36) 『日本経済新聞』二〇一三年八月二五日。

(37) 山田良平論文「到来、メガＦＴＡ時代：対米取引材料が交渉の軸に」八―一〇頁。

(38) 『日本経済新聞』二〇一三年八月一二日。

(39) 『日本経済新聞』二〇一三年八月一日。

(40) 『日本経済新聞』二〇一三年一〇月二六日。

(41) 中央公論、二〇一四年二月号、一一五頁。

(42) 『日本経済新聞』二〇一三年八月三〇日、並びに、『日本経済新聞』二〇一四年一月一三日。

(43) 『日本経済新聞』二〇一三年一二月二五日。

(44) フロマン通商代表は頭の切れる人だという。頭がシャープだという意味でオバマ大統領好みの人材だが、それだけに相手の気持ちや状況を肌身感覚で読み取って妥協を指向するようなタイプとは異なっている。その意味で、日本側が期待する政治的決断ができる人とは少し違うような気がしてならない。つまり、その分だけ、日本側は米国内の政治状況を詳細に読み取り、フロマン代表が妥協を急ぐ状況が現出しているか否か、その見極めが重要となってくるのではあるまいか……。

(45) 久保田勇夫著、前掲、二〇七―二〇八頁。

(46) 『日本経済新聞』二〇一四年四月二五日。

あとがき

一九九〇年代半ば以降、日本が〝失われた二〇年〟と言われるようになって久しい。それが今や、アベノミックスでの日本再生が、新聞紙面を賑わせている。一日本人として嬉しい限りだ。この実験が成功し、それが二〇二〇年の東京オリンピックの成功に是非ともつながっていって欲しいものだ。

本書の内容の大半（第一章から第五章）は、いまだ日本が輝いていた、一昔前の物語である。具体的に記すと、我が国が敗戦の痛手から抜け出し、一九六四年の東京オリンピックをスタート台として、世界第二位の経済大国に駆け上がる。そして、その地位を維持し、一時は先頭の米国の背中に手が届くようになりかけた。そんな折々に、米国との間で引き起こした産業軋轢とそれに伴う通商交渉の歴史である。

数々の人々がこの物語には登場する。幸いにして、筆者は、そのうちの幾人かとも面識を得た。たとえば、第一章の繊維交渉の項に登場するマイク・正岡氏は、一九八〇年代初め、小生がジェトロの調査担当駐在員としてニューヨークに赴任して以来、アメリカ議会や政治の動きを教示してくれる先生となってくださった。

戦時の日系人に対する不当な扱いに対する補償を、戦後、米国議会から勝ち取った闘士とも知らず、若造の筆者は正岡氏に、米国議会の機能面に見られる不可思議を、根掘り葉掘り質問していた。そんな、初歩的質問に、笑顔を絶やさず答えてくださった〝良き御爺さん〟のことを、筆者は、恐らく、終生忘れることはないだろう。

鉄鋼や自動車交渉で日本側を助けてくれた米国のスタントン・アンダーソン弁護士にも大変お世話になった。彼は、時折、「日本のマスコミは、米国議会での動きを誇張して本国に報じすぎる」と苦言を呈していた。彼から、「通商交渉とは、一面では、ゲームなのだ」と言われたことを思い返して、いまさらながら「当時の自分は、その意を十分には理解していなかった」との苦笑を禁じ得ない。もっとも、まさか、こんな感想を、二〇数年も経ってから、筆者自身の本の〝あとがき〟に記すとは、これまた、当時は想像もしてはいなかったのだが……。

一九九〇年代初め、二度目のニューヨークに駐在した際には、ニューヨーク・タイムズ紙のOP-ED（Opinion Editorial）欄のマイケル・レビタス編集長（当時）にも、米国での情報発信の在り方について、いろいろと教えていただいた。

その彼の手許に、怖いもの知らずで、筆者は一九九一年一二月と、一九九四年二月、二度もオピニオンを投稿した。もちろん米国との通商摩擦真最中に置かれていた、日本の主張を米国の人達に知ってもらいたい、との想いのためである。そして幸い、二度とも、同紙に取りあげてもらえた。

最初のそれは、ブッシュ大統領（父親）が東南アジア歴訪に出発した当日（一九八一年一二月二八日）、投稿に使ったタイトル“My disheartening experience”を“Of Thee I sang”というタイトルに変えられて、ニューヨーク・タイムズ紙のOP-EDで取り上げてもらえた。変更後のタイトルは、米国の対英戦争の中で唄われた歌の中の文章とか……。日本人が、本来は米国人自身が為すべき愛国の主張を行った、とでも解してもらえたのだろう。自分史のために、少し長くなるが全文の転載をお許しいただきたい。

While watching C-span the other day, I saw the House majority leader, Richard Gephardt, and other Congressmen from car-producing states announce their plans for the legislation to limit automobile imports from Japan. To me, a Japanese born after the Second World War, it was a surprising and disheartening experience. It shattered my long-held image of the United States as a nation of self-confident, self-reliant and self-disciplined people.

In their announcement, the Congressmen accused Japan of various sins. One asserted that Japanese cars are part of the U.S. recession. Another speculated that there must be “something wrong” with the Japanese market because Japanese imports of U.S. cars haven't increased even though the quality of American cars has improved. A third Congressman indulged in a curious non sequitur: when a reporter pointed out that American consumers buy

Japanese cars because they like them, his response was to say that the unemployed was not consumers.

It has been more than 10 years since Japan agreed to restrain automobiles exports to the U.S. voluntarily to give the U.S. auto industry a "breathing space", as the American manufacturers insisted.

During that time, the exchange rate has reversed dramatically in American favor. In a simplified example, a Japanese product that sold for a dollar in the mid-80's would now cost $2. Japanese industries strove mightily to deal with this predicament and on the whole succeeded, I am happy to say.

Ten years is quite a long time. And, yes, during that decade American car quality improved. But not enough, to catch up with Japanese cars.

Since the Japanese people are not privy to any magic, the inevitable conclusion is that the U.S. auto industry has not disciplined itself sufficiently or met the expectations of its buying public.

It is easy to blame others, and Japan has long been a favorite target of blame in international trade. But Americans may recall that continually blaming Japan for the past quarter century hasn't been too effective in improving American industry.

There many important things Mr. Gephardt and other Congressmen can do for their country. They can improve the management environment for the U.S. corporations by encouraging companies to plan for the long term. They can try to lessen the inequalities between top executives enjoying astronomical salaries and their employees who are being laid off. They can shift the emphasis of American society from consumption to production. They can reduce the still-growing budget deficit so that more money can be invested in the private sector.

Basically, I want the U.S. to live up to my image of America. I grew up thinking of it as a strong, self-disciplined, supremely trained, quietly confidant nation-not a whiner too quick to blame others. I want the President to continue to be the leader of the world, not to convey the image of a car salesman as some are now trying to do.

Above all, I want the American people to know that if there is one country that sincerely hopes for the revitalization of the U.S. economy it is Japan.

今、読み返すと、ずいぶんと直裁に書いてあるが、当時、この投稿文を起草するに際し、筆者の頭の中にあった米国人のイメージは、一九六〇年代に作られた西部劇"Shane"だった。日頃はもの静かだが、一朝有事の際は、敢然と立つヒーローである。そんな米国人イメージは、今はもう当てはまらないだろうが、若かりし頃の筆者は、そんな米国人イメージを持っており、そんなシェーンが好きだったのだ。

自分史の記録代わりに、もう一本、同紙に採用された投稿を転載させていただきたい。

これは、一九八四年二月二八日のニューヨーク・タイムズ紙のLetters to the Editor欄で取り上げてもらった分で、細川首相（当時）が、日米首脳会談でクリントン大統領（当時）に〝ノー〟と言った直後のものである。

タイトルは“U.S. Trade Delegates, Alas, Oversimplify Japan”

To the editor:

The “failure” of the latest round of United States -Japan trade talks shows the simplistic and self-centered approach the United States often takes toward its “most important” international partner: unrealistic demands such as numerical targets, failure to obtain agreement or fulfillment, followed by threats to retaliate or a retaliatory action.

Watching these spectacles, now too familiar, one wonders if United States negotiators understand the complexity of economic mechanisms and the workings of Japanese society. The overall impression is that the United States is good at working out a conceptual image of, say, Japan; it then takes that image to be reality. When it finds that reality differs from an image so conceived, instead of changing the image, it vents frustration.

Take one Administration official's pronouncement to the effect that Japanese bureaucracy is now the “enemy” of the United States. The economic activities of any country are the result of interactions of a range of factors: industrial productivity, individual corporate strategies, the relationship between corporations and their stockholders, habits and preferences, regulations, and those who create and implement the regulations, the bureaucrats.

The trade balance is no more than one result of those interactions. It is naïve to assume, as the Clinton Administration apparently does, that by reshaping Japan's bureaucracy to its own liking, the United States can eliminate its deficit with Japan.

Only this simplistic, self-centered approach can account for the United States action of bringing in the Japanese foreign minister at the critical stage of framework talks. The obvious assumption was that by going over the heads of bureaucrats, the United States demands on numerical targets would be quickly met.

Most Japanese agree with the Clinton Administration's basic approach that Japan's social and economic structures themselves must change for imports to increase. This is why Japan has been taking steps to grow out of "a corporate society" by shifting its emphasis from corporations to consumers. The Japanese are also re-examining their regulatory system, even though they have benefitted from it for nearly half a century.

There are things that only Japan can do in correcting the imbalance, like reforming its political system, as well as things that the only the United States can do , such as reducing its budget deficit. There also things that cannot necessarily be resolved thorough negotiations, like the difference in speed in bringing about social change and the different degree of complexity of matters to be changed.

Yet before the talks the Clinton Administration, which turned these disparate elements into a single issue, had made simple assumptions about economic mechanisms and the workings of Japanese society and expressed frustration whenever it found that its assumptions did not conform to reality. In this regard, it was shadowboxing. The danger is that the resulting "failure" could provoke the threat of retaliation or a retaliation itself that would affect the global trade climate. It is hard to imagine that such an approach, which is based on virtual reality, will change economic reality.

対米情報発信については、こうした投稿以外にも、テレビやラジオに出た経験、あるいは、日本の主張を全米各地の地方誌向け発信した試みなど、まだまだ紹介しておきたいことがたくさんあるが、それはこの〝あとがき〟の趣旨ではなかろう。

御多忙な中、本書をここまでお読みいただいた読者がおられれば、本当に有難いと心底から感謝して、本書を締めくくりたいと思う。

著者略歴

鷲尾友春（わしお・ともはる）

1947年　兵庫県生まれ。

1970年　関西学院大学商学部卒業。日本貿易振興機構（ジェトロ）理事、海外調査部長、世界平和研究所出向、その間、米国に3度駐在（ニューヨーク・センター調査担当、ニューヨーク・センター次長、シカゴ・センター所長）、現在、関西学院大学国際学部教授。

主　著　『日本の国際開発援助事業』日本評論社、2014年。
『20のテーマで読み解くアメリカの歴史──1492-2010』ミネルヴァ書房、2013年。
「東日本大震災と日本産業の将来──最悪を想定し、最善を期するには」『世界経済評論』世界経済研究協会、2011年。
ほか、多数。

6つのケースで読み解く
日米間の産業軋轢と通商交渉の歴史
商品・産業摩擦から構造協議、そして広域経済圏域内の共通ルール設定競争へ

2014年7月25日　初版第一刷発行

著　者　鷲尾友春

発行者　田中きく代
発行所　関西学院大学出版会
所在地　〒662-0891
　　　　兵庫県西宮市上ケ原一番町1-155
電　話　0798-53-7002

印　刷　株式会社クイックス

Printed in Japan by Kwansei Gakuin University Press
ISBN 978-4-86283-164-4